어깨너머
韓中日 문화

나남출판

어깨너머
韓中日 문화

강 영 수

NANAM
나남출판

책 머리에

전공이라 말하기도 쑥스러울 정도로 경제학도 제대로 모르는 주제에 역사 관계 책을 낸다는 것은 세상의 비웃음과 꾸지람을 자초하는 짓임을 나도 안다. 그렇기 때문에 감히 이 책을 내게 된 경위를 구차한 변명으로 설명할 수밖에 없다.

그러니까 벌써 10여 년 전의 일이 되지만 내가 일본의 다쿠쇼쿠(拓殖) 대학에 가 있을 때, 90분 3회의 한국에 관한 특강(학과 학년에 관계없이 희망자는 누구나 듣게 하는) 요청을 받았다.

나는 3회의 특강의 주제를

(1) 일제하 일본에서의 한국인의 실태와 한국에서의 일본인의 위상

(2) 명성황후 시해에서 3·1 독립만세까지

(3) 몽고의 일본 침공과 三別抄

로 정하였는데 다쿠쇼쿠대학은 일본에서 둘째가라면 섧다할 정도의 극우·국수주의적 대학이라 그 반응에 은근히 걱정도 하였다.

첫째 시간에는 아니나다를까 50명 정도밖에 청강자가 없었다. 그런데 둘째 시간에는 300명 정원의 특강실이 거의 메워졌으며, 셋째 시간에는 의자의 반 정도를 복도로 들어내고 많은 사람이 선 채로

들어야 할 정도로 모여들었다. 뒤에 들은 바로는 학교 인근의 일반 시민 그것도 주부들이 많이 왔다는 것이다.

학생들은 걱정한 바와는 달리 진지하여 일본이 명성황후를 시해하는 만행을 자행하였다는 것은 믿어지지 않는다고 하였고 3·1 독립 운동과 삼별초의 이야기를 듣고는 한국인을 존경하는 마음이 생긴다고도 하였다.

그러나 역시 다쿠쇼쿠대학이라 굽이 높은 '게다'를 신은 우익학생에게서 "선생은 왜 일본을 일방적으로 욕하며 우리의 민족 자존심을 깎아 내리는 소리만 하느냐"는 항변이 튀어 나왔다. 그러자 "옳소, 옳소" 하는 같은 패거리의 위협적인 고함이 뒤따랐다. 그러나 이것은 내가 충분히 예기한 일이었다.

이에 대하여 나는 대충 다음과 같은 요지를 답변하였다.

어느 나라를 막론하고 그 역사에는 오욕과 영광, 고난과 득의의 시대가 있다. 따라서 역사를 바로 알고 거기서 교훈을 얻고자 한다면 어쩌면 영광과 득의의 역사보다 오욕과 고난의 역사를 더 직시해야 한다고 생각한다. 그런데 일본은 오늘 여러분들의 질문에서 증명되었듯이 그와 반대의 교육, 극단적인 표현을 한다면 거짓된 역사교육을 펴왔기 때문에 당신들은 국적은 일본인이지만 역사인식에서는 E·T보다 못한 괴상한 생명체로 화해버린 것이다. 이는 당신들뿐 아니라 세계 특히 인근 국가에 크나큰 불행이다.

이에 나는 당신들을 자기 나라 역사를 올바로 인식하는 진정한 일본인으로 만들어 주는 동시에 국제사회에서 친구가 되고 환영받는 일본인으로 만들어 주기 위하여 이런 강의를 한 것이다.

어느 나라나 서로 사이좋게 지내야겠지만 일본인이 가장 친하게 지내야 할 국민은 한국인과 중국인이라 생각한다. 일본의 경제력이 어떻든 脫亞한 채로 아시아로 돌아오지 못하는 일본, 정확한 역사인식에 바탕을 두지 않는 脫亞入歐는 殺亞從歐에 불과하였으며, 그것이 어떤 결과를 낳느냐는 것은 불과 50년 전에 귀중한 교훈을 얻지 않았느냐. 금후 세계가 어떻게 변하더라도 이 원리는 변하지 않을 것이다.

서로 사이좋게 지낸다는 것은 나라이건 개인이건 말하기는 쉽지만 실제에서는 그리 수월한 일이 아니다. 사이좋게 지내기 위한 절대적인 전제조건은 상대를 올바로 이해하는 것인데 서로 정확하게 이해한다는 것은 그 나라를 몇 번 관광여행했다거나 사업상으로 접촉하는 사람이 있다 하여 아는 척하는 이른바 '茶房式' 표피적 체험으로는 불가능하다.

무엇보다도 자기(나라)의 치부(恥部)를 반성하면서 상대의 치부는 감싸주고 자기의 미점(美點)은 겸손해하되 상대의 미점은 평가해 주면서, 서로의 사고와 가치관의 차이를 이해하고 수용하는 자세 없이는 성립되지 않는다.

그러나 불행히도 현실은 그렇지 못하다. 한국(인)은 과거의 쓰라린 역사의 굴레에서 벗어나지 못하고, 일본(인)은 먼 옛날의 역사에는 눈을 감고 근대에 생긴 편견에서 벗어나지 못하고 있으니 정말 안타깝기 한이 없다.

나는 나의 보잘것없는 특강을 통하여 장차 일본의 지도층이 될 여러분에게 일본과 나아가 한국을 올바로 이해하는 데 조금이라도 도움을 주고 그것이 양국(민)의 친선과 국익에 조금이라도 보탬이 되었으면 하는 간절한 소원을 지금 이 자리에서 전할 따름이다.

나의 이야기가 계속되는 동안 그들은 기침소리 하나 없이 듣고 있었으며, 이야기가 끝나자 강의실은 물을 끼얹은 듯 조용하였다. 이윽고 내가 강의안을 챙겨 교단을 내려서는 순간 갑자기 박수가 터져 나왔다. 진정 그것은 우레와 같은 박수였다. 나는 그들을 향해 깊이 고개 숙여 답례하고 강의실을 나왔다. 나의 가슴은 기쁨과 보람으로 가득찼었다.

여름방학을 앞둔 어느 날 총장이 나를 불러 다음 학기에 겨울방학에 들어가기까지 매주 수요일 오후에 〈한·일 문화비교론〉의 특강을 해달라는 것이 아닌가. 놀라는 나에게 "학생들의 요구입니다" 하고는 웃는 얼굴로 내 손을 굳게 잡는 것이었다.

공휴일과 겹치는 수요일을 빼고 12회로 잡아 강의 플랜을 짜고 여름방학을 이용하여 자료를 모았다. 그리고는 강의 결과를 분석하여 내용의 비중을 조정하여, 보다 많은 일본인과 아울러 우리 역사를 잘 모르는 재일교포 2세들도 읽어주기를 기대하면서 책으로 만들었다 (《青瓦台の風水師》文藝春秋社, 1996.4).

이 책은 그것을 저본으로 하여, 〈춘향전〉이나 〈홍길동전〉 등 일본인에게만 필요한 부분은 없애고 그 대신 다시 자료를 보완하고 최근에 일어난 일들을 추가하고 일본 역사에 관한 설명을 보강하였다.

그러나 무엇보다도 그간에 독자들로부터 몇 가지 질의를 받았는데 (한국인은 언제부터 모두가 姓을 갖게 되었는가. 沙也可의 일본에서의 실체는 무엇인가 등) 그 질의들은 먼젓번 책의 설명 부족을 예리하게 지적한 것들이어서 이 기회에 답을 올리기로 했다.

이렇듯 나름대로 노력은 했지만 아쉬움은 남는다. 과거·족보·풍수지리 등 어느 항목 할 것 없이 그 하나만으로도 몇 권의 책이 될 수 있는 것들을 한 권에 모으고 보니 하고픈 이야기가 너무 많이 남아 마치 신을 신고 발바닥 긁는 것 같은 갑갑함과 아쉬움이 남는다.

그러나 행여 이 책에서 단 한 가지라도 도움을 얻었다는 독자가 나오신다면 그보다 더한 보람과 기쁨은 없겠다.

이 책은 당초 예정보다 근 1년이나 늦게 햇빛을 보게 되었다. 왜냐하면 그간에 내가 여섯 차례나 병원 신세를 졌고 마침내는 심장수술까지 받게 되었기 때문이다. 따라서 그간 몇 번이고 이 일을 포기하려 하였었다. 그러나 그럴 적마다 나를 꾸짖고 또는 격려하여 나의 의욕을 되살려준 친지들이 있었기에 보잘것없는 모습이지만 이 책이 햇빛을 보게 되었다. 이 자리를 빌려 그 분들에게 고개 숙여 감사드린다.

아울러 이 책의 출판을 기꺼이 맡아주신 나남출판사에 깊은 감사를 드린다.

2000년 11월
釜山 莨山 기슭에서 著者

어깨너머
韓中日 문화

차 례

18

한국에서 일본으로의
문화전파의 특성

　문화(文化)는 한 곳에서 다른 곳으로 전해지고자 하는 이른바 전파 본성(傳播本性)을 지니고 있으며, 문화의 전파(Culture Diffusion)에는 그것을 전하는 측과 그것을 받아들이는 측이 있다. 그러나 역사의 기나긴 흐름에서 본다면 문화를 전달하는 측도 언제나 일방적으로 전달자라는 우월한 위치에만 있는 게 아니고, 자기가 전달한 곳으로부터 거꾸로 새로운 문화를 받아들이기도 하면서 세계문화는 발전해 왔다.

　문화는 같은 시기에 같은 곳으로부터 받아들였다고 해서 그것이 모두 똑같은 모습으로 전파·파급되는 것이 아니고, 그것을 받아들이는 주체와 거리·위치에 따라 아주 다른 모습으로 나타난다. 토인비는 문화전파의 양상에 관하여 "서구와 세계" 속에서는 '분해론'을, "그리스·로마문명"이란 논문에서는 '방사설'을 제기한 바 있다.

　분해론은 서구문명이 타 문화권에 도입될 때에 민주주의·의회제도·기독교·기계문명·시장원리 등이 일체가 되어 전달되는 게 아니고 마치 빛이 프리즘의 저항에 의해 분해되는 것처럼 그 중 몇 개가 분해되어 따로따로 도입된다는 견해이다.

중국에서는 식민지화의 우려 때문에 서구문명의 모든 것을 거부하였고, 일본은 무기와 기계문명을 우선적으로 받아들였는데 우리는 무기체계에는 그다지 관심이 없었던 것이라든지, 2차 세계대전 후에 세계의 많은 나라가 식민지에서 독립국가가 되었지만 서구식 민주주의 제도를 받아들이는 데에는 시간적으로나 내용적으로 많은 차이가 있었던 것은 그 좋은 예이다.

방사설은, 호수에 돌을 던졌을 때 파문이 번져 나가지만 중심에서 멀어질수록 그 힘이 점차 약해지듯이, 문화의 전파도 문화의 근원지에서 멀어질수록 원래의 본질이 퇴화하며, 받아들인 측의 기층문화와 충돌하여 별 영향을 주지 못하거나, 영향을 주더라도 많이 변형되어 버려 때때로 이형의 문화가 생겨날 수 있다는 것이다. 그렇기 때문에 각 민족은 서로 문화를 주고받으면서도 각각 독자적 문화를 형성·발전시켜 나가는 것이다.

그러나 문화 전파에서 육속국(陸續國)과 섬나라는 그 과정과 결과가 가장 대조적이다. 육속국은 자주적 선택의 폭이 극히 제한을 받는다. 힘의 균형이 유지되고 있거나 평화적 우호관계가 지속되고 있을 때에는 그다지 문제가 없으나, 상호간에 힘의 균형이 붕괴하였을 때에는 강자(强者)의 논리가 일방적으로 강요된다.

이것은 군사적인 면에서 특히 뚜렷하게 나타난다. 만약에 일본이 섬나라가 아니고 대륙의 일부였더라면 대륙에 부상한 강대국의 침범을 몇 차례나 받아 일본의 자연과 역사는 지금과는 아주 딴판이 되었을 것은 새삼 논할 필요도 없다. 그러므로 제4 간빙기(間氷期: 충적세 때부터 홍적세까지)에는 대륙의 일부이던 것이 약 1만년 전에 대

또 다른 일본열도 생성론

부산대학교 김인수 교수(지질학과)는 현재의 동해는 4천만 년 전 대륙이동에 의해 인도대륙이 아시아대륙과 충돌하면서 그 충격으로 히말라야산맥이 형성되고 한국 동해안에 붙어 있던 일본열도가 떨어져 나간 것이라고 주장한다. 일본에도 이와 유사한 주장을 하는 학자가 있으나, 아직 학계의 주류는 제4 간빙기설이다.

〈그림 1〉 일본열도의 형성과정

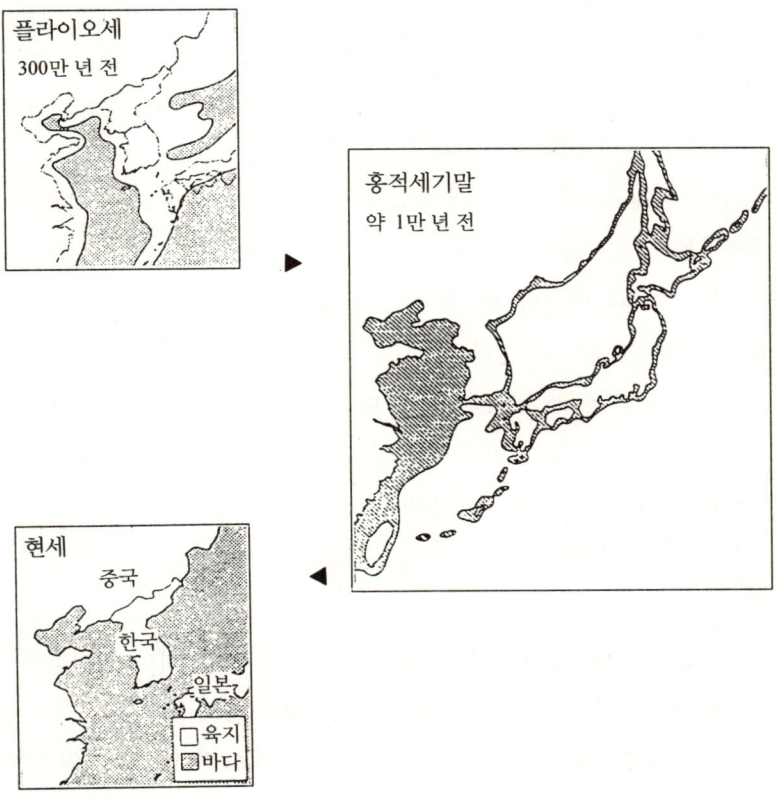

한해협과 현해탄(玄海灘)을 사이에 두고 대륙과 분리되어 일본열도를 형성하게 되었을 때 오늘의 일본이 결정되었다고 할 수 있다(〈그림 1〉).

특히 현해탄의 거친 물살은 수군(水軍)에 약한 대륙세력이 쉽게 침공하기 힘드는 천연의 방어진이 되었다. 만약에 일본이 대륙의 일부였다면 우리 민족이 겪은 고난의 역사가 일본 역사에 그대로 반복되었을 것이다. 그 중에서도 몽고의 기마군단(騎馬軍團)의 유린을 면하기는 아마 불가능하였을 것이다. 이것은 영국이 유럽 대륙의 일부였다면 히틀러의 기갑사단의 침범을 면하기가 힘들었을 것이라는 것과 같은 이치이다. 일본이 몽고의 침공을 물리칠 수 있었던 것은 몽고가 장기(長技)인 기마군단을 쓰지 못하고 익숙하지 않는 수군, 그것도 몽고에 마지못해 끌려나온 고려와 남송(南宋)의 군대에 의존했기 때문임은 아무도 부정하지 못할 것이다.

이런 점에서, 언제나 세계지도를 바꿔놓았을 정도로 강대하던 대륙세력들과의 싸움에 지새고, 때에 따라 그들의 제도와 풍습을 강요당해온 우리와 비교할 때 일본은 정말 부러울 정도로 좋은 지리적 위치에 있다고 할 수 있다.

또 일본이 지금과 같은 위치에 대륙과 떨어져 있었다 하더라도 쿠바처럼 미대륙과 같은 미개지와 인접(대륙과의 거리는 일본과 비슷함)해 있었거나 또는 오스트레일리아 같이 문화의 중심권에서 절연돼 있었다면 그 역사는 아주 딴판이 되었을 것이다.

태평양 저쪽에 있는 나라가 일본 역사에 영향을 미치기 시작한 것은 1543년 포르투갈 사람이 두 정의 총을 규슈(九州) 남쪽에 있는 다네가시마(種子島)에 전달했을 때부터이다. 그러나 모든 일본인의 눈이 태평양을 향하게 된 것은 그로부터 약 300여 년 뒤, 1853년 미국의 페리(Perry) 제독이 이끄는 네 척의 흑색 증기선이 우라가(浦賀) 만에 정박하면서부터이다. 페리 제독의 이른바 포함외교(砲艦外交)로 개항을 강요받고서부터이다(이 일이 있기 이전까지는 일본에는 태평양이라는 지명조차 없었다).

　　태평의 꿈 깨게 한 上喜撰
　　겨우 四杯로 잠 못 이루네

　이것은 당시 서민 사이에 유행한 노래이다. 上喜撰은 술 이름인데 발음이 증기선(蒸氣船)과 같고, 四杯는 술 네 잔이란 말이나 일본에서는 배를 한 척, 두 척으로 부르기보다 일 배(一杯), 이 배(二杯)라고 부른다. 이 노래에는 깜짝 놀라 당황하여 어쩔 줄 모르는 당시 집권세력의 모습이 신랄하게 풍자되어 있다 할 것이다.

　이 일은 이제 아득한 옛날 이야기 같지만 따지고 보면 겨우 145년 전의 일이다. 기나긴 역사의 흐름에서 볼 때에는 바로 얼마 전의 일에 지나지 않는다. 바꾸어 말하자면 그때까지 일본의 정문은 태평양이 아니고 현해탄이며 동해였던 것이다. 당연한 일로 수천년의 긴 역사를 일관하여 일본에 있어서 외국은 한반도와 중국이었으며《위지왜인전》(魏志倭人傳)에 나오는 야마다이국(耶馬台國)으로의 도정은 바로 대륙의 문화가 일본에 전파되던 길이었다.

　일본이 중국과 한국을 통해 받아들인 문화는, 문자·문학·법체계·정치제도·생산기술·토목·건축기술 따위로부터 사상과 종교에 이르기까지 이를테면 세상만사 모든 것이었지만, 그것은 대륙과 한반도 사이의 양상과는 달리 일본은 현해탄이라는 체에 쳐서 일본의 풍토와 사고에 부적절하거나 불순한 것은 버리고 자기들에게 유익한 것만 선별적으로 도입할 수 있었다(분해설). 따라서 대륙문화를 받아들이는 일본은 문화 충격(*culture shock*)을 최소한으로 줄이면서 그것을 즉시 일본의 풍토에 적응, 융합시켜 독자적인 문화로 배양·육성해 갈 수 있었다(방사설).

일본은 6세기 초엽 세계 최초의 관비 유학생이랄 수 있는 견수사(遣隋使: 라이샤워의《일본사》참조)를 보낸 이후 200여 년 동안 정기적으로 꼬박꼬박 견당사 등을 보냈는데 그 중 일부는 몇 년씩이나 중국 땅에 머물며 과학·법제·예술과 사상 등의 정수를 배워 일본으로 가져갔다. 도읍 건설을 보더라도 나라(奈良)는 가로 8km 세로 9.6km의 장안(長安)을 정확하게 절반으로 축소한 것이며 헤이안(교토)은 그보다 약간 클 뿐이다. 또 일본은 조선통신사와 나가사키의 데지마(出島)라는 창구를 통하여 탈없고 맛있으면서 유익한 알짜배기 선진문화만 골라 곶감 빼어먹듯 했던 것이다.

일본의 지정학적 환경은 일본인으로 하여금 도입 기술을 자기 기술로 전화(轉化)시키는 능력을 최고도로 높이는 결과를 낳았는데, 일본인들은 이를 화혼양재(和魂洋才)라고 자랑하였다.

예를 들어, 도요토미 히데요시(豊臣秀吉) 후계세력을 격파하여 도쿠가와(德川) 막부 성립의 전기를 마련한 세키가하라(關ヶ原) 전투에 동원된 총이 5,000정이었는데, 이 숫자는 나폴레옹 전쟁까지는 한 전투에 동원된 총포 수로서는 세계 최대의 것이었다. 이것은 다네가시마에 두 정의 총포가 전달되고(물론 제조기술은 전달되지 않았음에도 불구하고) 난 후 불과 56년 뒤의 일이니 정말로 놀라운 능력이라 아니할 수 없다.

이러한 예를 들자면 한이 없지만, 그 중에서 임진왜란 때 조선 도

공을 끌고 가 오늘의 도예기술을 만들어내고 중국에서 건너간 바둑이 일본에서 최고로 만발한 것은 우리가 익히 아는 대표적인 사례들이다.

이러한 능력은 제2차 세계대전 이후에도 더욱 알뜰하게 발휘되었는데, 선진화된 미국 기술을 탐욕적으로 도입하여 그것을 발전시켜 단시일 내에 미국에 위협적인 경제대국으로 성장한 것은 우리 모두가 보아 온 바이다.

일본은 도쿠가와 막부에 의한 260년간의 쇄국기간에(과연 꼭 쇄국으로 봐야 하느냐에 대한 역사적 평가에는 이견이 많지만) 세계 각지가 서구열강의 식민지로 화하는 급박한 변동 속에서 격랑에 휘말리지 않고, 일본열도라는 온실 속에서 그때까지 축적해 온 문화를 몇 세대에 걸쳐 성장시키면서 독자적인 일본문화를 형성, 발전시키는 데 성공하였다. 만약에 일본열도가 동남아에 위치해 있었다면 어떠한 운명을 맞았을까를 생각해 보면 일본열도의 지정학적 위치는 일본인에게 계량할 수 없으리만큼 크나 큰 행운을 안겨주었다는 점을 알 수 있다.

한국은 중국에서 받아들인 문화나 제도가 오히려 중국을 무색케할 정도로 극단적으로 교조화된 것이 있어 소중화(小中華)란 평을 받기도 했다. 유교가 그 대표적인 예이다. 그러나 여기서 한 가지 흥미로운 현상은 일본에 전해진 모든 문화와 제도의 전파경로가 한국이었음에도 불구하고, 불교를 제외하고는 한국의 과거제도, 족보와 혈연중심주의, 풍수지리사상, 내시(內侍), 온돌 등이(그것이 한국의 문화와 사상을 꽃피우기도 하고 때로는 좀먹기도 하였지만) 기이하게도 일본에는 전달되지 않았거나, 전달이 되었어도 현해탄의 체에 걸려 아주 미약한 형태 또는 너무도 판이한 형태로 변형되어서 일본 역사에는 그다지 큰 영향을 미치지 못하였거나 거의 무시되어 버린 것이다.

한국과 일본의 문화와 사상은 같은 뿌리에서 자라나 다른 꽃을 피운 셈이다. 그러면 그 차이는 어떠하며 왜 그렇게 될 수밖에 없었는지, 그리고 그것이 두 나라의 민족성과 역사형성에 어떻게 작용을 했는지를 한국을 중심으로 하여 중국, 일본의 문화를 토인비의 분해론과 방사설을 염두에 두면서 살펴 나가기로 한다.

같은 고기〔魚〕라도 중국과 우리는 글자가 다르다

한국이나 일본이나 고대(古代)에 중국에 갈 수 있었던 자는 고기를 먹어보기는 했어도 살아 있는 고기를 볼 기회를 가졌던 자는 거의 없었을 것이다. 거기에다 우리나라에는 있으면서 중국에는 없고 중국에는 있으면서 우리나라에 없거나 비슷하게 생긴 고기도 많을 것이니 그들의 고기에 대한 식별력은 극히 모호한 것일 수밖에 없었다.

그러한 그들이 우리나라에 들어와서 이 고기의 한자는 이거다 하고 얼마나 정확히 맞출 수 있었을까? 엇비슷한 고기 또는 전혀 다른 고기에 엉뚱한 글자를 붙였을 가능성이 높을 수밖에 없고 또 실제로 그러하였다.

그렇기 때문에 우리가 중국에 가서 먹고 싶은 고기를 한자로 적어 주었을 때 엉뚱한 고기가 나오는 일이 흔히 있는 것이다.

같은 한자문화권이라 하여 의사소통이 쉬울 것으로 생각한다면 그것은 큰 착오이다.

1

풍수지리사상 (1)
역사 속의 풍수지리사상

보사부는 1978년에서 1980년까지 3년간에 걸쳐 촬영한 항공사진을 분석하여, 한국의 묘지 실태에 관한 최초의 기본통계를 작성·발표한 바 있다. 이 통계를 기점으로 한 1997년 말의 실태를 보면,

(1) 전국의 분묘는 약 2천만 기이고(집단공동묘지 31%, 개인묘지 69%), 전국의 묘지면적은 996 km^{2}로 남한국토의 약 1.2%, 가용면적의 4.6%를 차지하며 서울시 면적의 약 1.8%, 산업공업단지 총면적 703 km^{2}의 약 1.4배, 전국 대지면적의 50%를 넘는다.

(2) 매년 25만여 명이 사망하고 20만여 명이 토장하므로 해마다 늘어나는 묘지면적은 9 km^{2}로 여의도의 1.2배가 넘는다.

(3) 1962년에서 1990년까지의 28년간에 묘지화한 면적은 312 km^{2}에 달하여 같은 기간에 해안 간척으로 확장된 국토면적 244 km^{2}보다 13%나 넓다.

선뜻 믿어지지 않는 숫자이나 이것이 우리의 현실이며, 이렇게 된 이유는 바로 풍수지리설에 연유한 명당 선호의식에서 비롯된 토장 위주의 장례법이 우리를 지배해 왔기 때문이다.

그런데 여기서 더욱 충격적인 것은 이른바 유택(幽宅)의 평균 면적 15.4평은 생자(生者)의 주거 평균 면적 4.3평의 3.6배나 넓다는 사실이다. 뿐만 아니라 사자(死者)의 유택 면적과 그 평균 면적은 날로 늘어가기만 한다. 그야말로 사자의 천국이다. 세계의 문명국에서 이와 같은 현상은 유례가 없다.

제3공화국 들어 화장을 권장하고 묘지 면적을 법으로 제한하며, 호화분묘 조성자는 지위를 불문하고 가차없이 처벌했다. 그 대표적 사례가 동명목재(東明木材)의 강석진 씨다. 최초로 1억 달러 수출을 달성하여 박정희 대통령의 총애를 받던 그였지만 호화분묘 조성으로 말썽을 빚은 뒤로는 아예 만나주지도 않았다.

그러나 그 후의 정권은 이 문제에 그다지 까다롭게 굴지 않았다. 그것은 그 후의 대통령이 누구 할 것 없이 모두 호화분묘를 조성한 당사자이기 때문이다. 그러고 보니 제3공화국 말기까지 눈치만 살피고 있던 뭇까지 합쳐 호화분묘는 더욱 늘어났다. '천민자본주의'의 졸부들은 마치 경쟁이나 하듯 다투어 왕릉과도 비길 만한 호화분묘를 조성하는가 하면 살아 있는 자의 가묘(假墓)까지 조성하였다(최근 정부는 1인당 분묘 면적을 제한하고 집단묘지의 사용을 60년으로 제한하는 등 호화분묘를 단속할 것을 발표하였으나 불법 호화분묘는 늘어나기만 한다).

말할 나위도 없이 이러한 풍조는 풍수지리사상에서 연유한 것인데, 그것은 당초에는 현세에서의 길(吉)한 주거지를 구하는 사상이 사후의 거주지(유택)의 길흉에 따라 자손의 명운이 결정된다는 사상으로 변화해 온 데서 비롯된 것이다.

* 한국보건사회연구원이 1994년 전국의 2,734명을 대상으로 조사한바, 한국
  인은 5명 중 4명이 명당을 선호한다고 밝혔다. 놀라운 것은 기독교인 442
  명 중 327명(74%), 즉 4명 중 3명이 명당이 있다고 믿고 있다는 것이다.

전국의 묘지 중 36%에 해당하는 720만 기 가량은 연고자를 알 수
없는 무연고 묘지로 보고 있다. 그런가 하면 '산소 위탁 관리업'이라
는 신풍속이 성행하고 있다. 이와 같은 희한한 업종은 산업화에 의해
조상의 묘에서 멀리 떨어져 살게 되고, 거기다가 직장에 얽매이며,
교통난이 극심한 데서 생겼으리라 생각된다. 더욱이 명당을 찾아 산
지 깊숙한 곳에 있는 묘, 그것도 몇 대 앞의 것이 되고 보면 자연히
성묘가 뜸해진다.

그러나 무연고 묘가 3분지 1 이상이나 되는 까닭은, 유아의 묘나
해외 이민자의 연고 묘 등도 포함되어 있지만 그 수는 한정되어 있
으니, 무엇보다도 선조의 묘가 여러 곳에 분산되어 있다는 것과 성묘
에 대한 열의가 식어가고 있음에 기인한다고 보아야 할 것이다.

한국은 삼한시대 이전에 이미 풍수지리사상의 포로가 된다. 남부
여·전백제·북부여의 건국신화, 특히 수도를 정하는 과정에서 그것
이 더욱 두드러진다. 고려시대에 들어와서는 태조 왕건이 스스로 훈
요십조(訓要十條)에서 풍수지리사상을 절대시하고 이를 존중하도록
타일렀으며, 후세에 정도(定都)의 위치를 두고 풍수지리 논쟁이 끝내
는 내란을 부른다. 이른바 '묘청(妙淸)의 난'이다.

이와 같이 풍수지리사상은 작게는 개인 주택과 유택에서, 크게는
나라의 정치 나아가 역사에까지 엄청난 영향을 끼친다.

그러나 그것이 과거의 일에 그치지 않고, 오늘도 한국인의 사상을

직·간접적으로 지배(믿는다, 무시할 수 없다는 사람이 67% — 1996년 조사)하고 있으며, 최근에는 역대정권의 말로와 차기정권이 어떨 것 이라는 이야기가 풍수설과 관련하여 그럴듯하게 구전(口傳)되고 있 으며 대학교수가 그 논쟁의 중심에 서기도 한다.

　귀천을 막론하고 한국인의 마음속에 가장 널리 자리잡고 가장 강 하게 그 일상을 지배한 사상은 불교도 유교도 동학도 기독교도 아니 고 풍수지리사상이었는지 모른다. 이제 그처럼 우리 사회에 큰 흔적 을 남긴 풍수지리사상이란 과연 어떻게 생겨났으며, 그 내용은 무엇 이고, 어떤 영향을 끼쳤는지를 살펴보고자 한다.

풍수지리사상의 기원

풍수지리사상의 기원

중국의 고대문명 발상지인 양쯔강 이북, 특히 황하 유역의 주민들에게는 서북방의 고비사막에서 불어오는 황사(黃砂) 바람과 계절풍으로부터 여하히 농산물을 지키느냐, 또 황하를 다스리는 자가 천하를 다스린다는 그 황하의 범람으로부터 어떻게 안전을 지키느냐 하는 문제는 생존 그 자체를 의미하는 것이었다.

여기에서 바람이 사납지 않고 범람의 걱정이 없으면서 물이 흐르고 우물을 팔 수 있는 곳에 살고자 하는 당연한 소원이 생겨난다. 이 소원이 복지(卜地) 사상을 낳고 그 복지사상이 지세와 지상(地相) 의 길흉화복(吉凶禍福)을 점치는 상지법(相地法)을 발달시키고 그것이 체계화한 것이 풍수지리학의 기원이다. 따라서 이 시점에서는 그것은 실생활의 필요성에서 생겨난 슬기였던 것이다.

그 근저에는 대지는 만물을 화생(化生)하는 생명력(이것을 풍수지리학에서는 地氣라 한다)이 있어 그 활력의 천심박후(淺深薄厚)의 차이가 거기 거주민의 생명과 길흉을 좌우한다는 동양사상이 깔려 있다. 그것은 대지를 무생물(無生物)로 보고 대지는 단순히 주거와 재화 생산의 장이라고 보는 서양사상과는 극히 대조적이다.

중국에서는 선사시대부터 풍수설의 싹은 있었으리라 짐작되는데, 문헌상으로는 은상(殷商) 시대나 주나라 때까지는 주거·사당(寺堂)·촌락·도성의 위치와 방향을 논하는 이른바 풍수 양택(陽宅)이 주였던 것 같다(《상서》(尙書)의 周公書召公篇).

그러나 어떤 사상이 민중 속에 침투하였다가 그것이 장기간의 난세를 겪게 되면 그 사상의 영역은 급속히 확대되어 돌연변이에 가깝게 변형될 수도 있다. 풍수설도 춘추전국시대를 겪으면서 죽음이 일상화하자, 당초의 현실 생활상의 소원이 점차로 사후 그리고 자손에의 소원으로 바뀌어 가서 마침내는 주객이 전도되어 현세에서의 그것보다 죽은 뒤의 그것이 보다 중요한 것으로 비뚤어지게 되었다. 그리하여 현대에 와서는 음택(陰宅=幽宅) 풍수가 풍수지리학의 본질처럼 오해되기에까지 이르렀다.

음택의 개념이 처음 나타나는 문헌은《사기》(史記)의〈저리자감무열전〉(樗里子甘茂列傳) 인데 춘추전국시대 말기에서 한(漢)나라 때에 들어 풍수지리학은 음양의 오행(五行) 사상과 참위설(讖緯說: 미래의 길흉화복에 대한 예언) 등과 결합하는 동시에 도교(道教)의 영향도 받았다.

요컨대 풍수지리사상도 환경이 종교와 사상을 결정한다는 '문화환경론'적 사상의 하나로 중국과 동양의 풍토에서 생겨난 독특한 것이라 할 수 있다.

청오경(靑烏經)

풍수지리학의 원전이라 할 수 있는 한(漢)나라 때의《청오경》에서는 이미 음택이 주 대상이 되어 있었다.

陰陽符合　　　天地交通
內氣萌生　　　外氣成形
內外相乘　　　風水自成

　　음양은 서로 들어맞아 틀림이 없고, 천지는 서로 아래위로 통한다
　　내기는 생명의 싹을 낳고, 외기는 만물의 모습을 만드는바

내기와 외기가 합쳐서 상승효과를 내게 되니 풍수는 절로
이루어지는 것이다

라고 서술한 데 이어

夫生氣者 發福降祥之本也
死骨得之 故生人與此骨相應者 福祥卽降之也
親生之父母 固相感而應
拘養之兒女 亦相感也 故亦應也
而此人與此骨相感則應矣
豈有異術哉 一理之必然而已矣

무릇 생기는 복을 발하며 길상을 내리는 근본이다.
죽은 이의 뼈에서도 복상을 얻을 수 있으나 그것은 살아 있는
자와 죽은 자의 뼈가 상응하는 자에게는 복상이 내려지기
때문이다.
자기를 낳아 준 부모와는 마땅히 굳게 감응하며
품에 안고 길러준 아이 역시 강하게 서로를 구하며 감응한다.
이같이 사람의 뼈는 서로 감응하는 것이다.
여기에는 아무런 이술도 있을 수 없으며 그것은 오로지 필연의
이치이다.

라고 말하고 있다. 이른바 '동기감응론(同氣感應論)'이다.
또 《청오경》을 바탕으로 동진(東晉)의 곽박(郭璞)이 저술했다고
전해지는 《장경》(葬經, 또는 錦囊經이라고도 함)의 책머리에서 다음과
같이 말하고 있다.

葬者 乘生氣也

五氣行乎地中 發而手乎萬物

人受體於父母 本骸得氣 遺體受蔭

經曰 氣感而應 鬼福及人

是以銅山西崩 靈鍾東應

木華於春 粟芽於室

夫陰陽之氣 噫而爲風 升西爲雲 降而爲雨 行乎地中 而氣生氣

經曰 氣乘風則散 界水則止 古人聚之使不散 行之使有止

故謂之風水

風水之法 得水爲上 藏風次之

죽어 땅속에 묻힐 때 좋은 땅을 얻으면 그 땅의 생기를 받아
　　자손에게 좋은 감응이 일어난다.

지중의 오기는 그 기운을 밖으로 발산하여 만물의 성장에
　　중요한 역할을 하므로, 길한 땅에 자라는 초목은 잘 성장한다.

자손은 부모가 길한 땅에 묻히면 육체는 썩어 없어지더라도,
　　뼈가 생기를 얻어, 그 자손을 보호하고 복을 안겨다 준다.

흉지에 묻히면 그 땅의 사기(邪氣)를 받아 영혼이 승천하지
　　못하고, 귀신이 되어 그 자손에게 나쁜 영향을 미친다.

한나라 때 서촉(西蜀)에 있던 동산(銅山)이 붕괴했을 때 같은
　　시간에 수천 리 멀리 떨어진 곳인 미앙궁(未央宮)에 있던
　　바로 서촉의 그 동산의 구리로 주조한 종이 감응하여 울렸다.

(이와 같이 단순한 물질도 서로 감응하는데 하물며 만물의 영장
　　인 인간의 조상과 자손이 어찌 감응하지 않겠는가.)

나무는 봄의 기에 감응하여 싹이 트고 꽃을 피우며, 창고 속의
　　곡물도 감응하여 싹을 피운다.

음기와 양기가 하나가 되면 바람이 되고 그 기가 상승하여

구름이 되며 그것이 다시 하강하면 비로 변한다. 그리고
그 비는 땅 속으로 흘러서 만물을 키우는 생기가 된다.
동·서·남·북 사방의 어느 쪽도 빈 곳이 있으면 바람을 받아
생기가 흩어지므로
전·후·좌·우 사방이 산에 둘러싸여 바람이 흩어지지 않고
장풍(藏風) 되는 곳이 좋다. 또 생기는 수계(水界)를 만나면
머물기 때문에 수계가 앞쪽에 있어 흘러가 버리는 생기를
머물게 하여 장풍 되면 생기는 더욱 강해진다(따라서 이런
곳이 제일 좋은 땅, 이른바 명당이다).
옛 사람들은 생기가 흩어지지 않는 곳을 장풍이라 하고 유산(流
散)하는 생기를 머물게 하는 곳을 득수(得水)라 불렀다. 풍수
(風水)란 이 장풍의 풍과 득수의 수를 합쳐 풍수라 한 것이다.
그러므로 명당을 찾는 비결은 우선 득수의 땅인가 아닌가를 확인하
고 다음에 장풍의 땅인가 아닌가를 살피는 것이다(〈그림 2〉).

이는 풍수와 감응이 무엇인지를 가장 간결하게 설명하고 있다고
하겠다.

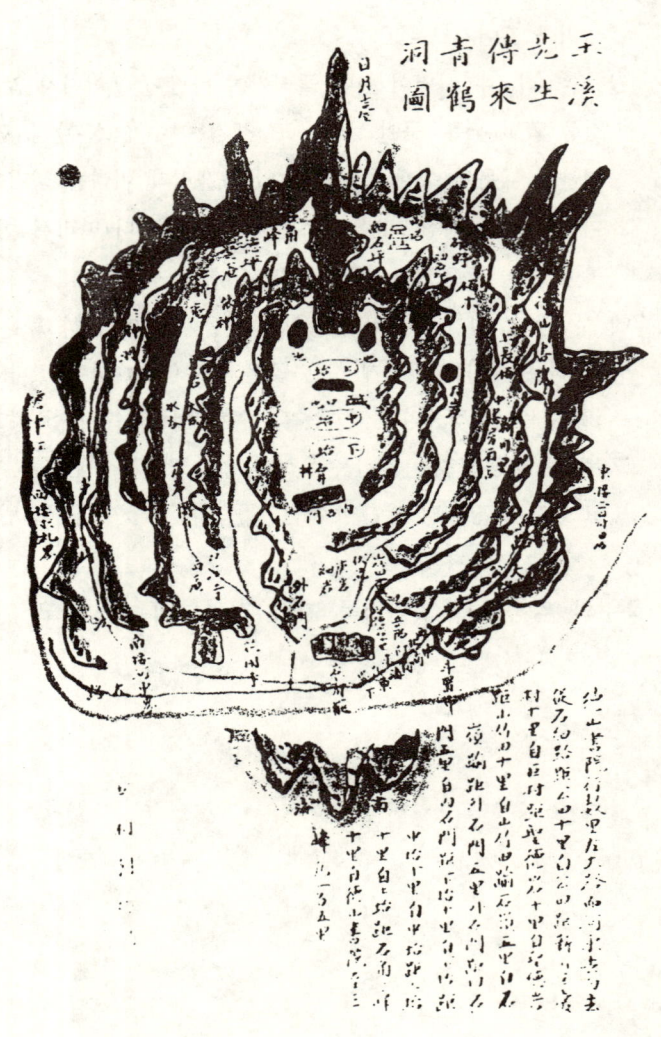

〈그림 2〉 靑鶴洞을 모델로 한 得水局 모양

38

금장령(禁葬令)과 암장(暗葬)

유골 도난사건

명당의 양택은 현세의 행운을 약속하고, 명당의 유택(음택)은 자손에게 복상을 가져오는 것이라면 이 세상 모든 사람이 만사를 제쳐놓고 어떠한 대가를 치르더라도 그것을 손에 넣으려 하는 것은 당연하다. 왕족은 왕조의 보전과 융성을 위해, 호족들은 또 그들 나름의 가문의 명예와 권세의 영속을 위하여, 그리고 일반서민은 서민 나름으로 행운을 얻을 가능성을 꿈꾸며 명당을 찾고 손에 넣으려고 한다.

이렇게 되면 풍수설은 사상이라기보다는 종교에 가까운 것이 된다. 만약에 풍수사상을 종교로 볼 수 있다면 한국에서는 최대의 신도를 거느린 종교가 된다. 무종교자와 불교도의 태반이 그렇고, 크리스천 중에서도 많은 이가 앞에서 지적했듯이 마음의 어딘가에는 명당에 대한 유혹을 느끼는 것이 현실이다. 그러나 일반 사람들은 어떤 곳이 명당인지 알 길이 없다. 여기에서 그 땅의 길흉을 점치고 명당이 어디에 있는지를 안다고 하는 자, 즉 풍수사(風水師: 풍수가, 음양가, 지리가, 지사, 감여가(堪輿家)라고도 함)가 번창하게 된다.

택지조성·구획정리·새 도로의 개통·아파트 거주 등으로 오늘날 양택풍수는 상당히 관심 밖이 되었으나(그래도 남향집에 동향 대문이 대로에 면한 집은 값이 나가는데 이는 여름은 시원하고 겨울은 따뜻하여 그야말로 풍수지리적으로 양택의 조건이기 때문이다) 유택에 관한 풍수사상은 이 과학시대에도 도리어 그 세력이 늘어나는 경향을 보인다.

풍수사는 보기에 그럴싸한 땅을 헐값으로 사서 타인 명의로 해두거나, 토지 소유자와 짜고 풍수사상에 물든 부유층에게 턱도 아닌 산지를 도심지의 일등 상업지 값으로 팔아 넘긴다.

그러나 사고자 하는 사람에게 '과연 그럴듯하다'고 믿게 할 땅이 그리 흔하게 아무데나 남아 있을 리 없고, 있다 하더라도 그것은 일반 서민의 손이 닿는 일이 아니다. 그런가 하면 명당으로 알려졌던 세도가의 분묘나 졸부들의 급조 호화분묘 등이 한국경제의 고도성장에 따른 공업단지 조성, 도시의 팽창과 집단주택의 건립, 도로 개설, 골프장 건설 등으로 이장되거나 묘역이 축소되어 분묘만 외로이 남아 있는 예가 적지 않다.

마침 이 글을 쓰고 있는데 우연히도 롯데 신격호(辛格浩) 회장의 선친의 분묘를 파헤치고 시신의 일부를 잘라가 8억 원을 요구해 온 끔찍한 사건이 발생했다(1999. 3). 신격호씨 정도라면 내로라하는 풍수사의 조언을 받아 택지했을 것이며, 실제로 '재산과 자손을 동시에 공유할 수 있는 명당 중의 명당'으로 알려져 있었다. 사실 그곳은 영남의 명산 가지산에서 발원한 태화강의 큰 물줄기가 굽이쳐 오며 대암댐 건설로 생긴 대암호에 닿는다. 묘터는 600 m 높이의 문수산(文殊山) 끝자락으로 가지산과 문수산의 지기가 모인다. 풍수설로 말하자면 배산임수(背山臨水)의 득수국(得水局)의 명당이 된다.

그런 명당의 묘가 어찌 이런 흉칙한 변을 당했을까. 이는 명당이 아니라 엄청난 흉지(凶地)이다. 여기에 대하여 풍수사들은 어떻게 해석하며 변명할 것인지 극히 흥미롭다. 매장한 지 오래된 땅이라면 몰라도 그리 오래 되지도 않고 보니 이젠 지기가 쇠퇴하거나 소멸해 버렸기 때문이라고 변명할 수도 없고, 사망자는 당해도 자손은 재물과 자손이 흥하지 않느냐고 답할 것인지 ….

하기야 풍수설이 학문적으로 증명될 수 있는 과학적 근거가 있고 풍수사가 그것을 정확히 점찍을 수 있다면, 극단적인 표현이 될지 모르겠지만 풍수사의 후손은 모조리 대통령이나 하다 못해 장관, 국회의원 또는 대재벌이 되어야 하는 게 아니겠는가.

이 사건이 나고 얼마 지나지 않아 한나라당 이회창(李會昌) 총재의 문중 묘에 쇠말뚝과 칼이 꽂혀 있는 사실이 알려져 다시 한번 충격을 안겨주었는데, 뒤이어 충무공을 비롯하여 조선조의 왕릉 등에도 쇠말뚝과 칼이 나왔다. 결국 부산의 한 무당의 소행임이 밝혀졌지만…. 뒤에서 상술하겠지만 일제가 우리 국토의 정기를 끊는답시고 여러 지맥에 쇠말뚝을 박은 것이 드러나 온 국민이 분노하였지만, 이 사건을 당하고 보니 정말 어처구니없다는 생각밖에 나지 않는다.

명당 차지를 위한 각종 범죄

많은 사람이 명당을 구하고 있는데 거기 합당한 곳은 한정되어 있기 때문에 '장'(葬)과 관련된 범죄가 여러 가지 수법으로 발생한다. 조선왕조 말기의 이른바 개화법(開化法)의 형법(刑法) 대전에는 다음과 같은 금장규정이 보인다.

- 경성에서 10리 이내의 땅에 입장한 자는 3년의 형(제448조)
- 각 지방 사관(여관) 지역 내에 범장(犯葬)하는 자는 2년에서 5년의 형(제449조)
- 능(陵), 원(園), 왕족의 묘 주변에 범장한 자는 7년에서 무기까지의 형(제451조)
- 태실(胎室: 왕족의 태를 묻는 石室)이 있는 구내에 매장한 자는 2년에서 3년의 형(제451조)
- 타인의 분묘 역내 또는 인가에서 50보 내에 암장한 자는 1년의 형
- 늑장(勒葬: 남의 땅에 암장하는 일)한 자는 3년의 형(제553조)

이와 같이 상당히 형량이 엄한 금장규정이 있었음에도 불구하고 이들 풍수 관련 범죄가 전체 범죄의 21%를 차지했다(경성지방법원 검사국 판결 약술)는 사실은 명당을 차지하기 위한 행위는 법과 처벌로도 막을 수 없었던 것을 말한다.

명당을 차지하기 위한 범죄는 여러 가지가 있으며 엇비슷한 점이 있으나 나는 네 유형으로 나누고 싶다.

(1) 첫째는 암장(暗葬)이다.

암장은 도장(盜葬), 밀장(密葬)이라고도 한다. 암장이란 글자 그대로 매장이 금지되어 있는 곳이나 타인의 땅에 몰래 매장하는 일인데, 그러려고 보니 실행은 매우 지능적이다. ① 암장을 하면서 지주와의 분쟁을 피하기 위하여 분봉을 만들지 않는 평장(平葬), ② 명당을 잡아놓기 위해 매장은 않고 분묘의 모양을 만들어 놓는 의장(擬葬), ③ 유체는 미리 보아 놓은 명당에 묻되, 이를 위장하기 위하여 공관(空棺)을 공동묘지나 법에 저촉되지 않는 곳에 묻는 공장(空葬) 등이 있다.

(2) 둘째는 투장(偸葬)과 늑장(勒葬)이다

이것들은 광의의 암장이라 볼 수 있으나 그 수법이 특수하고 지능적이어서 암장과 구분한다. 타인의 땅에 탐나는 명당이나 발복혈(發福穴)을 발견하였을 때, 평장이나 의장을 하려고 하더라도 지주에게 들키지 않고 하기란 결코 쉬운 일이 아니다. 그럴 때 '占得人, 何某, 占穴 ○年 ○月 ○日, 何某親壽地'(이 자리를 얻은 자는 누구이며, ○년 ○월 ○일에 이 구멍을 차지하여 사후에 친히 묻힌 곳이니라)라고 적힌 백자(白磁) 반쪽을 묻어둔다. 이것은 혼자서 한 시간 내에 끝낼 수 있으니 들킬 걱

42

정은 적다. 물론 백자의 반쪽은 집에 보관해 두었다가 지주와 실랑이가 생겼을 때 그것이 땅 속의 백자와 빈틈없이 합일(合一)되는 것을 보이며 매장을 강행하는 구실로 삼는 것이다. 정말로 지능적이고 끈질긴 수법이다. 이렇게까지 하여 명당이라 생각되는 곳을 확보하려는 그 집념에는 놀라지 않을 수 없다.

(3) 다음은 단맥(斷脈)이다.

단맥은 기존의 타인의 명당의 지기의 맥(흐름)을 끊어 자기 쪽으로 흐르게 한다는 것이다. 대개는 명당의 상부에 묘를 만들어 명당으로 흐르는 생기를 새 묘에서 머물게 한다는 것이다. 마치 수도의 유수를 끊어 자기 풀에 물을 끌어오는 것과 같은 발상이다. 단맥은 양쪽 집안간의 피를 보는 집단 싸움으로까지 치닫는다. 그리고 그 양쪽 집안은 불구대천의 원수가 된다. 이와 같은 분쟁 발생의 소지를 없애기 위하여 조선왕조 때의 정도전의 《경국대전》에서는 매장자의 신분에 따라 일정 거리의 금장구역을 설정하였다. 그러나 단맥으로 인한 분쟁은 그치지 않았다.

(4) 또 하나는 시체모독(屍體冒瀆)이다.

그 중에서도 복장(複葬)은 타인의 묘를 파헤쳐 그 뼈를 딴 곳에 옮겨 묻고, 그 자리에 매장하는 것이다. 묘가 파헤쳐지고 뼈가 옮겨진 것만으로도 그 땅이 엄청난 흉지(凶地)임이 명백함에도 불구하고 이와 같은 잔인한 행위를 자행한다는 것은 광기가 서린 짓이라 아니할 수 없다.

피라미드와 호화 유택의 상이점

"호화 유택이라고요? 웃기지 마시오. 중국이나 인도 기타 여러 나라의 분묘를 보지 않았습니까? 피라미드의 돌 하나 꼴도 못되는 것 같고 뭘 그렇게 수다를 떠느냐"라고 하는 소리가 들려오는 것 같다. 분묘의 호화성만 따진다면 이와 같은 비판은 극히 지당하다. 그러나 필자가 논하고자 하는 것은 그 호화성보다도 그 동기이다. 피라미드는 피장자(被葬者)가 생존시에 조영되기 시작하되, 오로지 그가 사후에 다시 소생했을 때 생전에 누렸던 권위와 재물을 그대로 재현하기 위해서인데, 우리의 그것은 자기의 후손들의 행운을 위해서 명당을 찾고 마침내는 갖가지 암장을 자행한다는 데 문제가 있는 것이다.

물론 우리나라에도 순사(殉死)의 풍습과 종들을 함께 매장〔뒤에는 토우(土偶)나 목우(木偶)로 대체되었지만〕하는 풍습이 있었으며, 또 도굴꾼이 판을 칠 만큼 매장물을 넣기도 했지만, 유택의 지배적인 형태는 풍수지리사상에 의한 것이다. 이 점이 피라미드나 진시황의 병마용(兵馬俑)과 본질적으로 다른 것이다.

이집트 왕들의 묘터를 보면 풍수지리사상과는 어떠한 연관도 지을 것이 없으며, 가자지역 피라미드의 크기는 놀랍지만 풍수설로서는 이른바 명당과는 거리가 멀다. 다만 유일하게 핫셉수트의 사원(Temple of Hatshepsut)만이 부채꼴형의 절벽을 뒤로 하며(배산) 멀리 나일강을 보는(임수) 곳에 서 있다. 그러나 그것은 건축가 센무드의 참신한 취향에 의한 것이지 풍수지리사상에 의한 것은 아니다(〈그림 3〉).

우리의 이같은 광적인 유택사상을 두고 일본의 무라야마(村山智順)는 《조선의 풍수》에서 "그 근본적 동인은 한국사회가 일관하여 혈족 중심 사회에 시종한 것, 즉 외관적으로는 통일국가이지만 그 실제는 분립된 혈족단의 군재(群在)였다는 것, 따라서 선조나 부모의 혈연적 유대가 골해(骨骸)를 통하여 감응한다는 묘지 풍수가 널리 받아들여진 것"이라는 요지의 주장을 하고 있다.

그의 주장에는 전면적으로 부정할 수 없는 면이 있다. 실제로 유교에서 비롯된 혈통지상주의가 명당 선호사상을 극대화한다는 폐단을 가져온 것도 사실이다. 그러나 그것만 가지고 풍수사상의 발상지인 중국이 유택에 관한 한 우리만큼 광적이 아닌 점을 설명할 수는 없다.

한편, 경북대학교의 고 이종항(李鍾恒) 교수는 "단군의 개국신화로부터 시작하여 모든 역사책에 일관하여 나타나는 명산(名山)과 대산(大山)을 신성시한 고유신앙이 풍수지리사상을 저항 없이 쉽게 받아들이고 혼합·융화케 한 정신풍토였다"고 보고 있다. 그러나 이 주장도 모든 것을 해명하고 만인을 납득시킬 만한 설득력이 없다. 왜냐하면 세계 어느 민족이나 근대 이전에는 산악 신앙이 강했기 때문이다.

그렇다고 필자가 이에 대하여 명쾌한 답을 제시할 능력도 없으며 그럴 입장도 아니다. 다만 다음과 같은 면도 있지 않았나 생각해 본다. 중국에서 한국으로 건너온 문물 중에서 제도적인 것은 나름대로 우리 실정에 알맞게 조정되어 기능하였다. 그러나 그것이 사상적인 것일 때는 극도로 교조화하여 광신적인 것으로 변하는 경향이 강했다. 바로 유교가 그러하여 중국사람이 도리어 질릴 정도로 소중화(小中華)하였고, 풍수사상도 이와 같이 변질하여 특히 유택에 대하여는 세계에 유례가 없이 비틀어진 사회관습을 낳고 말았다. 그리고 그 원인은, 머리말에서 말한 바와 같이 문화전파 과정의 변이이며 우리의 지정학적 특성이 크게 작용했다고 생각할 수밖에 없다.

〈그림 3〉 핫셉수트 사원

한국의 토장 선호도

우리 사회에서 화장률은 1971년에 7.0%에 불과하였으나, 정부의 권장과 국민의식 변화로 1980년에는 13.9%로 늘어났다. 그러나 그 뒤로는 상승세가 주춤하여 1990년 17.5%, 1997년에 22.9%에 머물렀으나 1998년에는 27%로 급상승세를 보였으며, 1999년에는 30.7%에 달했다. 지역별로는 부산이 50.1%로 가장 높고 서울이 43%, 울산 39.8%, 인천 38.8%로 이어지나 전북·전남·충북·제주는 10%선에 머물고 있다.

유럽의 화장률을 살펴보면 영국과 스위스가 67%로 가장 높고, 기타 나라들도 60%를 넘는다. 그러나 의외로 동양에서 더 높은 화장률을 보이고 있다. 일본 97%, 태국 90%, 홍콩이 72%이며, 인도는 100%이다.

우리나라에서도 한국장묘문화개혁범국민협의회〔장개협(葬改協)〕가 발족하였다. 매장 아닌 화장 중심으로 장묘문화를 개혁해 나가자는 국민운동을 펼치자는 것이다. 김상하 전 상공회의소 회장이 대표의 장이며, 전택부(서울 YMCA 명예의장), 서영훈(신사회 상임 공동대표, 현 민주당 대표), 이세중(변호사), 정광모(한국소비자연맹 회장), 고건(서울시장) 등 111명이 발기인이었다. SK그룹의 최종현 회장이 사망시 화장할 것을 유언하고, 장의는 간소하게 치르도록 지시한 것은 최근에 드문 감동을 안겨주었다(그러나 그 후손들이 유언에 배치되는 행동을 하고 있다고 말썽이 일고 있다). 여기서 특기하고 싶은 것은 최창조(崔昌祚) 씨가 "내 죽으면 화장하라"고 하고 있는 사실이다.

서울시의 조사에 의하면(1998), 서울시민의 95.5%가 화장으로 하는 게 옳다고 답했으나 막상 자기가 화장되는 데 찬성한 사람은

62.9%에 불과했다. 그러나 이 숫자는 서울시민이 전향적인 사고를 하고 있다는 감을 준다.

한편 쌍용그룹 사보 《쌍용》이 과장급 이하 30대 사원 150명을 대상으로 조사를 한 바(1998. 9)에 의하면, 자기의 시신에 대하여는 매장(14%) 보다 화장(78%)이 압도적으로 많았으나 화장하기로 결정했다는 자는 27%에 불과했다. 그리고 또 재미있는 것은 부모의 시신 처리에 대해서는 화장(26%) 보다 매장(66%)이 앞서, 매우 대조적이며 앞뒤를 재기 어려운 면을 보였다. 만약에 농촌을 조사한다면 매장의 비율은 훨씬 높으리라 생각해도 옳을 것이다.

가장 최근의 통계라 할 수 있는 한국토지행정학회가 1997년 2월에 조사한 바에 의하면 전국 2,902명 중 본인 또는 배우자 사망시에는 45%가 화장 그리고 납골당을 선택하겠다고 답했으나 55%는 토장을 하겠다고 하였다. 그러나 부모 사망시에는 88%가 묘지를 쓰겠다고 답했다(54.5%는 선산 또는 개인묘지, 33.5%는 공원묘지나 공설묘지). 그러면서도 화장 장려 운동에 대해서는 60.6%가 적극 호응해야 한다고 답했다.

이상의 여러 통계는 수치상 차이는 있을지언정 화장은 권장되어야 하고 동참할 용의가 있으나 부모에 대하여는 선산 등에 매장하겠다는, 일견 상충되는 의견이 나오고 있다. 말하자면 젊은층일수록 화장의 방향으로 생각하고 있으나, 노년층의 부모님의 취향을 볼 때 토장해 드려야겠다는 것인 동시에, 자기는 괜찮지만 부모를 화장로에 밀어넣는 것은 아주 꺼리고 있음을 나타내는 것이라 정리할 수 있다.

어쨌든 토장을 선호하는 데는 화장을 꺼리게 하는 상황이 있음을 무시할 수 없다. 그것은 유족이 보는 앞에서 시신을 시뻘건 화구에 밀어넣는 식의 '정나미 떨어지는' 화장시설과 화장 후 뼈를 마치 쓰레기나 다루듯하는 화장장의 무신경에서 나온다. 일본만 하더라도 비록 화장장의 화부일지언정 骨를 신주 모시듯 아주 정중하게 다루어 깨끗한 용기에 담아 유족 손에 인계한다. 우리나라에선 다 찌그러진 양동이에 쓰레기 버리듯 유족 앞에 내미는 것을 경험한 일이 있다. 화장을 권장하기에 앞서 화장장 문화부터 시정해야 한다고 본다. 장례문화도 그 민족의 문화수준을 나타내는 것이다(물론 최근엔 많이 개선되고 있다).

정도(定都)와 풍수지리사상

《삼국유사》 속의 정도 과정

(1) 《삼국유사》에 보면, 탈해(脫解) 왕은 초생달 모양의 명당자리를 발견하고 '이 땅을 지배하는 자가 천하를 지배하는 자가 되리라'고 생각하여 그 땅을 궤계(詭計)로 빼앗아 마침내 왕위에 오른다는 기사가 나온다.

(2) 남부여, 전백제, 북부여 조(條)를 보면 불류(佛流)는 지세에 밝은 십신(十臣)의 권유를 물리치고 자기 마음대로 정도하였던바 죽음을 당하였고, 불류와는 다르게 온조(溫祚)는 위례성(慰禮城)에 대한 십신(十臣)의 다음과 같은 권유를 받아들여 강력한 국가를 건설하였다고 적혀 있다.

> 唯此河南之地 北帶漢水 東據高岳
> 南望沃澤 西阻大海 其天險地利

難得之勢 作都於斯 不變宜乎

　이 하남의 땅은 북쪽을 한수가 막고, 동쪽에는 높은 산이
　가려 있으며
　남쪽에는 비옥한 땅을 바라볼 수 있고 서쪽은 큰 바다가
　외부세력의 침공을 막고 있으니 그야말로 지키기 가장
　좋은 지리를 지녔으니
　정말 얻기 어려운 세이니 여기에 도읍을 축성하는 것은 좋은
　일이 아니오리까

고구려의 평양 정도

　고구려는 광개토왕과 장수왕 때 최대로 영토를 넓혔다. 이 사실은
바꿔 말하자면 그때가 영토확장의 한계선에 왔다는 이야기가 된다.
그 까닭은 수(隋)나 한(漢)이라는 강대국이 서(西)에서 계속 침범하
고, 남(南)으로는 신라의 힘이 강대해지고, 백제의 저항 또한 날로
만만찮아졌기 때문이다.

　이러한 주위상황은 고구려에게 국가경영의 전환을 강요하게 된다.
고구려는 원래 수렵과 목축을 주 생산체계로 하는 기마부족의 연합
세력이었다. 그렇기 때문에 영토확장의 정돈은 국력신장의 정돈을
말하는 것이고 기마족의 속성으로 영토의 소유개념과 관리개념이 일
치하지 않는 약점을 안고 있었다.

　통치기능 강화와 국력 신장이란 두 가지를 함께 해결하는 길은 수
렵목축국가에서 농경중심국가로 생산체계를 전환시키는 길밖에 없다.
그러기 위해서는 보다 온난하고 이미 농업기반이 구축되어 있는 남
쪽으로의 천도가 불가피하다. 그것은 고구려가 기마족에서 농경족화
하는 역사적 전환을 의미한다. 이에 고구려는 200년의 역사를 지닌

환도(丸都)를 버리고 장수왕 15년(427)에 넓은 들판에 기후가 온난한 평양으로 도읍을 옮긴다.

동시에 이는 목축·기마에 기반을 둔 환도 중심의 토착세력의 굴레에서 벗어나 보다 강력한 왕권 구축의 계기로 삼을 수도 있었다.

그러면 그 평양의 지리는 어떤 곳이었을까. 평양의 중심을 흐르는 대동강은 묘향산맥에서 발하여 그 상류는 험준하지만 하류로 오면서 보통강 등 여러 하천이 합류하여 광대 비옥한 평양평야를 만들었다. 또 대동강은 흐름이 험하지 않은데다 하구에서 700리나 항해 가능한 천연의 해운로이다. 그 대동강변의 평양은 침산대수(枕山帶水), 부강임수(負岡臨水)의 지형으로 그 일대를 대화세(大華勢)의 땅 중의 우선국(右旋局)의 길지(도읍의 서쪽을 산이 길게 둘러싸 명당을 지키는 것 같은 지형)라 하였다. 그러나 우선국의 땅은 삼방(三方)이 든든한 대신 한쪽이 비어 있어 운세가 한곳에 응결되지 못하는 단점을 지니고 있다.

조선왕조의 이중환(李重煥)은 그의 저서 《택리지》(擇里志: 1714년경에 완성된 한국 전역의 산수에 관한 책)에서 평양은 물위에 떠 있는 배 모양의 주행형(舟行形)이기 때문에, 땅을 파는 일은 배의 밑바닥에 구멍을 내는 것과 같으므로 우물을 파서는 안 된다고 하였거니와, 실제로 우물 파는 것은 엄금하고 대동강물로 생활했다(여기서 봉이 김선달의 이야기가 생겨나는 것이다). 그 외에 수행형의 땅은 땔감이 부족하다는 결함이 있다고도 하였다. 한편으로 대동강의 운항의 편리함은 평화시에 중국 등 타국과의 교류에 편하나 유사시에는 그것이 역으로 적의 공격로로 변하기 때문에 그야말로 득수국의 지형적 장점과 단점을 가장 뚜렷하게 지닌 땅이라 하였다.

백제의 공주(公州)와 부여(扶餘)

백제의 수도였던 공주와 부여는 다같이 하구(河口)에서 300여 리까지 항행이 가능한 금강(錦江)에 면하여 있기 때문에 평양과 마찬가지로 득수국의 지형이며, 특히 공주는 전형적인 주행형이라 한다. 백제는 한반도의 서부쪽만 지배하는 지역국가였기 때문에 교통의 편리함은 있어도 방어에는 허점이 있는 지세여서 강대한 중국의 침공을 막기에는 불리하였다.

요컨대 고구려와 백제 두 나라는 득수국을 수도로 하였기 때문에 신라에 정복당하였다는 것이 풍수지리학적 시각이다.

신라의 경주

경주는 태백산맥이 그 남단에서 지맥(支脈)이 남북으로 뻗고, 동은 명활산(明活山), 서는 옥녀봉(玉女峰)과 선도봉(仙桃峰), 남은 남산, 북은 소금산에 둘러싸인 침식분지(浸蝕盆地)의 중앙에 자리하여, 먼 북쪽과 북서쪽에는 팔공산과 금오산의 준봉이 우뚝 솟아 있으면서도 의외로 큰 강이 흐르지 않는 이른바 '장풍국'의 명당이다.

그것은 '득수국'인 평양·공주·부여와 같은 수운(水運)의 편리함이 없는 대신, 곡사화기(曲射火器)가 없던 당시의 도보이동 전투의 방어에는 아주 유리하다. 이렇듯 경주는 전형적인 '장풍국의 땅'이라는 풍수지리상의 지기의 힘으로 '득수국'의 지기를 눌러 고구려와 백제와의 쟁패에서 승리할 수 있었다고 한다.

그러나 막상 삼국을 통일하고 보니 경주는 국토의 너무 남쪽에 편재하여 항상 대륙에 있는 북방 이족(異族)들의 압박에 시달리고 있는 북부지방(더욱이 그곳은 옛 고구려 땅이라 마음을 놓을 수 없는 곳임)을 완전히 장악·통치하기에는 불편한 곳이라고 인식되었다. 신라는 이 약점을 피하기 위하여 도읍을 옮길 것을 검토하여, 대구·충주·청주·원주 등을 후보지로 올렸으나 지배층이 낯선 곳으로 이사하는 것을 꺼렸을 뿐더러 경주에 못잖은 도읍 건설사업이 너무 벅찼기 때문에 결국은 경주를 떠나지 않았다.

여기서 흥미있는 일은 신라왕조의 서라벌이나 새 서라벌의 후보지는 풍수지리설에서 결정된 것이 아니었지만 기이하게도 그 모든 곳이 풍수지리사상에서는 나름대로 장풍국의 길지(吉地)라 보아지는 지형이었다. 또 한 가지 공통점은 군사적 고려가 최우선적으로 배려되어 택지되었다는 사실이다.

왕건의 훈요십조(訓要十條)

고려 건국과 도선(道詵)

《고려사》 일세가(一世家)에 의하면, 세조(世祖)는 개성의 송악 아래에 오래 살고 있었으나 새 저택을 그 남쪽에 신축하였다. 이른바 연경궁(延慶宮) 봉원전(奉元殿)이다.

때마침 동리산(桐裏山)의 조사(祖師) 이도선(李道詵)이 당나라에서 풍수지리법을 터득하고 백두산을 거쳐 곡령(鵠嶺)에 이르러 봉원전을 보고는 "기장을 심을 곳에 어찌 삼을 심었을까 아깝도다"라고 탄식하였다. 그것을 들은 세조의 부인이 기이한 소리라 생각하여 이를 세조에게 일렀다. 그 말을 들은 세조는 그냥 맨발로 그의 뒤를 좇았다. 두 사람은 만나자마자 마치 백년의 지기처럼 이야기를 주고받으

면서 함께 곡령에 올라 우러러 천운을 살피고 부감하여서는 산수의
맥과 시수(時數)를 헤아렸다.

도선은 "여기는 임방(壬方=북방)의 수모목간(水母木幹)에서 나와
마두(馬頭) 명당에 이어지는 지맥이므로, 수명(水命)의 운기를 타고
난 당신께서는 마땅히 수(水)의 대수에 따르면 천지의 대수에 부응
(符應: 신의 영에 통함)하여 내년에는 틀림없이 성자(聖子)를 얻을 것
이니 그 이름은 왕건(王建)으로 지으라"고 말하고, 곧 실봉(實封: 자
기 이름을 명기한 편지)을 보내 "미래에 삼한을 통합할 왕인 대원군자
(大原君子)의 발아래 이 글을 올리며 경의의 뜻으로 백배(百拜)하나
이다"라 하였다.

어느 나라의 건국신화나 다 그러하듯이 하늘의 뜻으로 왕으로 정
해졌다는 권위와 신비성을 지닌 점은 같다고 할 것이나, 고려조의 건
국신화는 도선을 빌려 풍수지리사상으로 왕이 탄생되었다는 게 딴
곳에서는 볼 수 없는 특색이다. 바꾸어 말하자면 고려는 건국신화부
터 이미 풍수지리사상에 물들어 있었다 할 것이다.

우리나라에서 풍수 하면 "도선에서 시작되어 도선에서 끝난다"고
말할 수 있으리만큼 도선의 존재는 절대적이다. 그는 참위설을 골자
로 지리쇠왕설(地理衰旺說)·산천순역설(山川順逆說)과, 왕처(旺處)·
순처(順處)·쇠처(衰處)·역처(逆處)도 인위적으로 비보할 수 있다는
비보설(裨補說)도 남겼는데 신라말기에서 고려초기까지 그의 영향력
은 지대하였다.

따라서 후세에 가장 많이 인용되는 것은 《도선비기》(道詵秘記)이
나, 이는 그가 직접 저술한 것이 아니고 후세에 그의 신봉자들이 그
가 말한 것, 또는 그의 이름을 빌려 엮은 것으로 보아지고 있다.

개성의 풍수지리

이러한 전설에서 비롯하여 이루어지는 고려의 수도 개성(開城)은 동쪽의 자남산(子男山), 서쪽의 오송산(蜈蚣山) 야미산(夜味山)이 좌청룡, 우백호를 형성하고 남에는 용유산(龍蚰山)이 우뚝 솟아 그 맥세는 연면굴기(連綿掘起), 웅혼박대(雄渾博大)하여 전형적인 '장풍'의 땅이라 하였다. 또 그 지형은 경주를 닮아 방어형 지세이며, 국토의 중앙부에 위치하여 국가통치에도 편리한 곳이다.

개성의 풍수지리에 대하여는 전술한 바와 같이 도선이 절찬한 바 있지만, 그 외에도 중국의 사신 서긍(徐兢)은 계곡의 청수를 마시는 청룡의 땅, 김관의(金寬毅)는 금돼지가 낮잠 자고 있는 지형, 최자(崔滋)는 소가 배불리 먹고 편안히 쉬고 있는 땅, 이중환(李重煥)은 천상형(天上形)의 땅이라 하는 등 많은 사람이 입을 모아 최상의 형국 이름을 붙였다.

훈요십조

어쨌든 개성은 하루가 다르게 번창을 거듭하여 고려왕조는 영원히 번영이 계속되리라는 것을 의심하는 자가 없었다. 하물며 태조에 있어서야 말할 나위도 없는 일이었다.

태조는 군인으로서도 통치자로서도 탁월한 인물이었으나 한가지 흠은 풍수설을 맹신하는 것이었으며 그 편집은 나이가 들면서 더욱 공고해졌다. 그것은 그가 죽음을 앞두고 후대 왕들을 타이르기 위해 남긴 훈요십조(訓要十條)에 여지없이 나타나 있다.

훈요십조를 각 조별로 그 대의(大意)를 적고 풍수지리와 관련이 있는 것은 그 본문을 의역하면 다음과 같다.

《고려사》 권2 (卷二) 태조실록 (太祖世家) 26년조를 보면, 26년 계묘 (癸卯) 여름 4월에 내전에 나오셔서 대광 (大匡) 박술희 (朴述希) 를 부르셔 친히 훈요를 내리시면서 말씀하시기를 (…) "후사 (後嗣) 들이 정욕을 함부로 하고 강기 (綱記) 를 패란 (敗亂) 케 하지 않을까 걱정이다. 내가 왕위에 있기 25년 이미 늙었도다. 이에 훈요를 기술하여 이를 후세에 전하고자 하니 모름지기 모든 후손들은 조석으로 이를 읽고 마음에 새겨 바라건대 영구히 귀감으로 삼을지어다."

一조

〔대의〕 불교를 숭고하고 선교 (禪敎) 사원을 창건하라.

〔본문〕 고려왕조 창건의 대업 달성에는 부처님의 호위에 의함이 지대하다. 따라서 선종 (禪宗) 과 교종 (敎宗) 의 사원을 창건하고 주지를 파견하여 분수 (분향하고 수도함) 케 하고 …

二조

〔대의〕 풍수지리사상을 숭고 (崇高) 하라. 사원을 창건하더라도 풍수지리설에 의하지 않는 창건은 삼가라.

〔본문〕 모든 사원은 도선이 산수의 순역을 추정하여 개창한 것이다. 도선은 "내가 점검하지 않은 곳에 함부로 창건한다면 반드시 지덕의 손박을 초래해 왕업을 단축하게 될 것이라 하였다. 짐은 후세의 국왕·공후·후배·조신 등이 각자가 원당 (願堂) 이라 칭하여 함부로 창건한다면 예기치 않는 재난의 근원이 되리라 생각한다. 신라말기에 다투어 사원을 건립하여 그것이 지덕을 쇠손 (衰損) 시켜 망국에 이르렀음을 명기할지어다."

三조

〔대의〕 적자의 장자가 왕위를 계승함이 원칙이나 그가 불초할 때에는 형제 중에서 많은 사람의 추천을 받는 자가 계승케 하라.

四조

〔대의〕 나라에 따라 국민성이 다 다른 것이니 무리하게 타국의 풍속과 제도에 맞출 필요가 없다. 특히 거란족은 짐승과 같으니 조심하여라.

五조

〔대의〕 서경(평양)을 중시하고 한 해에 백 일 이상 머물러라.

〔본문〕 짐은 삼환 산천의 음우(陰佑) 덕분으로 왕조 창건을 성취하였다. 서경은 수덕순조(水德順調) 국토지맥의 근본이며 대업을 만대에 전할 땅이다.

모름지기 사중월(四仲月, 춘하추동 사계의 중간 달, 즉 2, 5, 8, 11월)에는 빠짐없이 순주하여 백일 이상 머물러 국가의 안녕을 기할지어다.

六조

〔대의〕 연등회(燃燈會)와 팔관회(八關會)를 권장하라

〔본문〕 짐이 몹시 원하는 것은 연등과 팔관이다. 연등은 부처님을 숭앙하는 것이고 팔관은 천령·오악(五嶽)·명산·대천과 용신을 제사 지내는 일이다. 후세에 간신이 그 가감을 건의하더라도 절대로 받아들여서는 안 된다. 짐은 예로부터 깊이 마음속에 맹세하여 이들의 회일(會日)에는 국기(國忌: 제왕·후비의 기일)는 꼭 지켜 군신 동락하여 왔다. 후세의 자들은 이에 따를 것이니라.

七조

〔대의〕 충신의 간언은 쓰더라도 이에 따르고 설혹 달콤하더라도 참언은 이에 귀 기울이지 말라. 백성들에 대한 용역은 줄이고 세금은 가볍게 하라. 어진 정치를 베풀면 백성은 모두 양민

이 된다.

八조

〔대의〕차령(車嶺) 이남, 공주강 밖의 땅(거의 옛 백제의 땅)의 사람은 등용치 말라.

〔본문〕차현(車峴＝차령산맥) 이남과 공주강(금강) 밖의 땅은 산형의 지세가 배역(背逆)으로 뻗어 있기 때문에 인심도 배역하다.

그 땅의 사람이 조정에 참여하여 왕후·국척과 혼인하여 국정을 장악하면 국가를 변란케 하며 또는 원한을 품은 도당으로 화하여 난을 일으킬 것이다.

한편 그 땅의 출신자로 관사(官寺)의 노비가 되어 있는 자, 진역(津驛)의 잡척(雜尺：천인의 신분으로 천업에 종사하고 있는 자) 등의 패거리는 권세에 들어붙어 이토(移兔：移는 천인의 신분을 상인으로 바꾸는 것, 兔는 각 신분에 따른 요역을 면제받는 일)를 꾀하며, 또는 왕후궁원에 고용되어 간교한 언사로 권세를 농락하고 정사를 어지럽게 하며 재변을 일으킬 자가 꼭 있을지니 설혹 양민이라 할지라도 관에 등용해서는 안 된다.

九조

〔대의〕강악한 나라(거란을 말함)와 인접해 있으므로 평시에는 난을 잊지 말고 항시 굳게 대비하라. 병졸에게는 보호와 구휼(어려움을 덜어 줌)을 베풀고, 가을에는 사열하여 용예한 자는 승진시킴이 좋다. 또 이병(吏兵)을 불문하고 공정하게 신상필벌하되 결코 사정(私情)에 의해서는 안 된다.

十조

〔대의〕항상 경사(經史)를 읽고 고사를 거울 삼아 정례하라.

훈요십조와 지역감정

3·4·7·9·10의 다섯 조는 일반적인 훈요이나 1·6조는 불교를 숭상하도록 타이르고, 2·5 그리고 8조는 풍수지리사상의 추점을 존중토록 훈계하였다. 그러나 그 중에서 가장 주가 되며, 오늘에 이르기까지 지대한 영향을 준 것은 제8조이다. 따라서 태조의 훈요십조는 '풍수훈요'라 해도 크게 지나친 평이 아니다.

태조가 고려를 건국하는 데 마지막까지 애를 먹인 곳이 차령 이남의 호족이기는 하였지만, 그렇다 하더라도 단순히 풍수지리사상의 추점만 가지고 '호남 즉 역향'(湖南卽逆鄕)이라 단정하고 그 땅의 주민을 모조리 모역·간교한 인간으로 단정하였으니 차령 이남 사람들에게는 너무도 억울한 일이요, 이로부터 부당하고도 어처구니없는 천시와 재난의 역사가 시작되고 천 년이 지난 오늘까지도 해독을 끼치고 있다.

영남 출신의 김부식(金富軾)은 유훈에 따르는 것을 보이기 위한 아첨을 겸하여 함부로 백제 땅을 폄훼하였다. 태조의 유훈은 고려조는 말할 나위도 없고 숭유배불로 국교까지 바뀌었음에도 불구하고 조선에서도 그대로 지속된다.

조선조 이중환(李重煥, 1690~?)은 《택리지》(擇里志)에서 각 지역의 특색을 논하면서 예를 들어 평안도는 심산맹호(深山猛虎)로 평하면서도 전라도는 풍전세류(風前細流)로 폄하하였고, 안정복(安鼎福, 1712~1791)도 팔도평(八道評)에서 호남을 노골적으로 격하하였다.

조선왕조의 정여립(鄭汝立)의 난, 역사상 최대의 농민반란인 동학농민운동(1894), 일제하 최대의 반일 학생운동인 광주학생 반일투쟁(1929), 최대의 군사반란인 여순 반란사건과 그에 이은 백운산, 지리

훈요십조의 정치성

왕건의 훈요십조는 풍수지리사상에 짙게 물들어 있지만 결코 그것만으로 되어 있는 것은 아니다. 무엇보다도 제1조에서 불교를 중시 숭불을 권장했으며 3, 4, 5, 6, 9조 등은 탁월한 통치감각에서 유교적 사고를 보였다. 말하자면 불교, 유교 그리고 풍수도참의 세 기둥 위에 '훈요'가 짜여졌으며, 그렇게 함으로써 각계 각층을 두루 다독거리는 탁월한 정치적 책략을 부리고 있는 것이다. 실제로 불교는 국교가 되었으며, 유교에 입각하여 숭문위주의 과거제도를 확립하게 된다.

그러나 아무리 풍수설에 심취하였기로서니 제8조만은 쉬 이해하기 힘드는 내용이다. 결국 그것은 풍수설을 빙자한 고도의 정치적 책략이 숨어 있는 것이 아닐까 생각할 수밖에 없다.

고려는 각지의 호족연합체였기 때문에 왕건은 각지의 호족들을 통제하는 데 애를 먹었으며 고육지책으로 각지의 호족과 정략결혼으로 29명의 후비를 얻어야만 할 정도였다. 사실 태조 때까지만 해도 400여 행정구역 중 그의 세력기반이던 경기·황해지역의 180여 군데만 수령을 임명하는 데 그쳐야 했음은 이미 언급한 대로다.

여기에서 지역적 편견을 조장함으로써 타지역의 호족과 장기적인 대립구조를 형성시키는 술책을 생각해내고, 자기에게 가장 반항적이었으며 왕건과 끝까지 패권을 다투었던 견훤의 후백제 영토이던 차령 이남지역을 희생양으로 하여 타지역과 대립시킨 것이다. 말하자면 '분할통치' 정책인 것이다. 그리고 왕건의 이 망국적 정책은 오늘까지도 지역감정이란 이름의 망국적 악폐로 남아 있다. 어떻게 보면 지역감정의 씨는 그가 뿌렸다 할 수 있다. 제8조는 이러한 시각에서도 재조명·음미해야 할 것이다.

산의 게릴라, 1980년의 광주 민주화운동 등이 모두 호남지방에서 발생한 사건이다. 또 60년대 이후 군사정권에 대한 가장 극렬한 민주투쟁 세력과 그 지도자 김대중 현 대통령도 이 지방 출신임은 다 아는 일이고 이것을 모두 이 지방의 풍수 때문이라 생각하는 사람이 결코 적지 않다.

그러나 이러한 주장은 정치적 의도에서 고의적으로 조성되고 조직적으로 전파시킨 면이 강함을 부인할 수 없다. 그 결과 지역차별을 심화시키고 지역감정에 부채질하는 결과를 초래해 그것이 한국의 정치·경제·사회를 구제불능 상태까지 왜곡시켜 놓았으며 좀처럼 시정될 것 같지 않다.

그러나 냉정히 살펴보면, 고려조에서나 조선왕조에서 동학농민운동에 버금가는 농민반란은 전국 각지에서 연이어 발생했으며, 홍경래(洪景來)의 난(1811), 묘청(妙淸)의 난(1135)은 평양에서 일어났고 동학농민운동의 2년 전에 발생한 대대적 농민반란 이른바 철종(哲宗)조 민란은 경상도 진주(晉州)에서 시작된다. 해방 후에도 최대의 좌익폭동은 대구에서(이른바 10월 폭동), 4·19 의거의 도화선이 된 3·15 부정선거 규탄운동은 마산에서, 그리고 궁정동 시해사건의 전조가 된 부마사태는 부산과 마산에서 발생하였으며, 김재규는 영남 사람이다.

기타 거듭 예증을 들 필요도 없이 호남만이 배역의 땅이 아님에도 불구하고 호남에서 일어난 사건은 "그것 봐 역시" 하는 식으로 특수하게 평가되는 것도 태조의 훈요와 풍수사상이 가져다준 비극의 하나이다. 태조가 그의 훈요가 천 년이 지난 오늘까지 이렇듯 큰 영향과 비극을 낳으리라고는 꿈엔들 생각했겠는가. 역사의 우연이란 정말 무서운 것이며, 풍수사상과 태조의 죄과는 결코 용서될 수 없는 일이다.

훈요십조는 후세에 만들어진 것이다

훈요십조는 전해 오는 것과는 달리 태조가 죽은 뒤 태조의 이름을 빌려 만들어진 것이란 설이 있다. 왜냐하면 훈요십조의 제 8 조에도 불구하고; 정작 왕건은 차령 이남의 인물도 꽤 많이 중용하였으며, 무엇보다도 나주 여인인 정화왕후가 낳은 아들 武를 자기의 후계자(혜종)로 삼았다.

또 왕건의 아들 중 제 3 대 왕인 정종은 3명의 부인 중 2명이 견훤의 사위인 박영규의 딸이었다. 물론 그것은 그 지역 민심을 회유하기 위한 수단이기는 했지만 이런 점들을 미뤄볼 때 훈요십조가 후세의 위작이라는 설을 부정할 수만은 없다.

묘청(妙淸)의 난

앞에서 언급한 바 있는 이자겸의 난(1126)이 겨우 진압된 10년 뒤 묘청의 난이 일어났는데, 이는 풍수지리사상에 의한 천도를 둘러싼 난으로 세계사에도 그 유례를 찾을 수 없는 특이한 사건이다.

이자겸의 난은 그러잖아도 흔들리고 있던 왕권의 위신을 땅에 떨어지게 한 사건이었다. 거기에 엎친 데 덮친 격으로 만주에서 일어난 금(金)나라는 날로 강대해져 고려의 북부에 침입하고 군사적·외교적 압력을 날로 증대시킨다. 예종(睿宗) 12년(1117)에 형제국(兄弟國)의 관계를 맺었으나 인종(仁宗) 3년(1125)에는 군신국(君臣國)의 관계를 요구해 온다. 인종은 왕권의 회복과 금나라에 대한 효과적 대응책 마련에 부심한다.

이때에 서경(평양) 출신의 중 묘청은 동향의 문인(文人) 정지상(鄭

知常), 일관(日官)인 백수한(白壽翰)과 뜻을 맞춰 "지금의 위기는 개경의 지기가 이미 쇠퇴했기 때문"이라고 주장하고 "지덕이 왕성한 서경에 천도하여 대화세(大花勢: 만개한 꽃의 세)의 명당인 임원역(林原驛)에 궁전을 세운다면 금나라는 자진하여 투항해 올 것이며, 종국에는 36개국이 복종해 와 왕조의 중흥과 국운의 재융성을 달성할 수 있을 것이다"고 진언한다.

그 무렵 개경은 그렇게 화려했던 궁전이 불에 타고 그 자리엔 들개들이 떼를 지어 헤매는 음산하기 그지없는 폐허로 화하여 있었다. 따라서 어딘가에 새 궁전을 신축해야 할 상황이기도 했다.

태조의 훈요와 풍수사상에 마음이 경사돼서였을까? 하여간 인종(仁宗)은 묘청의 진언에 따라 임원역에 신궁 대화궁(大花宮, 일설에는 大化宮)을 조성하고 태조의 훈요대로 자주 그곳에 머물렀다. 그런데 우연히도 대화궁 주변 30개소에 거의 동시에 벼락이 떨어지는 드문 이변이 발생했다.

어느 시대나 그렇듯이 어떤 일에는 찬성파가 있는가 하면 반대세력도 있는 법이어서 천도반대파 중의 경주파 = 개경고수파(김부식과 김인존이 주도)는 이 불상사가 발생하자 급속히 동조세력을 규합하여 인종으로 하여금 대화궁으로의 이어(移御)를 중지케 하고 마침내 서경 천도를 단념시킨다.

서경 천도의 일보직전에서 난데없는 패퇴의 쓴잔을 들게 된 묘청은 조광(趙匡), 류참(柳旵)과 공모하여 반란을 일으킨다(인종 13년, 1135). 국호를 대위(大爲), 연호를 천개(天開), 군을 천견충의(天遣忠義)라 명명하였지만 충분한 시간을 갖고 준비된 반란은 되지 못했다.

왕명에 의해 삼군원수가 된 김부식은 출병에 앞서 정지상 등 천도파를 모조리 모살한다. 그는 참모들의 급공책을 누르고 완공책을 택한다. '지키기 쉬우면서 공격하기 어려운' 서경을 급공하면 관군에 많은 사상자를 낼 뿐만 아니라 죄 없는 백성이 피해를 볼 것을 우려해서였다.

묘청군은 여덟 차례에 걸친 항복 권고를 물리치고 철저 항전을 다짐하나 시간이 흐를수록 전세는 기울어져 갔다. 때마침 김순부(金淳夫)가 아홉번째의 항복권고조서(詔書: 임금의 서장)를 지참하였을 때 반란군의 실권을 쥐고 있던 조광이 묘청·류참과 류참의 아들 류호(柳浩) 등 3인의 목을 베어 그것을 조정에 보내어 사죄(赦罪)를 청한다. 그러나 사신으로 간 윤참(尹瞻)이 투옥되자 재차 서경을 지키며 항전을 선언한다.

그런데 이때부터 반란의 성격과 참가자의 구성 등에 변화가 생긴다. 반란세력에 농민이 다수 가담하게 된 것이다. 명분이야 어쨌든 지금까지는 서경천도 추진세력과 개경 존속세력, 반란군과 관군의 싸움이었던 것이 부패한 기득권 세력에 대해 분노하는 농민이 반란군에 가담하는 싸움으로 변화하게 되는 것이다.

때문에 서경은 좀처럼 떨어질 것 같지 않아 관군은 애를 태운다. 조정에서는 김부식을 돕기 위해 정습명(鄭襲明)에게 수군을 인솔케 하여 대동강에서 서경을 공격하고자 하였으나, 거꾸로 서경군의 화공(火攻)을 당해 패퇴한다. 서경군의 사기는 올라가고 참가하는 농민도 늘어났다. 양군은 일진일퇴를 거듭하며 때로는 성에서 출격한 결사대에 관군이 밀리는 경우도 적잖았다. 그러나 처음부터 완급·지구전을 채택한 김부식의 토산고대(土山高台) 전술이 주효하여 마침내 힘겹게 서경을 점령한다. 난이 발생하고 1년 2개월이었다.

선각자이며 민족사학자인 신채호(申采浩) 씨는 "묘청이 승리했더라면 조선의 역사는 독립, 진취를 향해 방향 전환했을 것"이라 하였는데 전적으로 동의할 수는 없으나 묘청의 난의 역사적 흐름의 한 단면을 지적한 것이라 본다. 묘청은 당시의 부패·무기력·무책·무능한 지배층의 각성을 촉구함과 동시에 금나라에 대한 국민감정을 배경으로 천도에 의하여 조정에 신풍을 불어넣고 민심의 일신을 도모하는 한편 군사적으로도 전진태세를 취하는 것을 노려 서경천도를 제기했다고 보고 싶다. 그러나 서경에 천도했다 하더라도 묘청의 생각이나 예언대로 일이 진행됐을 가능성은 희박하며 금나라의 항복 따위는 꿈 같은 이야기다.

다만 여기서 지적하고 싶은 것은 묘청 일파가 그들의 정책을 논리적으로 설득하는 데 힘쓰기보다 풍수지리사상에 의존했다는 사실이다. 논리적 설득보다 풍수설에 의존하는 것이 설득이 쉽고 효과가 크다는 것이 당시의 상황이었는지 모른다. 어쨌든 여기에 그들의 역사성의 한계가 있는 것이지만 그러나 그 이상으로 중요한 것은 천도라는 중대문제가 어찌하며 풍수지리사상의 추점에 좌우되며 1년 2개월에 달하는 내란으로까지 발전하느냐는 것이다. 풍수지리사상이 한국인의 사고에 얼마나 큰 영향을 주었는지를 보여주는 사실(史實)이다.

한양(漢陽)의 지기(地氣)

오얏나무를 잘라라

개경은 영원한 수도이며 만대에 존속되리라 생각했던 고려왕조는 200년이 채 지나기도 전에 국기가 흔들리기 시작하여 이자겸의 난, 묘청의 난, 정중부의 난, 무가정권의 출현 등 내란과 정변을 거듭한다. 그런데 재미있는 일은 왕건이 고려왕조를 창건하리라 예언한 도선 자신이 그의 《비기》에 다음과 같은 예언을 남긴 점이다.

繼王者李而都於漢陽
　　고려의 왕은 왕씨이나, 이를 이어 왕이 되는 자는 이씨이며, 한양에 도읍할 것이다.

　　내정의 파탄과 외압에 시달리는 고려조 중엽 《도선비기》는 사람들의 관심을 끌게 되고 밑도 끝도 없는 온갖 풍문이 개경 거리를 휩쓴다. 15대왕 숙종(1095~1105)은 윤관(尹瓘)에게 명을 내려 백악산(白岳山)의 남쪽 기슭에 오얏나무(李)를 심어 이것이 자라면 뿌리째 파 없애게 하여 오얏＝李의 기운이 왕성해짐을 막게 하였다(이중환, 《택리지》경기조). 27대왕 숙종 때에는 오얏나무를 자르는 일을 전담하는 벌리사(伐李使)란 직책을 신설하여 북한산에 오얏나무를 심었다가 그것이 자라는 즉시 찍어내어 불태워 버리게 하였다.
　　그러나 심은 오얏나무는 자를 수도 있고 파 없앨 수도 있지만 야생의 오얏나무를 남김없이 없애기는 불가능하다. 뿐만 아니라 발 없는 말이 천리를 달려 새 왕조의 출현을 두려워하고 있다는 말이 나라 전역에 번지는 역효과를 낳아 고려왕조는 다가오는 이씨 왕조의 환영에 계속 시달려야 했다.
　　모든 물상이 그렇듯이 어떠한 명당도 세월이 지남에 따라 그 지기가 쇠퇴·소멸한다는 것도 풍수설의 이론이다. 또 시대의 변화와 추이에 따라 그 추점도 변한다. 이에 따라 11대 문종(文宗, 1046~1083)은 한양을 남경(南京)으로 정하고, 李 성에 겁을 먹어 온 숙종은 王성으로 한양의 반기(反氣)를 진압한다는 뜻에서 자주 남경으로 행차

하였으나 천도까지는 생각지 않았다.

그러나 풍수사상의 지기변동설에 따라 소극적·방어적 국가경영 중심의 장풍국인 개성을 떠나 보다 적극적·전향적인 득수국으로 옮겨야 한다는 주장이 나온다. 특히 14세기 말 몽고가 물러가고, 한(漢)족 중심의 비교적 온건한 명(明)나라가 서자 천도론이 크게 고개를 든다. 거기에는 조정의 기운을 일신하고 민심의 수습을 꾀함과 동시에 李 성 왕조의 도읍이라 예언된 땅을 王 성 도읍으로 함으로써 불길·불안한 환영에서 벗어나려는 심리가 크게 작용했다 할 것이다.

그러나 이미 때는 늦었다. 고려왕조의 정치적·경제적 기반인 토지소유제도가 어떻게도 손을 쓸 수 없을 정도로 난장판이었고 밖으로는 홍건적(紅巾賊)의 침입, 명나라의 압박, 거기에다 왜구(倭寇)의 노략질을 막지도 못하였다. 고려는 이미 왕조의 기능을 상실하여 민심은 일찌감치 왕조를 떠나버렸으니 천도 같은 큰 일을 단행할 여력이 있을 리 없었다.

1392년 마침내 王 성의 고려는 망하고 도선의 예언대로 李 성의 조선왕조가 성립하여 우여곡절을 겪지만 도읍은 한양으로 옮겨진다.

계룡산이냐 한양이냐

조선왕조의 태조(太祖) 이성계(李成桂)는 당초에는 개경을 그대로 새 왕조의 도읍으로 하겠다고 마음먹고 종묘(宗廟)를 세울 곳을 청운관관(靑雲觀官: 천문·지리·음양·측후를 맡은 관직)에게 물색케 한 바 "개경은 이미 지덕이 쇠퇴한 땅이므로 길지(吉地)가 못된다"는 대답을 들었다. 태조는 "그렇겠지. 무엇 때문에 망국의 터를 새로 쓸 것인가" 하고 새 도읍지를 물색토록 지시한다.

청운관관들의 건의가 없었다손 치더라도 언젠가는 천도로 움직였을 것이다. 왜냐하면 새 왕조를 창건한 자는 그가 누구이건 그의 포부와 구상대로 왕도를 건설하며 궁전을 신축하고 싶어지기 때문이다. 또 정치적으로도 새 왕조의 성립과 그 위신을 내외에 과시하고 동시에 민심의 일신을 기할 수 있기 때문이다.

태조는 한양 천도쪽으로 마음이 움직였다. 그것은 한양이 이미 고려조의 '남경'이었을 뿐만 아니라 《도선비기》에 李 성 왕조의 왕도로 예언되어 있는 곳이기 때문이었다.

그러나 정도(定都)는 그 왕조의 명운에 직결되는 중대사이므로 태조는 정당문학(政堂文學)의 권중화(權仲和)로 하여금 충청도·경상도·전라도 등 각지의 지형을 조사케 하고 그가 제출한 산수지형도(山水地形圖)를 살피고 나서는 계룡산을 선정하여 즉각 왕도 건설에 착수토록 지시한다.

그러나 새 왕도 건설이 시작되고 1년쯤 지난 태조 2년(1392)에 경기좌우도 관찰사 하륜(河崙)은 계룡산 불가론을 상언한다.

都邑宜在國中 鷄龍山地偏於南 興東西北面相阻 且臣嘗葬臣父 粗閱風水諸書 今聞鷄龍之地 山自乾來 水流巽去 是宋朝胡舜臣 所謂 水破長生 裛敗立至之地 不宜建都 … (태조실록)

왕도는 모름지기 국토의 중앙에 있어야 하는데, 계룡산은 남쪽에 편재하여 동서북의 삼방(三方)과는 떨어져 있다. 신(臣)은 평소 풍수에 관한 책들을 보아 왔는데 계룡의 땅은 산맥은 乾(서북)에서 오고, 물은 巽(동남)쪽으로 흐르고 있다고 들었습니다. 이것은 송나라의 호순신이 지적하였다는 이른바 물이 장생을 깨뜨려 종국에는 패퇴에 이르는 땅이므로 왕도로 삼기에는 적지가 못됩니다.

태조는 하륜의 진언을 받고는 어찌해야 할지 갈피를 잡을 수 없었다. 얼마나 결정이 어려웠으면 10개월이 지나서야 겨우 최종적인 결심을 했을까? 계룡산록의 국도건설공사를 중지시킴과 동시에 다시 한양 천도를 명하여 신도궁궐조성도감(新都宮闕造成都監)을 설치한다.

원래 국도(國都)는

(1) 통치와 경제운영에 편리한 입지조건

(2) 외침에 대하여 효과적으로 대응할 수 있는 군사적으로 유리한 입지조건

(3) 국도와 그 주변 주민의 생활안정이 보장되는(특히 식량·연료·물) 자연조건

(4) 거기에 보태어 국민이 정서적으로 납득하여 저항 없이 받아들일 수 있는 역사적 조건을 갖추고 있으면 그 이상 좋을 수 없다.

이러한 관점에서 본다면 계룡은 한양보다 남쪽에 편재하고 평야와 하천의 규모, 역사적 연고와 무게에 있어 한양에 따라올 수 없다.

그러나 새 왕조의 국도를 정한다는 극히 중요한 사안을 전술한 조건 등 합리적인 판단에서가 아니라 오로지 풍수지리사상의 추점에 의해서 그것도 개경에서 한양으로, 한양에서 계룡산으로, 그리고 계룡산에서 다시 한양으로 어지러울 정도로 갈팡질팡 왔다갔다했다는 데에서는 말문이 막힐 정도로 어이가 없다.

한양 풍수

한양이 국토의 중부·평야지대에 자리하고 있는 점은 개성과 비슷하다. 그러나 개성은 임진강과 예성강까지 백 리나 떨어져 있는 데 반하여 한양은 한강을 끼고 있으며 한강은 가항(可航) 거리·하폭·수량 등에서 개성의 강보다 월등히 뛰어나다.

한강은 풍수지리사상의 이른바 객수(客水: 명당의 외측에서 흘러와 명당의 물과 합류하는 큰 강)이므로 그 길기(吉氣)는 개성과 비할 게 아니다. 그 위에 한강은 남한강의 흐름을 따라 영남지방과 직통하는 이점이 있다.

또 한강의 지세에 관해서는 이도선이 그의 《명당기》(明堂記)에서 개성의 남쪽에 '군자어마명당'(君子御馬明堂)이 있어 병신세(丙申勢: 병신년에 태조가 전국을 통일했다)로부터 120년 후에 거기에 정도하면 국기는 안정할 것이라 추점한 바 있고, 또 삼각산 남방의 주산(主山)의 맥세(脈勢)를 중심으로 임좌남향(壬坐南向 = 거의 정남향)하여 궁전을 세우면 그 왕성한 지기로 국운이 융성할 것이라는 설화가 전해져 왔다는 점을 들었다.

여러 우여곡절은 겪었지만 어쨌든 한양이 국도로 최종 결정이 났다. 동시에 5부(部) 49방(坊)이 되는 한양의 도시계획의 기본이 작성되었다. 일은 거기서 끝나지 않는다. 이번에는 궁전·제묘(諸廟)·사대문(四大門) 등 모든 건조물과 조영물의 위치와 좌향(坐向)의 추점을 두고 격렬한 논쟁이 벌어진다. 그 경위와 논쟁이 얼마나 바보스러우면서 광적인 것이었는지를 남대문을 예로 살펴보자.

한양을 둘러싼 성벽에는 사대문(四大門)과 사소문(四小門)이 있었는데 그 문들을 연결하는 성벽은 약 20 km, 높이는 9 m였다. 그 중에서 주문(主門)은 속칭 남대문인 숭례문(崇禮門)이다. 국보 제1호이기도 한 이 문은 태조 4년(1395) 축성과 동시에 착공하여 3년 후에 완공된다.

그러나 그로부터 35년 후의 세종 15년(1433), 남대문의 위치가 너무 낮고 땅이 평탄하여 풍수지리상 결점이 있다 하여 개축론이 일어난다. 이에 대하여 사헌부(司憲府) 측에서는 "급한 토목공사가 많이 남아 있고 그것에 손을 대면 국민이 노역하는 고통을 겪어야 하므로 모처럼의 왕조와 국민 사이의 화기를 해친다" 하여 개축반대론을 제기한다. 격렬한 논쟁 끝에 '개축보류'로 결정이 난다. 처음으로 상식이 풍수지리사상을 이긴 것이다.

하지만 상식의 승리는 오래 가지 않았다. 다시 시비가 붙었으며 결국 현재의 자리에 신축된다. 세종 29년 9월이니 신축보류 결정이 난 지 14년 만의 일이다(세종실록). 핑계인즉 우백호의 인왕산의 지맥과 안산(案山)인 남산의 맥이 교차하는 지점에 맞는 좌향이어야 한다는 것이었다.

이어서 한양의 조산(朝山)인 관악산의 화기를 누르지 않으면 한양에 화재가 잦을 것이라 하여 숭례문의 성벽 밖에 못을 파고 현판의 숭(崇)자는 재(災)자의 모습으로 쓰고 예(禮)자는 오행의 화(火)자에 배속하는 형태로 하면서 종서하였다. 그것은 이화진화(以火鎭火)의 법이라 하여 풍수사상에 있는 것이다〔화재를 방지하기 위하여 남대문의 앞쪽에 못(池)을 팠는데 뒤에 매립하였다고 한다. 지형상으로 보아 아마도 지금의 서울역 주변이 아니었던가 싶다〕. 풍수지리사상의 병독은 이미 고황(膏肓)에 이르러 달리 손을 쓸 수 없는 지경에 이른 것이다.

사대문(四大門)의 정식 명칭은 모두 세 글자이나 동대문은 흥인지문(興仁之門)이라 넉 자이다. 그것은 한양의 동쪽 우백호에 비하여

景福宮의 正殿은 勤政殿, 정사를 보는 전각은 思政殿, 주연을 베푸는 곳이 慶會樓임은 누구나 아는 바이다. 한편 왕의 침소는 康寧殿이다.

四大門은 興仁之門(동) 敦義門(서) 崇禮門(남) 肅淸門(북)이었고 그 사이사이의 四小門은 光熙門(동남) 昭義門(서남) 惠化門(동북) 彰義門(서북)으로 정하였다.

水口門이 있었는데 이는 시체를 성 밖으로 내보내는 곳이었다.

서쪽 좌청룡이 허한 것을 보완하기 위한 것이다. 之자를 택한 것은 그 자형(字形)이 마치 산맥의 흐름을 닮았기 때문에 동쪽 좌청룡의 기맥을 돋우어 주는 데 가장 상징적이었기에 그랬다고 전해진다.

훗날의 일이지만, 영조 36년(1760)에 수해를 막기 위해 청계천을 대대적으로 준천하였는데 그때 파낸 흙으로 동대문 안쪽에 가산(假山)을 조성했다. 그것은 흥인지문과 같은 이치로 동쪽의 허기를 보강하기 위해서였다고 한다.

무학대사 정도전에 패하다

한편 중전의 위치와 좌향을 둘러싼 논쟁은 마침내 태조가 가장 신뢰한 무학대사(無學大師)와 정도전(鄭道傳) 두 사람의 대결을 가져온다. 무학대사는 인왕산을 주산(主山)으로 삼고, 백악산을 좌청룡, 남산을 우백호로 하여 서를 등에 지고 동면하는 좌향을 제안한다. 이에 대하여 정도전은 군주는 북을 등에 지고 남면하여 정사를 행함이 고래로부터의 관례로, 동면한 조정은 그 예가 없다고 주장함으로써 무학대사의 제안을 반대한다. 동시에 그는 백두산의 왕성한 지맥이 직결되어 있는 삼각산과 연결되는 백악산을 주산으로 삼아야 한다고 추점하고 양자는 한 걸음도 물러서지 않는다.

결국 태조는 정도전의 주장을 받아들여 궁전은 오늘날 우리가 보는 것과 같이 북북서를 등으로 남남동 방향으로 건립되었다〔결과적으로는 서울의 지형에 맞고 일조(日照) 등의 면에서도 합리적이며 옳은 선택이었다〕.

여기에 더하여 정도전은 태조로부터 전각(殿閣)의 명명까지 일임받는다. 이에 그는 주궁을 경복궁이라 명명하였는데 그것은《시경》(詩經)의 "旣醉以酒 旣飽以德 君子萬年 介爾景福"의 마지막 두 글자에서 따온 것이다.

무학대사는 태조의 선택에 대하여 신라의 명승 의상대사(義湘大師)의《산수비기》(山水秘記)에 의하면 "승의 진언을 받아 정도하면 국운이 웅장하며 정(鄭)성을 지닌 자가 나타나 말썽을 일으키면 5대에 이르기 전에 찬탈의 재화를 맞게 되고 200년 내외에 외란의 화를 면할 수 없다"고 기록되어 있는데 그 비기가 예언한 일은 한번도 어긋난 일이 없다며 크게 탄식하였다(村山智順의《조선의 풍수》).

사실(史實)은 무학대사가 걱정한 대로 나타난다. 태조 생존중에 처절한 골육상잔의 이른바 '왕자의 난'이 이어졌고 단종과 사도세자의 비화를 낳았다. 그리고 태조 등극에서 꼭 200년 되는 해에 임진왜란이 발생한다.

그러나 무학대사에 대하여는 좀더 알아야 할 일이 많다. 무학대사는 풍수지리에 통효하며 태조가 왕이 될 것이라 예언했으며 그의 중요한 참모로 한양을 도성으로 정하는 데 결정적 역할을 했다는 설화는 널리 알려져 있다. 그러나 그 설화대로라면 왕십리에서 밭을 갈던

농부가 무학대사 뺨치는 풍수의 대가란 이야기가 된다.

　한편《태조실록》속의 무학대사에 대한 기록은 이외로 느껴지리만큼 별것이 없다. 더욱이《의상비기》는 조선조 초에 존재했다는 증거가 없어 후세의 풍수사가 그 후 일어난 사실을 토대로 그럴듯하게 만든 것이라 보아진다. 불교를 대표하는 그가 유교계를 대표하는 정도전과의 싸움에서 밀려 조선조의 국시가 배불숭유로 된 것은 모두가 아는 일이다. 결국 무학대사가 걸출한 인물인 것은 분명하다 하더라도 그에 관한 여러 설화는 그를 존경하는 불교계 인사들에 의해 만들어졌다고 보는 게 옳을 것 같다. 무학은 朴씨로 지금의 합천군 삼기 출신이라는 것은 분명하나, 태조를 만날 때까지의 행적에 관하여는 기록이 없다. 그는 양주땅 회암사의 부도에 묻혔다.

---

* 무학대사의 청학동(靑鶴洞)에 대한 풍수추정인〈청학동결〉(靑鶴洞訣)은 그의 풍수관을 잘 나타내 유명하다. 여기 전문을 소개하지 못함이 아쉽다.

태조의 현실 감각

　이태조가 무학대사의 진언을 물리치고 정도전의 건의를 수용한 것은 그가 독자적인 풍수사상을 갖고 있어서가 아니라 아주 냉철한 현실정치의 판단이 있었기 때문이라 생각된다.

　태조가 조선조를 세운 데는 고려조가 이대로 가다가는 왕조는 고사하고 나라가 망한다는 위기의식이 강했기 때문인데, 그 중에서도 가장 먼저 바로잡아야 할 일은 문란할 대로 문란해진 토지제도를 하루속히 근본적으로 개혁하는 일이었다. 그러기 위해서는 광대한 토지를 소유하며 조세도 내지 않는 불교사원의 소유지를 몰수하는 일이 토지제도를 바로잡느냐 바로잡지 못하느냐의 관건이었다. 사원의 토지를 몰수한다는 것은 곧 불교를 국교의 위치에서 끌어내리는 일이기도 하다. 태조가 건국공신이요 말벗이었던 무학대사 대신 유학자인 정도전의 건책을 택한 것은 곧 불교 대신 유교가 국교가 된다는 것을 의미하며 실제로 그렇게 되었다.

정도전과 무학대사의 진언 가운데서 태조가 한 선택은 풍수설의 양론 중의 하나를 선택한 것이라기보다는 국정쇄신이란 냉철한 정치감각에 의한 결단이었다고 보아야 할 것이다.

역대의 왕조실록 등을 보면 선왕이 승하하고 신왕이 제일 먼저 시행하는 국사는 선왕의 능터를 정하며 혈 자리 등을 선별하는 일이다. 이는 곧 왕의 풍수지리 능력이 집권능력이라는 등식으로 간주되는 첫 시험대인 것이다. 물론 선왕이 자기의 묘터를 미리 점쳐 놓지 않았던 일은 드물었겠지만 결국 최종 결정은 신왕의 손에 의한다는 형식을 취하는 것도 이집트와는 다르다. 즉 풍수사상의 유무가 상이점을 낳은 것이라 하겠다.

우리 역사에서 풍수지리사상의 비중은 이미 충분히 설명했지만 그 사상의 영향력에 비하여는 그 구체적인 면모를 알려주는 자료가 드물었는데 이번에 고려대 박물관에서 그 면모를 알려주는 책판(冊板) 15종 525개가 발견되었다. 그 중《정침》(丁針)만이 의학서이고 나머지 《만년도》(萬年圖), 《관상점》(觀相占), 《범위수》(範圍數), 《선택요략》(選擇要略) 등은 모두 조선시대 풍수지리학과 인간의 운수를 연구하는 명과학(命課學)에 관한 것으로 앞으로 이 분야 연구에 활기를 불어넣으리라 기대된다.

일본의 정도사(定都史)

우리나라에도 여러 왕도가 있었지만 통일신라 이후의 왕도라면 경주·개경·한양 세 곳이다. 일본도 이른바 천황이 있는 곳을 왕도라고 볼 때 대표적으로 나라·교토·도쿄의 세 곳을 꼽을 수 있으며, 무인들의 막부 소재지는 가마쿠라와 에도(도쿄)이다.

그러면 이곳들은 어찌하여 또는 어떤 이유와 동기로 왕도와 막부소재지가 되었으며 무인의 본부는 왕도와는 어떤 상이점이 있었는가를 살펴보기로 한다.

나 라 (奈良)

奈良는 '나라'라 읽는다. 말할 나위도 없이 우리말 '나라'이며 奈良는 차자(借字)에 불과하지 딴 뜻은 없다. 나라가 공식으로 왕도였던 기간(710~784)은 70여 년에 불과하였지만 이미 정도 이전에 수백의 대사원이 건립되고 문화의 꽃이 만발한 이른바 나라시대로 일컬어지는 기간은 6세기 초부터 8세기 말까지의 약 250년간이다.

나라평야는 상당히 광대함에도 불구하고 5세기 중엽까지는 누구도 탐내지 않는 버려진 땅이었다. 그 까닭은 큰 강이 없어 농업용수가 부족한 것은 고사하고 얼마 안 되는 주민의 생활용수마저 넉넉지 못한 곳이었기 때문이었다.

일본에는 여러 곳에서 도래인(渡來人)이 왔지만 그 주류는 한반도로부터였다. 그러나 그 도래시기에 따라 모도키(元來: 원래부터 와 있던 사람), 후루키(古來: 온 지 오래된 사람), 아라키(新來: 그 뒤에 새로 온 사람), 이마키(今來: 요새 갓 온 사람)로 구분하였는데 농사에 적합한 땅은 먼저 도래한 집단이 순차대로 좋은 곳부터 점유한 것은 당연한 일이었다.

그러니 5세기 이후에 온 주로 백제계의 아라키들은 부득이 나라평야 같은 황무지에 정착할 수밖에 없었다. 그러나 그들은 앞서 온 자들이 모르는 선진 토목기술과 농사기법을 지니고 갔다. 그들은 나라평야에 저수지, 보, 수로 등 관개시설을 조성하여 마침내 아무도 거들떠보지 않던 나라평야를 최고 수확의 곡창지대로 만들었다.

6세기에 접어들자 그간 축적된 부(국력)와 기술을 바탕으로 나라의 찬란한 불교문화에 주변 호족들이 동화되어 나라는 정도 이전에 이미 실질적으로 왕국의 중심으로 발전하였다. 6세기 후반 나라의 문화는 난숙기를 맞는다. 화려하고 거대한 사원이 수도 없이 건립되고, 나라를 꽃피는 도시로 구가하는 수준 높은 노래와 시들이 읊어진다.

우리나라 만 원짜리 지폐엔 가장 위대한 임금님이었던 세종대왕이 그려져 있지만, 일본의 만 엔권에 올라 있는 사람은 쇼토쿠(聖德) 태자(574~622)이다. 그는 우리나라에서 건너간 혜자(惠滋) 스님의 교화로 불교에 심취하여 시텐오지(四天王寺), 호류지(法隆寺) 등 많은 사찰을 건립하였는데(605) 특히 호류지는 그 아름다움과 웅대함이 일본 제일이며 670년에 소실(《日本書紀》)되고, 1949년에 재차 화재를 만났지만 화재를 면한 건물들은 세계에서 가장 오래된 목조건물이다(불상 중 백제관음이 유명하다).

쇼토쿠 태자는 법제와 관제를 제정·정비하여 집권적 관료체제를 확립하였으나 일부 호족의 반발과 내부 세력다툼으로 50세 이전에 비명에 간다. 그러나 그의 도움으로 왕위에 오른 긴메이(舒明) 천황은 백제대사(百濟大寺)와 구중탑(九重塔)을 건립하여(639~642) 태자의 원찰로 삼고, 바로 그 이웃에 백제대궁을 지어 제정(祭政)을 베풀었다. 백제대사의 구중탑은 그 기단(基壇)이 30m×30m로 탑의 높이는 90~100m로 추정된다. 이는 중국에서 제일 높다는 대안탑(大雁塔)보다도 30m가 높은 것이다(경주의 황룡사 9층탑이 90~100m 높이였으리라 추정되고 있다).

이러한 기록을 볼 때 천황도, 쇼토쿠 태자도 백제 사람이었으리라 짐작된다. 그렇지 않고는 왜 하필이면 대사(大寺)와 대궁(大宮) 이름 앞에 백제를 붙였겠는가.

이윽고 겐묘(元明) 천황 3년(710)에 나라는 국도가 되며 헤이조쿄(平城京)로 불린다. 대내리(大內裏: 왕의 거처)와 좌경·우경 그리고 구조(九條) 대로로 정연한 국도를 건설하였는데 그 크기는 가로 8 km 세로 9.6 km였다. 이후 284년까지 일본사에 큰 획을 그은 번영을 누리면서 문화의 꽃을 만개시킨다.

747~752년의 5년에 걸쳐 건립된 도다이지(東大寺)는 세계 최대의 목조건물이며(8세기 초에 소실되었다가 1709년에 재건하였다), 그 좌불상은 좌고 높이가 15m이며 연화좌와 석좌까지 합치면 20.52m, 귀의 길이는 2.54m나 된다. 그와 같이 거대한 불상을 주조한 기술자는 현방(玄昉)과 행기(行基) 두 사람이었는데, 이들도 백제에서 온 사람이라는 것을 일본 사학계에서 많은 사람이 시인하고 있다. 말하자면 나라는 백제사람을 중심으로 우리 민족이 만들어낸 도시요 문화였다.

이와 같은 나라의 번영과 문화는 필연적으로 인구 유입을 가져왔고, 급격하게 늘어난 인구는 이제 번영의 걸림돌이 된다. 무엇보다도 물이 문제가 되었다. 농업용수는 고사하고 마실 맑은 물이 태부족이었다. 새로운 수원을 찾고 식수를 마련하였지만 기본적으로 물이 귀한 곳이라 늘어나는 인구를 따라가지 못하였다. 결국 물 부족 때문에 새 도읍을 물색해야 하는 처지에 이른다.

나가오카쿄(長岡京)에서 헤이안쿄(平安京)로

■ 나가오카쿄의 문제점

새 왕도를 어디로 하느냐는 것은 실권을 쥐고 있는 세력과 깊은 관련이 있다. 즉 어느 세력이 득을 보느냐는 것이 관건이다. 따라서 각 세력간의 암투와 뒷거래가 따르기 마련이다.

간무(桓武) 천황은 후지하라 다네쓰구(藤原種繼)의 강압에 가까운 건의를 물리치지 못하여 나가오카(長岡)로의 천도를 결정하면서 그를 새 왕도 조영장관으로 임명한다(784). 그러자 천도의 필요성에는 공감하면서도 나가오카 천도에 반대하는 의견이 크게 일어나는데 그 선두에는 후지하라와 버금가는 세력을 지닌 오토모(大伴) 일족의 족장 쓰구히도(繼人)가 있었다.

나가오카는 홍수의 위험성이 높은 지역이라는 것과 그 평야가 나라의 4분의 1의 넓이밖에 안 된다는 것 외에 그곳이 후지하라 일족의 관할지라는 것이 반대 이유였다.

그런 와중에 후지하라 다네쓰구가 암살당하는 사건이 발생한다. 간무 천황은 즉각 이를 오토모 일족의 소행이라 단정하여 족장인 쓰구히도를 죽이는 동시에 그 배후에 황태자인 사가라친왕(早良親王)이 있다 하여 태자에서 폐위시키고 그를 유형에 처한다. 사가라친왕은 원죄(冤罪)를 주장하며 식음을 전폐하여 유형지에 닿기 전에 사망한다. 원래 간무(桓武)와 사가라(早良)는 친형제간으로 그들의 어머니는 한국계 귀화인의 후손이었다. 그들의 아버지 고진(光仁) 천황이 사가라(早良)를 황태자로 봉하였었다.

어쨌든 후지하라 다네쓰구의 암살사건은 처리되었다. 그러나 진짜 범인에 대하여는 명확한 결론이 없다. 진범이 안 잡혔을 수도 있고 간무가 판정을 내린 대로일 수도 있다. 그러나 이 사건으로 덕을 본 사람은 간무뿐이다. 왜냐면 간무는 자기를 견제하는 후지하라와 오토모 양대 세력을 약화시켰으며, 동시에 자기 동생 대신 자기 아들을 황태자로 봉할 수 있었기 때문이다.

따라서 모든 것이 간무에 의해 준비된 사건이라고 볼 수 없는 것도 아니다. 어쨌든 나가오카의 수도 건설은 나름대로 진행이 되는데 나가오카는 오사카 평야의 바다로의 출구에 위치하여 요도가와(淀川)와 가쓰라가와(桂川)가 합류하는 지점이다. 꼭 메소포타미아와 같은 곳이니 홍수의 위험성이 아주 높다. 나라가 물이 모자라는 곳이라면 여기는 물이 넘쳐 곤란한 곳이다. 아니나 다를까 태극전이 하천 범람으로 유실되고 실화 등의 불상사가 일어나 10년이 지나고도 왕도 건설은 완성을 보지 못한다.

뿐만 아니라 나가오카의 부지 면적은 나라의 4분의 1 정도에 불과하니 홍수의 위험성이 없더라도 왕도의 기능을 수행할 수 없다. 말하자면 다네쓰구 세력이 나가오카에 왕도를 정하는 데서 오는 일족의 이해관계(그 주변이 자기들의 세력권)에 집착한 나머지 천도라는 중대성에 비하여 전후 판단이 너무도 허술했다고 할 것이다.

■ 헤이안쿄(京都)의 장점

결국 조정에 절대적인 영향력을 행사하며 나가오카 주변을 근거지로 하고 있던 후지하라 일족의 책모는 실패로 돌아가고 간무 천황은 교토(京都) 천도를 명한다(794).

간무 천황은 교토 천도의 소칙(詔勅)에서 교토는 '산하금대(山河襟帶)의 땅'이라 하였다. 그것은 산과 강이 옷섶금과 띠처럼 돌고 에워싼 아름다운 땅이란 뜻과, 산과 강에 둘러싸인 요새지란 뜻이 있는

데, 산자수명(山紫水明)이라든지 풍광명미(風光明媚)란 표현을 쓰지 않고 산하금대란 표현을 쓴 것은 후자의 뜻이 더 강하다.

세 방향이 산에 둘리우고 앞쪽에 강이 흐르는 지형을 산하금대라 표현하는 것은 풍수지리사상적 표현이며, 그것이 바로 장풍국의 명당이다. 개성과 한양이 바로 그런 지형이다. 장풍국은 크기에 차이가 있을지언정 고립된 분지의 모습을 갖는다. 교토는 습기가 많아 무더운 일본에서도 여름의 무더위는 유별나 짜증스럽다는 결함을 빼면 분명히 왕도로서의 여러 조건을 갖추고 있었다. 거기에 왕후들의 주거를 돋보이게 함에 충분할 자연경관도 갖추고 있었다.

(1) 교토는 나라와 같은 용수부족의 걱정과 나가오카 같은 홍수의 우려가 없는 곳이다. 교토는 바로 인근에 제주도 반만한 넓이의 비와고(琵琶湖)가 있어 식수나 농업용수 걱정이 없으며 그렇다고 홍수의 위험성이 있는 곳도 아니다. 동시에 비와고는 자연의 방어수 역할도 겸하고 있다.

(2) 교토는 국토 중앙에 위치하고 있다. 지도상으로 보면 약간 서쪽에 편재해 있는 것 같지만 그것은 오늘의 감각에서 보기 때문이다. 당시에는 일본 동북지방은 미개지 후진지역이었다. 사카노우에 다무라마로(坂上田村麻呂)에 명하여 그 지역의 개척과 농업지도를 시작하는 상황이었으니 교토는 국토의 중심이었다.

(3) 교토는 육지, 하천, 호수, 바다 등 모든 교통수단이 직결되는 교통의 요지이다. 오사카항은 옛적에는 지금보다 교토쪽에 훨씬 가까웠기 때문에(지금의 오사카항의 많은 부분이 매립지), 요도가와(淀川)로 얼마간만 내려가면 바다에 닿으므로 국내는 물론 해외 무역의 실질적 중심지였다. 와카사(若狹)만에 도착한

한국과 일본 동해지역의 물자는 아이자카(逢坂) 고개 하나를 넘어 비와고를 통해 쉬이 올 수 있다. 이 길은 한국에서 교토까지의 최단거리이기도 하다. 사실 메이지유신 때까지는 동해가 일본의 현관이었다. 태평양은 어장이며 어쩌다 동남아로 가는 바다에 불과하여 태평양은 일본인에게는 그다지 관심이 가는 바다가 아니었다. 동시에 교토는 강과 호수와 바다뿐 아니라 육로의 긴요한 요충이기도 하였다.

히구치 기요유키(樋口淸之)는 그의 《역일본사》(逆日本史) 제 3 권에서 "일본의 가도(街道)에는 동서로 뻗는 가로와 산과 바다를 연결하는 남북의 길이 있다. 남북의 길은 소금에 절인 고기 등 해산물을 바다에서 산으로 나르고 산으로부터는 산의 산물을 바다로 보내는 '소금의 길'이다. 이에 비하여 동서의 길은 '쌀의 길'이다. … 그리고 쌀의 길은 고대에는 바로 세수(稅收)의 길이다. 이와 같이 동서의 길이나 남북의 길이 모두 교토가 종점이었으니 왕도로서 최적의 조건을 갖추고 있었다. 교토가 40만 전후의 인구를 안고 그 방대한 소비생활을 지탱해 나갈 수 있었던 것은 이와 같은 지리적 조건의 덕분이었다"고 하였는데 아주 지당한 분석이라 아니할 수 없다.

헤이안교의 풍수지리적 분석

앞에서 지적한 것처럼 간무(桓武)가 헤이안교(平安京)로 천도를 결정할 때 '산하금대'라는 풍수지리적 용어를 사용하기는 하였지만, 헤이안교 천도에 대하여 풍수지리적 풀이를 한 사료는 발견되지 않고 있다. 근래에 와서도 앞에서 인용한 바 있는 히구치 같은 분은 드문 존재고 많은 학자는 물과 넓은 들 그리고 헤이안교가 일본 중심부에 위치한다는 점을 지적한다. 그러한 지적은 옳은 것이다. 그러나 의외로 많은 학자가 사가라(早良)의 원령(怨靈)을 피하기 위하여 나가오카교(長岡京)를 버리고 헤이안교를 택했다고 주장하고 있다.

그런데 대만출신의 黃永融 씨는 京都府立대학 석사논문인 "풍수사상의 원칙성에서 본 平安京을 중심으로 한 일본 고대 궁도계획의 분석연구"에서 헤이안교 천도 당시에 자기가 지적하는 것과 같은 풍수적 고증이 있었는지는 알 수 없으나 결과론적으로 다시 없는 명국이라는 것이다.

〈그림 4〉, 〈그림 5〉에서 보는 바와 같이 헤이안교는 좌산(坐山)격인 船岡山과 안산(案山)격인 甘南備山을 연결하는 선을 중심선으로 하여 용혈(龍穴) 자리에 大內裏(궁전)가, 명당(明堂)자리에 시가지가 형성되어 있으며, 좌우의 산이 좌청룡 우백호의 모습을 갖추며 헤이안교 앞쪽엔 巨椋池가 있어(그후 도요토미 히데요시가 이 못을 매립하고 가로를 만들었기 때문에 지금은 없다) 이는 어김없이 풍수사상에 의하여 정도(定都)되고 도시 설계된 것이 틀림없는데, "원령의 앙갚음을 방어하기 위하여 헤이안교 조영에 풍수사상이 많이 적용되었다"고 하여 결국 원령설로 돌아가고 있음은 매우 아쉽다고 하였다. 어쨌든 헤이안교를 풍수지리학적으로 분석한 것은 일본에서 극히 이례적이라 할 것이다.

헤이안교는 메이지유신으로 도쿄로 천도(1869)하기까지 약 1,100년의 긴 세월 동안 일본의 수도로 존속한다. 이런 점에서는 분명히 대단한 명당이라 할 수 있지만, 헤이안교로 옮기고 300년 지나서는 천황은 한낱 장식물에 불과하게 되고 후지하라와 平家가 전권을 행사했으며 그로부터 100년이 지난 1185년부터는 源氏, 北條氏, 足利氏, 德川氏 등의 무가정권이 실질적인 일본의 지배자로 군림하였다. 뿐만 아니라 그간에 수차의 실화 (失火)와 수차의 전화(戰火)를 입었으며 수차례에 걸친 무사집단의 점령으로 편안한 날이 그리 많지 않았다(개경이나 한양도 마찬가지). 심지어 천황이 땟거리를 걱정해야 할 때도 있었으며 귀족들의 집에 비가 새며 딸을 파는 일도 적지 않았으니 과연 헤이안쿄가 용혈(龍穴)과 명당(明堂)을 갖춘 땅이었느냐 하는 데 대하여는 보는 이에 따라 평가가 달라질 수밖에 없다고 보아야 할 것이다. 또는 여기도 300년으로 지기가 소멸하였다고 보아야 하는 것일까?

〈그림 4〉 나가오카쿄(長岡京)와 헤이안쿄(平安京)

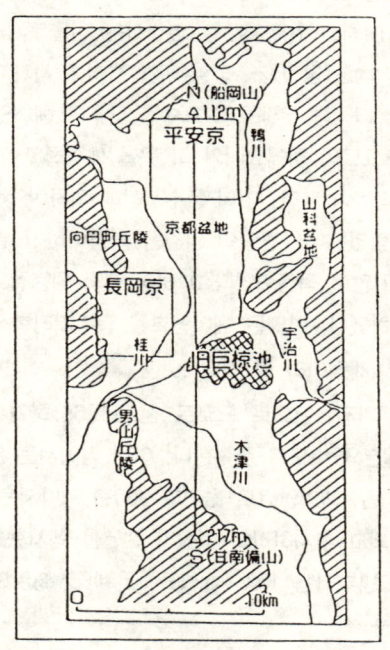

〈그림 5〉 헤이안쿄(平安京)의 풍수적 추점

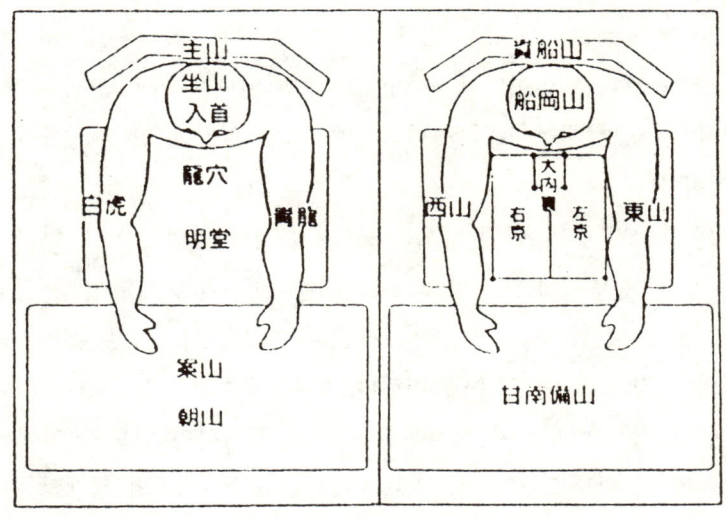

천도에 의한 정치와 불교세력의 교체

여기서 아주 흥미로운 점은 나라로부터 교토로의 천도는 개성에서 한양으로의 천도에 비교할 수 있다는 것이다. 왜냐하면,

첫째는 두 나라가 다 종국의 왕성(王城)으로 바로 가지 않고 딴 곳에서 왕성의 조영까지 하는 우회과정을 밟았다는 것,

둘째는 그 배경에 흙탕 같은 권력투쟁과 음모가 깔려 있었다는 것,

셋째는 한양으로의 천도와 왕도 조영이 결과론적이지만 불교 조락 (凋落)의 전기가 되었듯이, 나라로부터 교토로의 천도는 나라 불교세력의 무력화와 교토 주변 신흥불교의 전성기를 가져온 점이 공통점이다. 개성이 나라(＝平城京)라면, 계룡산은 나가오카이고, 한양이 교

토(＝平安京)라 비유할 수 있다.

교토는 헤이안쿄(平安京)라 불리고 그 시대를 '헤이안시대'라 부르게 되는데 교토로의 천도는 와케노기요마로(和氣淸麻呂) 일파의 정치적 승리를 뜻하는 일이었다. 헤이안쿄 주변 일대는 바로 그의 소유지였기 때문에, 현대적 표현을 빌리자면, 그는 엄청난 땅 장사를 하게 된 것이다.

그는 정치적 승리 외에 경제적으로도 승리를 얻었지만 또 하나 중요한 일은 천도시에 이른바 남도(南都＝奈良) 육종(六宗), 즉 三論, 法相, 華嚴, 成實, 俱舍, 律 등의 사원의 이전을 금지했을 뿐 아니라 그들의 소령(所領)을 몰수해 버린다. 당시 정치적으로나 경제적으로나 귀족세력을 압도하여 실질적인 권력을 행사하던 남도의 거대 불교세력이 새 왕도로 진출하는 것을 막는 동시에 그들의 경제적 기반을 빼앗아 버린 것이다. 그는 이어 남도불교의 최대 실력자이며 쇼토쿠(稱德) 여왕의 총애를 받는 도쿄(道鏡)를 왕위찬탈 음모자로 몰아 숙청함으로써 남도불교는 완전히 힘을 잃는다.

남도불교 탄압이란 강경조치는 와케노기요마로가 반불교였기 때문에 취한 조치가 아님은 말할 나위도 없다. 그는 남도 육종의 새 왕도 이전을 금한 대신 와케씨의 가사(家寺)인 신고지(神護寺)의 사령(寺領)을 확대하는 한편 사이초(最澄＝傳敎大師)와 구가이(空海＝弘法大師) 즉 천태종(天台宗)과 진언종(眞言宗) 등 신흥불교의 후원자가 되어 그 세력을 정치적으로 최대한 이용한다.

그러나 그는 남도불교의 정치적 폐해를 반면교사로 삼아 천태, 진언 등의 헤이안불교는 히에이(比叡)산이나 고야(高野)산 등의 산중에 두게 하여 승려의 정치개입을 차단한다. 이러한 점을 종합할 때 그는 경제적으로나 정치적으로나 극히 냉혹하면서도 탁월한 책략가였다.

무가정권의 가마쿠라(鎌倉)와 에도(江戶)

헤이안시대까지 일본 왕도의 도시설계는 마치 바둑판 같이 정연한 도로망을 조성하였다. 그것은 바로 중국 왕도의 축소판이었다.

그러나 무가의 막부정부가 실권을 잡자 그들의 본거지와 주요 성새(城塞)의 소재지(주로 장원의 관리자의 소재지)는 군사방어 최우선의 견지에서 택지되었으며, 에도의 도로망은 바둑판형과는 정반대로 소라껍질 모양의 나선형이 된다. 그와 같은 상이점은 그 도시의 지배자가 문관이었는가 무관이었는가의 차이에서 온 것이라 볼 수밖에 없다.

■ 가마쿠라(鎌倉)

가마쿠라는 구릉이 반원형으로 도시를 에워싸 마치 부뚜막 솥 같은 지형이다. 구릉은 과히 높지는 않지만 그 사면은 양면에서 침식을 받아 마치 예리한 칼날을 세워놓은 것 같다. 그리고 앞은 바다다. 따라서 가마쿠라로 들어오려면 이른바 가마쿠라 칠구(七口)라는 굴 같은 일곱 곳의 길을 지나거나 바다에서 올 수밖에 없다. 그야말로 천연의 요새다. 그 대신 스스로 움직이지 않는 한 외부와는 절연된다는 결함이 있다.

또 가마쿠라의 면적은 아주 협소하여 상식적으로는 실권자의 소재지로 삼기에는 부족하다. 그러나 가마쿠라 막부는 통상의 정권처럼 방대한 행정조직을 운영할 필요가 없었다. 즉 각지에 산재하는 장원(莊園)의 관리자를 관리하면 족한 것이며 당시의 인구로서는 그 넓이로 충분하고 보니 무사정권으로는 최적지였다 할 것이다.

가마쿠라(鎌倉)는 칼·무사와는 관계가 깊지만 낫과는 관계가 먼

곳이다. 그런데 왜 낮의 곳간이라는 지명일까? 가마쿠라의 지형은 상공에서 보면 앞에서 설명한 것처럼 가맛골(釜谷)의 모습이다. 가마쿠라 막부를 세운, 또는 그 전에 그곳에 거주한 자가 한국계였다면 지형을 따라 '가맛골'이라고 불렀을 가능성을 상상할 수 있다. 이것이 일본식 발음으로 가마쿠라가 되고 그 차자가 鎌倉가 된 것이 아닌가 필자는 생각하고 있다. 물론 이것은 하나의 추론에 불과하다.

■ 에도(江戶)

에도(지금의 도쿄)는 전면에 바다가 있고 후배지는 산도 언덕도 없이 평탄한 관동평야가 지평선 저쪽까지 펼쳐져 있다. 가마쿠라와는 아주 대조적이다. 아라가와(荒川)와 스미다가와(隅田川)가 에도만에서 바다로 흘러가고 관동평야의 중심엔 도네가와(利根川)가 흐르고 있지만 그 넓은 평야의 농업용수로는 태부족인데다 군사적 방어선도 못된다. 따라서 전국시대에 에도의 최대 약점은 침공은 용이한데 방어는 지난하다는 점이었다. 그렇기 때문에 도요토미 히데요시는 자기가 죽은 뒤에 천하를 넘나볼 가장 유력한 후보(즉 도요토미의 자식이 자기 지위와 권세를 유지하는 데 최대의 위협적 존재)인 도쿠가와 이에야스(德川家康)를 이곳으로 강제 이봉(移封: 영토를 바꾸는 일)시켰던 것이다(1590).

그러다 보니 도쿠가와가 설혹 풍수지리사상을 알고 있었다손 치더라도 이를 추점하거나 그 땅의 길흉을 다질 겨를도 없었거니와 그럴 처지도 못되었다. 노회한 이에야스는 당연한 관례인 성의 수축에는 일체 손대지 않음으로써 히데요시가 괜한 경계심을 갖는 일을 피해놓고, 엄청난 규모의 도시 건설에만 정력을 쏟는다. 그때에 이미 그가 언젠가는 천하를 쥐고 여기에 막부를 둔다는 확신이 있었는지는 알 수 없는 일이지만.

광대하고 평탄한 에도 같은 땅엔 십자형의 직선교차도로(바둑판형)가 가장 손쉽고 질서있는 도시설계임에도 불구하고 그는 정반대의 도로망을 만든다. 에도성을 기점으로 하여 마치 소라 모양의 나선형 곡선도로가 밖으로 밖으로 뻗어 나가게 했다.

곡선도로의 도시를 공격하려면 공격의 지점은 나선형 도로의 입구 한 곳밖에 없다. 뿐만 아니라 대군의 집중투입이 불가능하다. 또한 곡선도로이기 때문에 당시로서는 가장 첨단무기인 총포가 그 위력을 제대로 발휘할 수 없다. 이에 반하여 곡선도로 양편에 무사와 상인의 집을 배치하고 이에 견고한 담 벽이나 창고를 밀집시켜 놓으면 그 하나 하나가 성채(城砦) 기능을 갖는다. 그리고 도시가 커지면 커질수록 나선형 도로의 길이는 길어지고 에도는 그 전체가 거대한 요새화한다. 그렇게 되고 보면 성 자체는 한낱 권력의 상징이요 거처에 불과한 것이 된다.

그 영향일까. 일본의 유력 영주의 거주도시(조카마치=城下町)는 에도와 닮은 도시설계가 많았으며, 영국 런던을 위시하여 서구의 주요 도시에서도 그런 모습을 볼 수가 있다. 바꾸어 말하자면 문관 중심의 나라에서는 바둑판형 도로망이, 무관 지배의 도시는 동서를 막론하고 편리함과 모양새보다는 방어에 중점을 둔 나선형 도로망이 건설되었다 할 수 있다.

에도가 도쿄로 되고 나서 대지진과 공습으로 초토화를 겪어 몇 차례의 본격적인 도시계획의 기회가 있었지만 에도시대의 도로망이 새 도시계획 수립의 걸림돌이 되었으며 지금은 교통체증의 커다란 원인이 되고 있다.

에도와는 대조적으로 한양은 풍수지리사상의 추점에 의하여 왕도로 선택되지만 그 추점 자체가 결론적으로는 군사적으로도 적지였다. 하지만 여기 보태어 태조 자신이 군인 출신이었음에도 불구하고 에도나 서구 도시처럼 곡선도로의 도시 건설을 하지 않은 까닭은 무엇이었을까? 그것은 그때까지 중국에 그러한 왕도가 없었다는 것도 중요한 이유 중의 하나지만, 무엇보다도 문관지배 정권에서의 문관이 중국의 의향을 의식하는 동시에 군사도시 건설에 거부적이었기 때문이라고 생각된다.

설혹 태조가 나선형 도로를 구상했다손 치더라도 본격적인 도시건설에 착수할 무렵에는 정도전을 위시한 유관(儒官)이 국정을 좌우하는 상황이었던 것이다. 어쨌든 이에야스의 그것은 현대 감각으로는 억지스러운 도시설계였지만 무인의 감각에서는 높이 평가될 수 있다. 그러나 한양이나 에도가 공히 외적의 침입에 의해서가 아니라 내부 약화로 통치능력을 상실하고 급변하는 국제정세에 적절히 대응하지 못함으로써 주인이 바뀌었다는 사실은 고금의 역사에 공통된 운명이었다.

에도에서 도쿄(東京)로

1867년 도쿠가와 막부정권은 대권을 천황에게 돌려준다. 이른바 메이지유신의 막이 열린 것이다. 막부가 수립(1603)되고 264년, 도쿠가와 이에야스가 에도에 이봉되고 277년 만의 일이다.

메이지의 새 정권은 민심의 일신을 위하여 천도를 논의하게 되었는데 당초에는 오사카(大阪)가 그 대상지로 올랐다. 그 까닭은 오다 노부나가나 도요토미 히데요시가 공히 그곳을 일본 최대의 도시로 발전시킨 것과 동일한 관점이다. 오사카는 교토와 가까워 일본열도의 중심부에 위치하여 교토가 갖는 교통의 요지적 조건에 보태어 수운의 편리함이 월등 큰 것이 장점이다.

그러나 오사카 천도를 실현할 엄청난 재원을 마련하기란 정말 막막한 일이어서 결행의 엄두를 내지 못하고 있었다. 바로 그러한 때에 새 정부의 실권자인 오쿠보 도시미치(大久保利通, 1830~1878) 집 마당에 다음과 같은 내용의 익명의 투서가 날아들었다.

에도 주변의 관동지방과 동북지방은 메이지정권 수립과정에서 결사항전을 했던 지역으로 거기 주민들은 새 정권에 대하여 반감과 안정성에 의문을 갖고 있기 때문에 언제 어떤 사소한 일로 그들의 반감이 조직화될지 모르는 상황이다. 이러한 형국에서 천도를 안하면 모르거니와 에도를 팽개치고 딴 곳으로 천도하는 것은 전략적으로나 정략적으로 졸렬한 선택이다.

일부 사람은 겁이 나서 못 온다고 생각할 수 있기 때문에 에도로 천도하여 정권이 바뀌었음을 실감케 하고 새 정부의 자신감과 안정성을 과시함으로써 그 지방의 민심을 빨리 수습하는 게 옳다.

오사카는 수운이 몹시 편리하다고 하나 이제는 사선(私船)의 시대는 가고 양식 대형선의 시대가 되므로 오사카와 에도의 거리는 크게 문제될 것이 없는데다가 에도도 오사카 못지 않은 훌륭한 항만 지형을 갖추고 있다.

더욱이 오사카로 천도하려면 궁궐, 관청, 학교 등 모든 것을 신축해야 하므로 긴 시일과 막대한 돈이 필요하다. 그러나 에도는 그 모든 것이 일응 갖춰져 있기에 시간적, 재정적 허비가 없다.

또한 오사카는 정도되지 않더라도 상업도시로 번영을 누려 나갈 수 있지만, 에도는 시민이 사산(四散)하고 이 거대한 도시(당시 인구 100만)가 한낱 한촌(寒村)으로 폐허화할 것은 불을 보듯이 뻔한 일이다. 진정 국가의 현재와 백년대계를 위하여 애석하기짝이 없는 일이 아니겠는가.

정말로 논리정연한 진언서였다.

이 익명의 투서인은 뒷날 일본 우정(郵政) 제도의 아버지라 일컬어진 마에지마 히소가(前島密)였음이 우연히 밝혀지지만 어쨌든 이 한통의 투서로 에도는 도쿄로 개명되면서 새 국도로 결정되고 1868년에 천도한다.

이와 같이 일본에서의 정도는 헤이안쿄 천도에서 풍수사상의 편린이 약간 보일 뿐, 모든 수도가 지리적 이점(헤이안쿄), 군사적 관점(가마쿠라), 정치적·경제적 판단(도쿄)에서 결정되었다. 지금 구상중인 천도 논의도 풍수지리사상과는 전혀 관련 없이 오로지 정치적·경제적·지리적(지진 관계 포함) 이점만 가지고 따지고 있다. 무인(武人)의 사고를 갖는 자는 문인(文人)에 비하여 알맹이 없는 공론보다는 실용성과 합리성을 존중하고 추구한다.

이에 반하여 한국은 문관과 유학자가 지배했다. '학문을 위한 학문', '논쟁을 위한 논쟁'을 축으로 하는 비생산적 허학(虛學) 사고에 보태어 광적이라 할 수밖에 없는 풍수지리사상이 합쳐져 국력을 소모시키는 음습한 정쟁과 내란을 되풀이했다. 정말 안타까운 일이었다. 필자는 유학의 긍정적인 면이 없었다고 주장하는 것은 아니다. 과거의 영향 등으로 면학 지상주의가 우골탑(牛骨塔)을 낳기도 했지만 그것이 세계에서 가장 높은 진학률을 낳고 급속한 근대화를 성취하는 데 가장 큰 힘이 된 '자원'이었음을 부정할 생각은 없다. 그렇지만 유학의 비생산적 측면을 경시할 수도 없다.

2

풍수지리사상 (2)
현대에 살아 있는 풍수지리사상

대학에 풍수지리학 강좌

삼풍백화점 붕괴는 공동묘지의 살기 탓?

문민정부 5년의 치적은 IMF로 총 평가되었지만 대형사고의 연발이라는 반갑잖은 기록도 세웠다. 그 중에서도 1천 명이 넘는 사상자를 낸 삼풍백화점 붕괴 참사는 역사에도 기록될 만한 사건이었다.

서초구 구지(區誌)에 따르면 이 일대는 조선시대에 당파싸움에서 밀린 왕족의 후손의 묘와 일반 서민의 공동묘지가 집중되어 있었다고 한다. 서초구의 옛 이름 '서리풀'은 왕족의 후손들이 묘지 주변에 자생하는 서리풀을 달여 먹으면서 조상 무덤을 지키고 보살핀 데서 유래했다 한다. 강남 개발에 따라 백화점 터에 모여 있던 묘지들은 1968년에 이전되었는데, 무너진 A동이 있던 곳은 공동묘지가 있던 곳이고 B동 터는 암반지역이라 묘지 화를 면한 곳이었다.

이렇게 되자 풍수지리중앙회 김혁규 회장은 "부실공사가 1차 원인이지만 1천여 명에 이르는 사상자가 난 것은 땅에 서려 있던 살기" 때문이라고 지적하였다. 풍수사 입장에선 "그것 봐라"는 듯한 호재를 만난 격이 되었다. 그리고 평소 풍수사상에 별 관심이 없던 사람까지 "그래서였을까?" 하고 한 번쯤은 생각케 했던 것이다.

최창조(崔昌祚) 씨의 반론과 그의 과학적 풍수지리설

그러나 이러한 풍문에 대한 반론은 의외의 곳에서 나왔다. 반론 제기자가 딴 사람도 아닌 최창조 씨였기 때문이다. 그는 "부실공사로 야기된 이번 사고를 풍수지리학적으로 해석한다는 것은 책임회피"라며 부정적 견해를 밝혔다.

그런데 최창조 씨야말로 작금의 풍수지리사상 붐(boom)의 뇌관을 터뜨린 바로 그 사람이다. 그는 국토개발연구원 주임연구원·청주사대 교수·전북대 교수(1981~1987) 그리고 서울대 교수(1988~1991)를 거치는 과정에서 《풍수에 대한 지리학적 해석》(1978) 그리고 공전의 화제작 《한국의 풍수사상》(1984), 《좋은 땅이란 어디를 말하는가》(1990), 《땅의 논리 인간의 논리》(1992) 등을 연이어 발표, 베스트셀러가 되면서 학계에는 엄청난 파문을, 일반국민에게는 풍수 붐을 몰아왔다.

그는 "교수로 불리기보다는 차라리 풍수사로 불리기를 택한다"고 선언하고 서울대 교수직을 사임한다(1991). 그의 사임에는 그를 이단시하는 정통 지리학계의 압력과 전교조 교수라는 경력 때문에 정치적 압력도 만만찮게 작용했다는 풍문이 있었으나 본인이 이를 부정하고 있어서 그 진위를 가릴 길이 없다.

최씨는 풍수지리사상은 일반이 생각하는 것처럼 미신적인 것이 아니고 학문적으로도 충분히 음미해야 할 경험학적 합리성이 있는 것이라 하여 다음과 같이 설명하고 있다.

(1) 동기감응론에서 비롯된 음택풍수의 심각한 영향을 부인할 수 없으나, 풍수사상은 한민족의 국토에 대한 사상 중 그 역사가 가장 길고 논리적인 것이다.

(2) 집단과 개인의 주택의 위치와 방위를 정하는 양택풍수는 현대의 지리학적 견지에서는 분명히 경험적 합리성과 실생활 응용상의 타당성과 합리적 토지관을 내포하고 있다.

(3) 유택의 땅은 그 일조, 토질, 주변지형에 따라 좋은 땅과 그렇지 못한 땅이 있으나, 음택을 소위 명당에 안치했다 하여 후손의 운명이 결정되는 것은 아니다.

(4) 한편 지상의 실체적 대상을 합리적으로 취급하는 지리분야와 지하에 있는 본질적이며 인식론적 차원의 문제인 지기를 다루는 풍수분야는 구별되어야 함에도 불구하고 지금까지는 이 두 가지가 뒤섞이고 얽혀 발전되어 왔다.

(5) 오늘날의 지리학은 지상의 지리분야에 편중하여 풍수분야는 미신이라 하여 학문의 대상으로 삼지 않았음은 크나큰 과오이며 결함이다.

(6) 그 땅이 내장하는 상징성에 대한 인식은 동양의 풍수사상에만 있는 것이 아니고, 서양에도 그 거주지가 생존의 장 이상의 '신비한 속성'이 있다고 보아 왔다. 이 신비성을 그들은 Gaia 또는 Genius Ioci (Spirit of Place)라 하고 있다고 주장했다.

풍수지리사상 붐

어쨌든 이제 웬만한 서점에는 풍수지리사상에 관한 특설코너가 마련되어 있으며 수많은 저자의 책들이 쏟아져 나오고 또한 용케도 잘 팔리고 있다.

최씨의 저서 출판을 전후하여 민족전통과 관련된 각종의 참서, 비서, 비기의 번역과 해설서가 연이어 출판되고 동시에 '한국 도사'가 불가사의한 신통력을 갖고 활약하는 속칭 《선도》(仙道) 소설류가 인기를 얻고 그 중에서도 《단》(丹)은 200만 부나 팔리는 대히트를 했다. 그런가 하면, 선도, 단, 기 등의 도장이 다투어 문을 열어 이제는 수십 보만 걸으면 볼 수 있으리만큼 도처에 있다.

마침내 풍수지리사상은 시정(市井)에서 대학으로 진입했다. 최씨가 서울대 재직중 대학원과정에 풍수지리강좌가 개설되었으며 박사와 석사를 배출하였다. 부산에서는 1998학년도에 동아대의 풍수지리강좌는 100명의 정원을 거뜬히 채웠으며, 부산교대의 풍수지리 인테리어와 수맥 강좌에는 정원 30명에 60여 명이 수강신청을 하였다. 이 추세대로 간다면 대학에 풍수지리학과가 생겨나지 말라는 법도 없을 것 같다.

언론계도 사정은 마찬가지다. 1993년 신년호에서 한국 3대 월간지 중 《월간조선》과 《월간중앙》은 약속이나 한 듯 "청와대의 풍수"를 특집으로 실었고, 3월에는 《부산일보》가 "부산의 풍수"를 매주 특집 연재하였으며, 《경향신문》도 풍수 관계 시리즈를 실었다. 《한국일보》도 몇 차례 최창조씨와의 인터뷰 기사를 특집하였다. 또 최대 발행부수를 자랑하는 《조선일보》도 1998년 1월부터 최창조의 풍수론을 연재한 바 있다.

들리는 바에 의하면, 경부고속전철공단이 하는 일마다 꼬이자 최근 풍수지리 전문가를 불러 사옥의 길흉을 보게 하였다 한다. 지관은 사옥의 앞뒤가 산으로 막혀 있어 숨이 막히는 답답한 터라고 판정함에 따라 광명시의 경부고속철도공단이 남서울 역사로 이전을 서두르고 있다 한다.

또 한나라당이 당사를 여의도에서 마포로 옮길 때에 일부 풍수사가 새 당사 후보지는 지기가 쇠퇴한 흉지이므로 절대 옮겨서는 안 된다고 하였으나 이미 방침이 정해져 추진중인데다 풍수사의 말을 다 듣다가는 배가 산으로 가는 꼴이 될 것이라 하여 감행했는데 막상 대통령선거에 석패하고 보니 풍수사는 "그것 봐라" 하고 있으며 한나라당은 뒷맛이 씁쓸하다는 이야기가 들리고 있다.

지명(地名) 풍수지리

지명의 여러 유래

어느 지명이건 제각기 나름대로의 내력이 있기 마련인데, 그 유형을 학자들은 여섯 개에서 여덟 가지로 분류하고 있다.

우리나라의 지명은 군(郡), 면(面) 단위까지는 주로 뜻이 좋은 것을 택하였으나 중국의 지명(地名)과 동일한 것이 아주 많다. 그러나 리(里), 동(洞) 단위로 내려오면 그 지역의 자연풍광이나[예: 갈밭골(葛田), 못골(大淵), 무너미고개(水越), 대밭골(大竹里), 방목(放牧), 밤골(栗谷), 마이산(馬耳山) 등] 기후 등의 특성(예: 어름골)에 따라 지어진 이름이 많다. 온양(溫陽), 온산(溫山), 부곡(釜谷) 등에 온천이 나오는데 이것도 무언가 그 땅이 따스함을 느낀 데서 지어진 것이라 생각한다.

그 다음으로 많은 것은 역사와 관련되는 지명인데, 말죽거리, 살곶이 다리, 리빙스턴 다리, 워커힐, 세검정, 명륜동, 왜관, 충무시(忠武市) 등 예를 들자면 끝이 없다. 효자동(孝子洞)은 고자를 가리키는 화자(火者)들이 살던 곳, 공덕동(孔德洞)은 가난 때문에 팔려 가는 딸들을 지칭하는 '공덕이'가 많이 나는 동네, 석공동(碩功洞)은 석공(石工)이 모여 살던 곳인데 음만 비슷하게 따고 뜻이 좋도록 지명을 붙인 예이다.

요사이는 도시의 팽창, 새로운 공단의 설치 등으로 새로운 지명들이 많이 생겨났다. 광명시(光明市), 성남시(城南市) 등이 그것이다.

이런 가운데 인천의 '원통이 고개'는 태조가 무학대사와 새 국도 후보지를 찾다가 이곳에 들렀는데, 봉우리를 세어보니 명당의 조건인 백 개에 하나가 모자라는 아흔 아홉이라 태조가 "원통하다"고 탄식한 데서 유래되었다 하니, 왕십리와 더불어 풍수지리와 관련된 지명의 대표라 할 수 있다.

김기빈씨의 지명 풍수지리 연구

그런데 이런 것과는 별도로 예로부터 내려오는 이름 속에 오늘날의 국토개발 청사진이 숨겨져 있다는 이색 주장이 실례와 함께 제시된 책이 나왔다. 김기빈(金基彬)씨는 원주지방 국토개발청에 근무하면서 수집한 사례들을 묶은 《한국지명의 신비》(1990)에서 건설 등 국토개발을 풍수지리로 예측할 수 있다고 주장하였다.

다음에 그 중 흥미로운 것을 몇 가지 소개한다.

(1) 청주 국제공항 후보지의 활주로 예정지가 비상리(飛上里), 비하리(飛下里)이다.

(2) 대전시 대덕구 미호동(美湖洞)은 1960년대까지만 하여도 금강가의 조그만 한 마을이었는데 대청댐이 건설(1978)되면서 문자 그대로 마을 앞에 아름다운 호수가 생겼다.

(3) 충북 제천군 수산(水山)면은 충주호 건설로 물에 잠겨 물뫼(水山)가 되었으며,

(4) 같은 충북의 보은군 회남면 어부동(漁夫洞)은 깊은 산골 마을이었는데 대청댐에 논밭이 수몰돼 마을 주민이 난데없이 내수면 개발로 생계를 잇는 어부가 되었다.

(5) 경북 예천군 용문면 낚싯골(釣谷)도 깊은 산골인데 운암저수지 건설로 마을 앞까지 물이 차 낚시터가 들어섰다.

(6) 전남 화순군 도암면 운주사(運舟寺)는 나주호 건설(1976)로 꿈에도 생각지 못한 일이 생긴다. 절 앞까지 물이 차 배가 뜰 수 있게 된 것이다.

(7) 특히 광양제철소가 들어선 곳은 광양군 태금(太金)면 쇠섬(鐵島)이며

(8) 유두소(油頭所)는 석유화학단지의 유조선 부두가 되었다.

(9) 또 경남 창원공단의 열차제조업체인 현대정공 자리는 차룡(車龍)동이라 불리던 곳이다.

김씨가 든 예는 여기에 그치지 않지만 그것을 다 소개할 수 없는 것이 아쉬우나, 그는 이를 흥미위주로만 볼 것이 아니라 우리 조상들이 풍수지리설에 입각하여 수백 년 앞을 꿰뚫어보고 지은 것이라고 주장한다. 따라서 아무리 첨단지식을 동원하여 국토개발계획을 수립

이야기가 조금 다르지만 속리산 문장대(文將台, 1033m)의 험준한 암벽 위쪽에 감로천(甘露泉)이라 불리는 신비한 용수(湧水)가 있다. 그곳 사람들은 문장대는 이른바 구궁용두혈(九宮龍頭穴)의 요지로 감로천은 그 정기를 지탱하는 성스러운 샘이라 한다. 그런데 이 감로천 주변과 문장대의 몇 곳에서 직경 1.5 cm, 길이 20~30 cm의 철봉이 1~1.5 m 간격으로 다수 발견되었다. 그런데 그와 똑같이 생긴 철봉 15개가 천안의 독립기념관에 전시되어 있는데 그것은 북한산에서 발견한 것이다.

일제시대에 일본이 한민족의 기상과 정기를 쇠진시키기 위하여 지기가 왕성한 곳은 도로를 낸다거나 굴을 뚫고, 명산에는 지맥을 따라 철봉을 박아 그 맥을 끊는 공작(지기단맥)을 은밀히 하고 있다는 풍설이 있어 왔다. 이것이 풍설이라는 것은 그것을 입증할 자료가 없었기 때문인데, 이번의 발견으로 그것이 단순한 풍문이 아니었음을 입증하게 된 것이다.

내무부는 각 행정기관에 지시하고, 시민단체 '생각하는 모임' 등에서 조사한 결과 70여 곳에서 같은 현상을 발견하였다(1994년 현재). 일부에서는 측량용, 등산용, 군사용이라 이해하는 사람도 있으나 발견 장소와 위치가 감로천처럼 선의로 이해하기는 무리한 장소가 많다. 샘 주변에 측량용이나 군사용으로 철봉을 박는다는 것은 생각할 수 없기 때문이다. '생각하는 모임'에서는 풍수지리와 관계없이, 풍수지리학회는 풍수적으로 이대로 방치할 수 없다 하여 전국적으로 발견, 처리하는 운동을 전개하고 있다.

어쨌든 사람이 두 번이나 달에 착륙하고 인공위성이 화성의 사진을 보내오는 이 시기에 한국에서는 풍수지리사상의 부흥기를 맞고 있다. 그 원인은 무엇일까. 그 답을 내는 일은 필자의 능력을 넘는 일이지만 2000년이 넘는 우리나라의 풍수신앙에 불황, 불안의 세대가 이기심을 더욱 부채질하여 야기된 것이라 일단 생각해 본다. 그러나 최근(1999. 4) 부산의 한 무당이 충무공의 꿈을 꾸고는 두통이 계속되었다 하여 충무공뿐만 아니라 전국 수십 곳의 묘터에 쇠막대와 칼을 꽂아놓은 사건이 있고 보면 일제의 소행도 괘씸하지만 그들만을 욕할 수 없는 씁쓸한 마음을 금할 수 없다.

하더라도 호수, 댐, 교량, 공단 등의 건설이 이미 땅이름 속에 예고되어 있다는 것이다.

물론 모든 지명이 국토의 형태변경과 합치를 볼 수 있는 것은 아니지만 김씨가 수집한 예들은 정말 흥미롭기 그지없다.

《정감록》(鄭鑑錄)과 《격암유고》(格庵遺稿)

《정감록》

한국판 '노스트라다무스'(Nostradamus)라고 할 수 있는 정감의 《정감록》은 조선왕조 초기 정감이 풍수지리학의 관점에서 역대왕조의 변천, 각 지리의 길흉, 씨족의 흥륭·성쇠·화복을 이필(李泌)과 논하여 해석·예견한 어록〔=감결(鑑訣)〕집이라 전해지고 있으나, 이본(異本) 이설(異說)이 많은데다가 최근에는 《정감록》의 성립과정을 두고 많은 의문이 제기되고 있기도 하다.

서양의 예언서가 어떤 일이 △년 ○월 □일에 발생할 것이라고 비교적 명백히 예언한 데 비하여 《정감록》은 몹시 모호하여 읽는 이에 따라 아전인수격으로 어떻게든 해석할 수 있는 게 흠이라면 흠이다.

그럼에도 불구하고 이도선이 왕씨 왕조 다음에 이씨 왕조가 탄생할 것이라 예언했듯이 이씨 왕조 다음에는 정씨 성을 가진 자가 왕이 될 것이라는 조목만은 유독 단정적으로 예언했기 때문에 조선왕조 500년간 절대 금서(禁書)가 되었다. 하지만 그 예언은 민중 사이에 널리 알려졌었다.

때문에 《정감록》은 이지함(李之函)의 《토정비결》(土亭秘訣), 남사고(南師古)의 《격암유고》와 더불어 한국의 3대 참서로 칭해지는데,

특히 《정감록》과 《토정비결》은 아직도 우리 생활 속에 뿌리를 박고 있으며 특히 《정감록》은 해방 후 정치동향에까지 영향을 미친다.

그러면 여기서 《정감록》이 우리 역사에 영향을 준 발자취 중 몇 가지를 살펴본다.

(1) 정여립(鄭汝立)의 난: 정여립은 사헌부(司憲府) 간관(諫官)의 자리를 내던지고 전주에 칩거하고 있었으나 선조(宣祖) 22년 (1589) 부패하고 무능한 왕조 타도의 기치 아래 난을 일으킨다. 그때 그는 《정감록》의 예언을 인용하여 "정성(鄭姓) 왕조의 시조는 나로다"라고 주장하여 동조자를 규합하는 데 큰 효과를 얻었다.

(2) "가정육년후인정"(假政六年後仁政): '가정'은 일제(日帝)인데 6년으로 망하고 그 뒤는 '인정', 즉 한국의 독립에 따른 어진 정치가 온다고 해석하여, 평안도지방에 반일 비밀결사가 많이 조직되었으나, 일제의 식민통치가 6년이 지나고 10년이 넘자 자연 소멸되었다. 한편 한국임시정부에서는 가정이란 임시정부이며 임정 결성 6년 뒤엔 인정(독립)이 달성된다는 예언이라고 선전한 기록이 있다. 그러나 사실(史實)은 그대로 진행되지 않았다.

(3) "피병십승지"(避兵十勝地): 미증유의 국난과 온 나라를 휘덮는 내란은 필지(必至)인데 그때 한양 주변 특히 여광(驪廣＝여천과 광주)은

　　　人影絶無 流血川
　　　漢南百里 鷄犬無聲 人影永絶
　　　　사람의 그림자도 없고 피는 강물처럼 흐르고

한양 남쪽 백 리 안에는 닭소리 개 짖는 소리마저 없고 사람의 그림자는 영영 끊어져 볼 수 없을 것이다.

위에서 그리는 참상이 올 것인데 그때 전화를 피할 수 있는 십 승지가 있으니, 보은 속리산, 안동 화산, 남원 운봉, 부안 호암, 무주 무풍, 강원도 영월, 경북 풍기와 영양, 공주 계룡산, 합천 가야산이 그곳이라는 것이다. 실제로 이것을 믿고 임진왜란 때나 6·25 때 이곳에 숨은 사람이 많았으나 그들도 전화를 면치는 못했다. 그러나 지금도 풍기 주민의 60%가 타지로부터 피난온 사람들이라 한다.

《격암유고》

조선 명조대의 남사고(南師古)는 《격암유고》에서 초유의 대환란 때에 후천개벽이 오는데 "하늘의 명을 받은 진인(眞人)이 바다에서 인간으로 나타나 세계를 구한다"(眞人海出島)라 적었다.

한국동란중에는 이 기술 부분이 사람들 사이에 널리 알려지고 번졌었다. 뜻인즉 바다 저쪽의 섬에서 우리를 구원해 줄 사람이 올 것이며, 그 사람은 진인이란 글자 그대로 True Man인데 미국의 대통령 Truman이 바로 그 사람이다, 그러니 우리는 그에 의해 구원될 것이라는 것이었다. "물에 빠진 자는 지푸라기라도 잡는다"는 심정이었을까? 그러나 당시 상황과 한국 사람의 처지로서는 웃고만 넘길 수 없는 이야기다.

최근에 신라말의 원효대사의 예언을 담은 《원효결서》(元曉訣書)를
김중태씨가 펴내 화제가 되고 있다. 특히 1999년은 후천개벽을 위한
혼란기에 접어드는 자연재앙이 가장 클 것으로 되어 있다. 그러나 금
관(金冠) 삼세(三世)가 끝나고 금신사명(金神司命)을 수행할 진인이
등장하여 새 개벽을 이끄는데 이때는 물질문명보다 정신문명이 주도
하여 대립과 갈등에서 평화와 화합으로 변화될 것이라 한다. 그렇게
만 된다면 오죽 좋겠는가?

노스트라다무스도 원효대사와 같이 1999년 9월(해석에 따라서는 7,
8월)에 하늘에서 '공포의 대왕'이 내려온다고 예언했다. 그러나 그 구
체적 내용에 대해서는 해석이 구구하다. 이를 믿는 이른바 종말론에
의한 사교가 판을 치고 있으나 1999년 9월 9일이 최대 길일(吉日)이
라 하여 예식장마다 결혼예약이 쇄도하였다 하며, 그 날도 아무 일
없이 지나가고 말았다.

1999년에 지구의 종말이 온다면 딴 별과 지구의 충돌이나 핵전쟁
발발인데 이는 개연성이 희박하다. 그 외에는 기후변동에 의한 재난
(농업생산까지 포함하여), 지진 등의 천재지변 등은 충분히 생각될 수
있는 일이다. 하지만 그 피해보다는 Y2K에 의한 재난이 더 크고 그
가능성도 높은 게 아닐까 생각되었었다. 그러나 Y2K 또한 별다른
혼란 없이 지나가고 말았다.

《정감록》에 포로가 된 사람들

그러나 이보다 더한, 웃으려야 웃지 못할 일들이 1990년대에 일어난다. 바로 정주영씨와 정호용씨 주변에서 일어나고 새어나온 이야기이다.

정주영씨가 쌀가게 배달인이었을 때 어떤 관상쟁이로부터 "당신은 반드시 만인의 지배자가 될 것이요, 마치 왕과 같은 골상"이라는 예언을 듣는다. 그러나 그는 "당시의 처지로서는 우스갯감이 될 것 같아 아무에게도 이 이야기를 하지 않았다"고 직접 말한 바 있다.

그러나 현대그룹 총수가 되었을 때 그 관상쟁이의 예언이 그의 마음에 되살아났으리라 해서 그를 탓할 수는 없다. 거기에 《정감록》의 예언이 겹쳐질 때 그가 대통령에 대한 꿈을 실현시키고자 도전한 심정은 충분히 이해가 간다.

아닌게 아니라 그가 정치활동을 시작하기 전부터 "《정감록》에 예언된 정씨 성의 왕은 정주영"이라는 말들이 제법 번져 있었다. 민심이었는지 또는 그의 주변에서 의도적으로 흘린 것인지는 알 수 없다.

이어서 그가 대통령에 당선되면 현대건설이 새 수도를 《정감록》에서 예언한 계룡산 근처인 대전에 건설할 것이란 풍문도 그럴싸하게 들렸었다. 그리고 요사이는 차차기 대통령 후보로 정몽준 씨의 이름이 오르내리는 것도 극히 흥미로운 일이다.

전두환, 노태우, 정호용 세 사람은 전·노·정의 순서로 대통령 자리를 차지하고 물려줄 수 있도록 서로 지원하기로 밀약이 되어 있다는 출처불명의 소문이 전두환씨가 대통령일 때부터 번져 있었다.

실제로 전씨와 노씨는 대통령이 되었다. 그런데 정호용씨는 자기 차례를 믿고 기다리고 있었지만 사태는 그렇게 되지 못하고 도리어 노태우씨로부터 정치적 박해를 받았다.

대세가 뒤틀리고 난 뒤에도 그는 이를 인정하려 하지 않고 완강한 저항을 계속한다. 그 까닭은 그의 성격과 자기만 대통령이 되지 못한 억울함에서 나왔겠지만 그가 평소에 측근들에게 《정감록》 이야기를 자주 하였다는 소문이 사실이라면 그 또한 《정감록》의 피해자의 한 사람이라 하겠다.

두 사람을 둘러싼 갖가지 풍문은 아주 그럴싸하지만 그 진부를 확인할 길은 없다. 그러나 이와 같은 이야기가 널리 퍼지고 공공연한 화제가 되었다는 자체가 《정감록》이 얼마만큼 한국사람의 마음을 움켜쥐고 있는지를 말해 주는 것이다.

신 수도 교하(交河) 천도론

이의신(李懿信)의 교하 천도 건의

1994년 4월 10일, 21세기위원회는 그 보고서 〈21세기의 한국〉에서 "통일한국의 수도는 개성 부근이 좋다"고 김영삼 대통령에게 보고하였다.

그 이유를 요약하면 "평양·개성·서울·대전을 연결하는 한국의 중서부는 아세아·태평양시대의 핵심적 결절(結節) 지역으로 발전시켜야 하나 서울과 평양이 아닌 제3의 지역으로 새 수도 건설이 바람직한데다 역사성·통합성·안전성·발전성·쾌적성 그리고 상징성의 면에서도 최적의 후보지"라는 것이다.

그런데 이 보고서에 앞서 최창조씨는 통일 후의 수도는 경기도 파주군의 교하(交河)가 최적지라고 제창한 바 있었다.

사실 교하로의 천도론은 최창조씨가 최초의 제창자가 아니다. 광해군 4년(1612)에 지리학자 이의신이 한양의 지기가 이미 쇠퇴했으므로 다음 수도는 교하가 적지라고 추점·건의한 기록이 있다.

그는 한양의 지기가 쇠퇴한 증좌로 "두 차례에 걸친 왜란, 정여립의 난, 그치지 않는 정쟁에다 흉년이 계속되어 민생고가 극에 달하니 민심이 흉흉하고, 주변의 산이 벌거숭이가 되어 바위만 앙상하게 드러나 있다"는 것 등을 들었다. 물론 그는 왜란으로 소실된 한양을 재건하느니 차라리 그 비용으로 새 감각의 새 수도를 건설하여 민심을 일신해야 한다는 의견도 덧붙였다.

일반으로 인식되어 있는 것과는 달리 영민하였던 광해군은 이러한 교하 천도론에 마음이 기울고 있었으나 많은 군신이 이의신의 처벌을 주장한다. 승정원(承政院)이 이의신을 '함부로 망언하여 민심을 어지럽히는 불령지도(不逞之徒)'라 규정하고 처벌할 것을 진언한 것이 그 대표적인 예다. 이에 난처해진 광해군은 "예로부터 우리나라는 이경(二京) 또는 삼경(三京)이 존재했으며 명나라에도 북경과 남경이 있었다. 이의신은 그 나름대로 국운을 걱정하고 그 신장을 도모하기 위해 상소한 것임에도 불구하고 이를 처벌한다면 금후 수용될지 안 될지 모르는 헌책(獻策)을 감히 누가 하겠으며 불행히도 수용되지 않는 자는 모두 처벌한다면 헌책하는 자가 없는 왕정이 되지 않겠는가" 하여 그의 처벌을 반대한다.

이때 이항복(李恒福)은 딴 군신들과는 달리 이의신의 처벌에 반대하면서 동시에 천도론에도 반대한다. "국법이 존중되지 않고 관기가 문란하고 인구의 증가에 의한 산림의 남벌을 막지 못한 것이 원임임에도 불구하고, 거기에는 눈을 감고, 산림의 황폐만을 정면에 내는 것은 정론이라 할 수 없다. 예로부터 복을 베푸는 일을 으뜸으로 치고 약을 먹어 장수함을 차상으로 삼고 재물을 모아 후손에게 전하는 일은 최하라 하였다. 그러나 어떻게 하더라도 용서할 수 없는 것은 자기의 잘못은 제쳐놓고 질병과 가난에서 벗어날 양으로 주거를 옮기고 새 방위를 구하려는 자인바, 그렇게 하였다고 재앙을 면했다는 이야기는 들은 바 없다"고 반박하였다.

진정 역사에 남는 명신으로서의 그의 면목이 눈에 훤하다. 위에는 왕으로부터 아래로는 천민에 이르기까지 풍수지리사상의 볼모가 되어 있을 때 이렇듯 현실적이며 합리적인 정치가가 있었다는 것을 우리는 자랑스럽게 기억해야 할 것이다.

한양의 석세살기(石勢殺氣)론

그러면 최창조씨가 교하를 통일한국의 수도로 추점한 논리를 들어보자.

한양이 마냥 완벽한 길지(吉地)냐 하면 풍수지리사상 자체에서도 "천지에 전공(全功) 없고 성인도 전능하지는 못하다"고 했듯이 한양에도 결함은 있다. 이중환(李重煥)은 《택리지》(擇里志)에서 "한양의 삼각산은 개성의 오관산(五冠山)에서 손방(巽方=동남방)으로 백 리쯤 떨어진 곳에서 벽공에 선명하게 우뚝 솟아 있는 명산이다. 그 석봉(石峯)은 청려하면서도 만화(萬火)가 중천으로 타오르듯 비길 데 없는 서기(瑞氣)가 흐른다. 그러나 그 강한 기세를 보좌하고 화합시킬 산과 골짜기의 힘이 약하기 때문에 그 엄한 석세(石勢)가 한양 땅과 사람을 위협하고 편안치 못하게 한다. 이 점 살기(殺氣)가 없는 개성보다 못하다"고 했다.

또 명당내의 수류가 낮고 깊지 못해 기(氣)와 세(勢)가 허(虛)해진다. 한편으로 앞쪽에는 관악산이 한강을 사이에 두고 화성이 조공(朝拱: 복종과 기쁨을 가져온다는 뜻)하고 있는 모습이지만 임좌남향의 정면에 있기 때문에 불길하다. 따라서 보다 멀리 있는 게 바람직하다.

여기서 화성이라 함은 전체에서 남쪽을 뜻하는 것이고 색으로는 주(朱)를 가리키는데 동물에서는 주작(朱雀)이 남이다. 그러므로 화성이 조공하고 있는 모습이란 남쪽의 안산(案山)인 관악산이 한양의 궁전을 향해 조공하고 있는 형태라는 것이다.

주산(主山=삼각산)의 위치가 도성의 서쪽에 편재하여 도읍의 균형적 발전을 저해함과 동시에 겨울에는 북서한풍이 그대로 불어닥치게 된다.

또 배후에 좋은 산이 둘러싸고 있고 앞에 큰 강이 흐름은 방어에는 유리하지만 역으로 산과 강에 막혀 그 이상의 확대·발전에 힘이 들게 되니 언젠가는 성장의 한계를 맞는 땅으로 화한다는 게 풍수의 원리라고 하였다(이러한 추고에도 불구하고 서울을 중심으로 하는 수도권의 인구는 조선조 전국 인구의 세 배나 되도록 확대되었다).

최창조씨의 교하 천도론

시대는 바야흐로 국가간의 교류가 가속적으로 확대되는 흐름 속에서 한반도의 동쪽은 산악지대이기 때문에 자연스레 상대적으로 넓은 평야가 펼쳐져 있는 서해안에서 새 수도를 건설할 만한 명당을 찾을 수밖에 없다.

통일한국의 수도는 최소 8천만 명에서 언젠가는 1억 이상의 인구를 거느릴 고도의 산업·기술·정보사회의 수도이기에 평지룡(平地龍)의 땅이라야만 하는데 교하가 바로 그 평지룡의 땅이라는 것이다.

교하는 도시계획과 시설배치 여하에 따라서는 임진강과 황해도 김포·강화 일대와 한강 연안에 따라 해양과 하천, 대평야를 함께 거느리는 세계 유수의 거대도시가 될 것이라고 최창조씨는 말하고 있다.

그를 포함하여 풍수사들의 추점의 당부 여하에 대한 논의는 잠시 접어둔다 하더라도 풍수사상 비판자의 눈으로도 교하는 분명히 새 수도의 후보지로 꼽힐 만한 지리적 조건을 지니고 있다. 교하는 개성과 한양의 거의 중간에 위치하며 임진강을 북으로 한강을 남으로 하여 그 이름 그대로 '두 강이 마주치는 지점'이다. 앞쪽의 강화도는 다리로 경기도와 황해도를 연결할 수 있고 배로 내륙은 물론 황해로 나갈 수 있다. 과연 그럴싸한 조건을 갖추고 있는데다 평양도 서울도 아니어서 남북이 공히 거부감을 갖지 않을 것이 더욱 좋다. 그러나 과연 어떻게 될 것인지는 역사의 흐름을 좀더 지켜볼 수밖에 없다.

박정희의 신 행정수도 건설구상

박정희 대통령이 시해된 이른바 궁정동사건 후 유품을 정리하기 위하여 그의 집무실에 들어가 보니 책상 위에 책 두 권이 놓여 있었다. 《행정수도 건설을 위한 백서계획》과 《2000년대의 국토구상》이 그것이다.

박정희 대통령이 '신 행정수도'의 건설을 구성하고 있다는 것은 하등 비밀사항이 아니었다. 서울시의 연두순시 때(1977. 2. 10)나 그 외의 석상에서도 그 뜻을 밝히고 있었기 때문이다. 그러나 그 내용, 그리고 그 구상이 어느 정도까지 구체화하고 있는지, 특히 그 후보지가 어딘지에 대해서는 일체 알려지지 않았다.

직접 그 일에 종사했던 기획단의 사람들은 박 대통령이 서거하고 20년, 대통령이 최·전·노·김·김으로 바뀌었음에도 불구하고 그 구체적 내용은 고사하고 그런 일을 했다는 것조차 아직까지 공개적으로 이야기하지 않고 있다. 그것은 박 대통령 앞에서 비밀업무를 서약했기 때문만은 아니다. 그 후의 어느 정권도 그 계획을 달갑게 여기지 않기 때문이다. 그러나 어느 사이엔가 그 내용은 알 만한 사람은 알게 되었다.

최규하 대통령은 무엇인가를 추진할 겨를도 힘도 없었으며, 저돌적인 전두환 대통령도 서울의 기득권층의 반발을 물리치면서 전국민의 동의를 이끌어내어 신 행정수도 건설이란 대역사를 추진할 자신이 없었기 때문에 수십 명의 전문가가 수년에 걸쳐 정열과 지혜를 쏟아 작성한 방대한 관계자료를 "남김 없이 소각하라"고 명령하고 그러한 구상 자체를 배척했다. 말하자면 그들은 유해무익한 그러한 계획이 있었다는 사실 자체마저 알려지는 것을 두려워했다. 노태우 대통령은 하는 것도 안 하는 것도 없는 대통령이었고, 김영삼 대통령은 그런 계획을 알았다손 치더라도 그 의의를 제대로 파악할 능력의 소유자가 아니었다.

그러나 집권자가 누구냐에 관계없이 서울의 문제, 나아가 국토의 재배치란 문제가 극히 절실한 점을 생각할 때, 신 행정수도 구상을 빼고는 아무런 유효한 방책이 있을 수 없으며 그것이 빠진 구상은 알맹이가 없는 아무 쓸모도 없는 플랜이다. 이러한 인식에서 박 대통령의 구상은 새삼 우리에게 강한 설득력과 호소력으로 다가온다.

박 대통령의 행정수도 건설구상은 갑자기 튀어나온 게 아니다. 처음에는 그는 서울의 인구집중 억제에 역점을 두었었다. 필자는 비서관으로 있을 때(1968) 명을 받아 팀장으로 〈서울에의 인구집중 억제책〉을 만들어 올린 바 있다. 중앙부처 각 외청의 지방분산(예: 수산청은 부산, 산림청은 강원도, 조폐공사와 공무원 교육기관은 대전, 농업진흥원과 농업계통은 광주 등), 서울대학의 평택이전, 서울내 대학증설 불허와 모집정원 동결, 공장신설 불허, 지방이주기업의 세제특혜, 서울전입 기업의 세제불이익 등과 병행하여 지방도시의 도시시설 및 생활환경 향상, 지방대학 육성 등 가지가지를 망라했었다.

그러나 10년이 흐르면서 박 대통령은 서울로의 인구집중 억제책만으로는 '화끈한' 실효를 거둘 수 없다고 판단하고, 필자들의 보고 차원을 뛰어넘어 입법·사법·국영기업·은행 심지어 청와대까지 몽땅 옮기는, 인구 50만 정도의(최종적으로는 인구 100만) 행정수도 건설을 결심하기에 이른 것이다.

박 대통령은 1977년 서울시 순시에서 "서울의 인구집중 억제는 가능한 모든 수단을 총동원하여 강력하게 추진되어야 하지만, 통일이 달성되기까지는 임시 행정수도를 건설할 수밖에 없다는 게 최종 결론이다. 여기에 이주하는 사람은 그리 많지 않을지 모르지만 새 행정수도가 완성되면 서울에의 전입인구를 억제하게 되는 한편, 서울의 인구를 거기로 유인할 효과도 기대된다"고 밝혔다.

박 대통령은 신 행정수도의 후보지로

(1) DMZ를 중심으로 평양과 비슷한 거리에 위치할 것(경기도나 충청도가 된다)

(2) 따라서 서울에서 고속전철로 한 시간에서 한 시간 반 이내의 거리에 있을 것

(3) 양호한 농토와 문화재가 적을 것

(4) 거주인구가 많지 않을 것

(5) 후보지의 남쪽에 큰 강이 흐를 것

(6) 배수조건이 양호하며 구릉이 산재할 것

(7) 서울에서 거기까지의 고속도로와 전철계획도 포함할 것

등 11개조에 이르는 구체적 조건을 지시함과 동시에 그 도시는 중경 (中京)이라 명칭하되 1996년에는 그곳에서 올림픽을 개최할 수 있게 올림픽촌과 체육시설을 갖추도록 지시하였다.

그리하여 기획단이 최종적으로 선정한 후보지는 충청남도 공주군 장기면이었다. 반월형으로 흐르는 금강을 남쪽으로 하여 그 북쪽에 캔버라 같은 계획 · 전원도시를 건설하려는 것이었다.

건설계획은 준비단계(1978~1980)부터 계획단계(1980~1981), 건설단계(1982~1986), 이전단계(1987~1991)를 거쳐 성숙단계(1992~1996)에 이르는 20년에 걸친 장기계획으로서, 그답게 가로마다의 가로수 수종까지 구상하고 있었다 한다.

1997년 기준으로 약 5조 2천억 원을 투입하며 연 2억 명의 인원, 3,402만 대의 덤프트럭이 동원되어야 하는 여태껏 보지 못한 대사업이었다. 한편 사업비의 부담을 경감하기 위하여 주택지는 매각하여 수익을 올리고 업무 · 상업지구는 대여한다는 방책도 거의 확정되어 있었다.

박 대통령이 비명에 가지 않고 그 계획을 실천에 옮겼더라면 어떻게 되었을까. 재원조달에 문제가 있으며, 새 행정수도라기보다는 '쥐라기공원' 같은 '대규모의 군대 막사촌'이 되었으리라는 비판론도 있다. 그러나 그와는 반대로 경부고속도로를 단시일 내에 건설했던 추진력과, 1970년대 초에 계획적으로 추진한 창원시 건설의 경험과 성

과를 감안하면 캔버라보다 더 멋진 도시 건설이 가능했으리라 자신하는 사람도 있다.

또 경부고속도로 건설시의 GNP 크기와 그 기간, 1980년대와 1990년대의 국력신장과 건설기간(건설단계에서 15년)을 감안할 때 절대로 무리한 계획이 아니었다고 생각되어 몹시 아쉬워하는 이도 있다(그가 비명에 가지 않았던들 그의 후계자에 의해서도 지금쯤은 완성되었거나 완성단계에 와 있을 것이다).

그러나 필자가 여기서 말하고자 하는 주된 요점은 전술한 것 같은 일들에 보태어 박 대통령의 수도 후보지 선정의 기준과 그 발상의 패턴이다. 그는 기회있을 적마다 "한국전쟁이 끝나고 전국이 황폐화하여 서울을 위시한 모든 도시와 시설을 재건해야만 했다. 말하자면 제로에서의 출발을 강요당했을 시점에서 대담하게 새 수도를 건설해야 마땅했다. 그런데도 일부 식자연하고 애국자연하는 자들의 민족정기가 어떻느니 국민의 사기가 어떻느니 서울의 역사와 지기가 어떻느니 하는 따위의 아무런 도움도 되지 않은 궤변에 밀려 다시 서울에 돌아온 데 그친 것이 잘못이었다. 신수도 건설의 절호의 찬스를 놓친 것은 두고두고 아쉬운 일이다"라고 말하였었다. 필자도 그의 그런 술회를 몇 번 들었었다. 이러한 그의 한탄 속에 그의 안목과 진면목이 잘 나타나 있다. 사실 그는 과거의 인습에 얽매임이 없이 모든 일에 비정하리만큼 근대적 합리성과 유효성·능률을 추구하고 자기의 신념에 따라 앞만 보고 달렸었다.

개발독재가 그 시기에 따로 선택의 여지가 없는 것이었겠느냐는 등 그의 유신체제와 장기 철권통치에 대한 비판이 거세기도 하지만, 그가 이룩한 업적에 대한 평가도 비판에 못지 않다.

어쨌든 그의 사고방식과 추진력이 한국을 세계 최빈국에서 아시아

의 네 마리 용의 우두머리로 만든 일과, 불행히도 실현되지는 않았지
만 풍수지리사상과는 전혀 무관하게 합리적 발상하에 새 수도의 땅
을 선정한 일은 역사에 기록될 만한다.

2000년 6월 정부는 6개 부처의 지방이전을 검토중이라고 발표하였
다. 과연 그대로 실천될 것인지 그리고 그 결과 정부가 기대하는 성
과가 얻어질 것인지는 두고봐야겠지만, 지금 이 상태대로 수도권의
인구집중과 팽창, 그리고 모든 권력의 서울 집중을 방치할 수는 없는
일이다.

청와대의 풍수론

청와대는 유처(留處)

청와대 자리는 원래 경복궁의 일부로 연무장이었으며 때로는 과거
시험장으로 사용되었음은 이미 앞에서 말한 바 있다.

1927년 일본이 여기에 조선총독의 집무실과 관저를 지으니, 경복
궁의 전면은 지금은 철거된 옛 중앙청으로 가리고, 후면은 관저로 막
는 형태가 되었는데, 그 결과는 경복궁의 지기를 단맥(斷脈)하고 그
정기를 억살(抑殺)하려는 형국이 되었다.

1945년 미 군정장관이 여기서 기거하고, 1948년 정부수립과 동시
에 이승만 대통령이 이곳을 대통령 관저로 정하며 경무대(景武臺: 경
복궁의 景과 연무대의 武)라 부르게 하였다.

1960년 4·19 후에 윤보선 대통령은 경무대가 갖는 어두운 이미지
를 일신하고자 지붕의 기와 색깔을 따 청와대라고 이름을 바꿨다. 그

런데 이름 때문은 아니겠지만 윤 대통령은 임기를 채우지 못했다.

1991년 노태우 대통령은 그때까지의 청와대 옆에 오늘날 우리가 아는 한국식 건축양식의 청와대를 신축한다. 그 과정에서 풍수사의 조언을 받았는지는 알 수가 없고 또 그랬다 한들 그것이 대외적으로 공표될 성질의 것은 아니다(3명의 地師가 관여했다는 풍문이 있음).

도선은 한양의 지기는 500년 지속된다고 예언했었는데 이상하게도 태조가 등극하고 500년이 가까워지면서 국운은 기울고 열강의 세력 각축장이 되다가 마침내 일본의 식민지가 된다. 이제는 그로부터 다시 100년이 가까워졌으니 지기는 쇠퇴를 넘어서서 흉지로 변하고 있다는 게 풍수지리사상자들의 견해다. 이러한 설을 전제로 《월간조선》과 《월간중앙》이 1993년 신년호에서 특집한 "청와대의 풍수" 요점을 소개하고자 한다.

■ 《월간조선》 별책부록, 최창조

청와대의 땅은 권위주의적이고, 외세의 간섭과 하극상의 음기를 잉태하고 있다. 따라서 그곳의 주인(대통령)에게는 안주처(安住處)가 되지 못하고 다만 잠시 머무는 데 그치는 유처(留處)에 불과하다. 반대로 영혼이나 귀(鬼)나 신(神)에게는 좋은 거처이다. 표현을 바꾸면 여기 거주자의 풍수적 조응(照應)은 신의 권위를 수여받는다는 것인데, 이는 듣기는 근사하지만 인사(人事)가 천도(天道)를 넘나보는 것은 천지의 조화를 깨뜨리는 것이 되어 용서받지 못할 일이 된다.

정부수립 후의 역대 대통령이 그 종국과 퇴임 후가 좋지 못한 것은 바로 그 때문이다. 그렇기 때문에 청와대는 이전하는 게 좋다. 그 후보지로서는 지기가 순화하며 청와대와 같은 맥기(脈氣)가 없는 땅이 좋다. 성남시 시흥에 소재하는 세종연구소는 지기가 순하며 조금만 손을 쓰면 시설은 충분한 적지다(최씨는 서울의 교하 이전을 서둘지 않고 청와대만 옮길 것이냐에 대하여는 구체적 언급이 없었다).

■ 《월간중앙》, 최영주(崔濚周)

서울의 주산(主山)인 북악은 마치 산양(山羊)의 발가락처럼 갈라져 있으므로 이러한 지국 아래 있는 자는 인패(人敗)를 면하기 어렵다 하였다〔조선조의 류종근(柳鍾根)〕. 따라서 경복궁 창건의 주역이었던 정도전은 건국의 최고 원훈임에도 불구하고 방원(태종)에게 죽음을 당하고, 왕조 말 경복궁을 재건한 대원군도 만년에 실각하여 실의와 울분 속에 죽는다.

현대에 와서도 1991년 새 청와대의 신축을 총 지휘한 임재길(林裁吉)은 노 대통령의 절대적인 신임과 지원에도 불구하고 국회의원 선거에 패한데다 부정선거를 획책했다 하여 검찰에 구속되는 등 실로 비참한 말로를 맞았다(노 대통령은 형무소까지 갔다).

역대 대통령의 퇴임 후를 보면 더욱 실감이 난다. 이승만, 윤보선, 최규하, 전두환, 노태우 전 대통령까지 실제로 감옥살이를 했거나 창살 없는 감옥살이를 면치 못하고 있다. 박정희는 부하의 총탄에 맞는 비명으로 갔는데 이는 육영수 여사의 묘터 밑에 수맥이 흐르고 있기 때문이란 풍수사들의 추점이 그럴싸하게 퍼지고 있다(또 그 때문에 자식들도 불행하게 된다고 말하고 있다. 그러나 지금 박근혜는 국회의원이 되었다).

요컨대 청와대가 지금 자리에 있는 한 그 액기에서 벗어날 수 없다는 것이다. 두 사람이 주장하는 것을 요약한다면 (1) 청와대는 불길한 땅이고, (2) 따라서 빨리 새 명당으로 이전해야 한다는 것이다.

이것은 국도(國都)와 청와대의 차이는 있지만, 결국 왕(대통령)의 거처를 풍수지리사상으로 판단하고 결정하려 한다는 특징에서 벗어나지 않는 견해인 것이다.

대통령 사저의 양택 풍수

여태까지 구차하리만큼 되풀이해서 이야기했듯이 우리나라의 풍수사상은 양택보다 음택에 관심이 크고 양택에 대해선 별 신경을 쓰지 않는 듯하다. 이는 풍수지리설로는 어느 곳과도 지맥이 통하지 않는 이른바 사혈지(死穴地)라고 불리는 여의도가 주택(그것도 아파트)과 상권의 중심지로 각광받고 있으며 또 많은 시민들이 풍수설 따위는 전혀 고려하는 바 없이 아파트에 다투어 입주한 것으로도 증명이 된다. 물론 아파트에서도 그 아래 수맥이 흐르는 곳은 흉소라든지 입시를 앞둔 학생은 책상의 위치를 바꿔야 한다는 이야기가 번지면서, 아파트 부녀회에서 개설한 '수맥강좌'가 인기를 끌고 있는 형편이기는 하다.

그런 가운데 대통령의 사저에 대한 풍수사의 관심은 유별나다.

■ 김영삼 대통령 사저

역학계의 정와룡 씨는 상도동 집을 옛 모습대로 두지 않고 완전 개·보수했기 때문에 적구축토(赤狗逐兎: 사냥개가 먹이를 쫓는 형상)에서 경토주행(驚兎走行: 놀란 토끼가 도망가는 형상)으로 바뀌었다 한다. 따라서 김영삼 대통령의 운세는 "작약춘천일타홍 춘풍괄거일천향"(芍藥春川一打紅 春風括去一千香) 즉 어젯밤에 봄꽃 한 송이 붉디붉었는데 오늘 아침 하룻밤 사이의 세찬 서리 바람이 꽃향기를 한꺼

번에 쓸어가 버렸다는 것이다. 따라서 김영삼 전 대통령의 앞날은 파
란과 고뇌 그리고 고독의 세월이 될 것으로, 전·노 두 전직 대통령
과 비슷해질 것이라 하였다.

■ 김대중 대통령 사저와 가족묘

김 대통령이 야당 시절 일산에 사저를 신축했을 때에는 그 호화성
과 더불어 언제나 그를 괴롭혀 온 자금의 출처가 언론계를 중심으로
사람들의 입질에 오르내렸다. 동시에 경기도 용인시 이동면에 이장
된 가족묘는 그 호화성에 보태어 불법성이 말썽이었다. 그러나 그가
대통령에 당선되자 사저나 가족묘지가 다 같이 당대발복(當代發福)의
천하 제일의 명당이어서 대통령이 되었다는 풍수사의 평이 화려하게
나돌았다. 그것을 몇 가지 소개하는 것이 김영삼 전 대통령의 것과
대조되어 흥미롭겠지만 한쪽은 퇴임하고 한쪽은 현직이기에 이를 피
하는 게 옳을 것 같아 미루어둔다.

다만 양쪽이 다 이미 이루어진 현실을 보고 나서 하는 풀이이기
때문에 그만한 풀이는 누구나 할 수 있으며 그에 비중을 둘 수는 없
는 일이고, 또 김대중 대통령의 가족묘가 그토록 명당이라면 풍수사
들은 김 대통령이 가족묘를 쓸 때까지 왜 그 자리를 그냥 두었는지
설명해야 할 것이다. 원컨대 김 대통령 개인을 위하는 차원을 넘어
우리 국가와 국민의 행복을 위해서 '청와대 유처설'이 헛된 소리가
되어 이제는 퇴임 대통령이 평안하고 행복한 여생을 보내는 나라가
되기를 빌 뿐이다.

대만, 홍콩, 북한의 풍수지리

대 만

대만의《자유시보》(自由時報)는 1993년 8월 16일자에 두 장의 사진과 함께 다음과 같이 보도했다.

> 대북현 삼지향(三芝鄉) 포두촌(浦頭村)에 있는 이등휘 총통의 조부모의 묘와 그와 마주 보고 있는 이 총통의 어릴 적의 집〔원흥거(源興居)〕주변에서 8월 15일부터 성분을 알 수 없는 흑·녹색의 괴이한 물이 분출하여 구경꾼들이 밀어닥치고 있다.

사람들은 이를 두고 이 총통의 국민당에서 일부 분자가 이탈하여 신당을 결성한 것에 노한 좌청룡(묘와 원흥거의 좌측)의 지기가 그 노여움을 표하느라 청룡토수(青龍吐水)한 것이라 해석하고 있다.

이 해석에는 다분히 신당을 비판하는 정치적 의도가 엿보이나, 그 괴이한 물의 성분이 어떤 것이었는가에 대하여는 발표가 없어 필자로서는 무어라 말할 수 없다.

홍 콩

1993년 8월 15일의《니혼게이자이신문》은 홍콩 주재 야마모토(山本) 기자 발이라 하여 "4년 후 중국 반환을 앞둔 시민들의 불안감이 표출된 것일까?"라는 제목하에 홍콩에서는 최근 심지어 젊은이 사이에까지 풍수설이 번져 다음과 같은 이야기들이 널리 퍼져 있다고 전했다.

홍콩의 인기있는 록가수 원가퀴(黃家駒)가 6월 말에 일본에서 프로 녹화중에 사고로 사망하였다. 작년에도 같은 프로덕션의 소속 가수가 약물의 대량복용으로 의식불명이 되었는가 하면 여름에 데뷔 예정이던 여성이 1월에 캐나다에서 피살되는 불상사가 이어졌는데 이는 그 프로덕션의 풍수가 불길한 데서 온 것이다.

한편, 풍수이론에서는 예각(銳角)한 건물은 주위에 사기(邪氣)를 번지게 한다 하여 기피하는데 1989년 가을에 완공된 신중국은행의 옥상 끝은 칼날 모양으로 홍콩 총독부쪽을 향하고 있다. 그런데 신중국은행 건설중에 유드 총독이 북경에서 병들어 죽고 후임의 바튼 총독이 계속 몸 컨디션이 좋지 않았던 것이 그로 말미암을 것이라는 풍문이 돌았다. 그런가 하면 신중국은행 뒤편에 세워진 시티뱅크(CITIBANK)는 모양이 마치 방패 같아 앞쪽의 칼날의 기를 막고 있는 것 같다. 설계자는 강력히 부인하고 있으나 풍수이론이 디자인의 기본개념이었다는 게 중평이다.

홍콩의 유력 재벌들은 한결같이 전속 풍수사를 고용하여 오너가 중요한 결정을 내리기 전에 조언을 듣는다고 한다.

일본 기업에서도 홍콩소고백화점은 그곳의 습관을 받아들여 매장이나 사무실 배치에 풍수사의 의견을 참고로 하고 있는데 그 때문인지 '결과는 아주 양호'하고 '풍수를 중시하므로 거래선이 신용한다'고 〔가와우치 다쿠야(川內拓也·홍콩소고 총경리)〕 할 정도이다.

북 한

50년이 넘는 공산독재체제하에서 나이 많은 이는 몰라도 젊은층은 풍수지리란 말조차 모르는 게 아닐까 생각된다. 설혹 알고 믿는다 하더라도 토지의 사유가 금지되어 있기 때문에 자기가 원하는 곳에 묘를 만든다는 것은 불가능하다. 그러나 화장시설이 보급되지 않고 화장장과 거리가 먼 시골에선 여전히 토장이 행해지고 새로 만들어진 분묘가 눈에 띈다. 이에 따라 북한에서는 묘지의 집단화를 권장하고 도시에서도 공동묘역을 설치하고 권장하고 있다.

일반 국민의 사정은 이러하지만 김일성은 생전에 그의 사후에 대비하여 그의 시신을 영구 보전하기 위한 준비를 하였다. 그의 시신을 가로 세로 10m의 유리관에 넣어, 평소는 지하 30m의 곳에 두었다가 일반공개 때에는 자동장치로 지상에 올라오게 만든다는 것이다. 고도의 기술과 특수장비와 자재가 드는 지하 보존실을 건조하기 위하여 1993년 10월 건설전문가와 화학기술자가 비밀리에 베이징에 가서 모택동의 시신보존에 종사한 기술자와 만났으며, 1994년 봄에는 북한의 대표적 무역회사인 대성총국(大聖總局)이 홍콩과 약 30만 달러어치의 필요 자재 구입계약을 체결하여 1995년 초에 완성하였다. 그런데 김일성은 이를 기다리고 있었다는 듯이 돌연 사망하였다.

김일성의 묘는 빈곤에 허덕이는 국가경제 따위는 아랑곳없이 어마어마하게 조성되었는데 그 장소 선정 과정에 은밀히 풍수사가 개입했는지 여부는 알 길이 없으나 그 후 계속되는 흉년 등으로 수많은 아사자를 내고 전세계에 체면이고 뭐고 없이 식량 원조를 구걸하게 되었으니 가히 길지(吉地)라 할 수 없을 것 같다.

또 한 가지 북한의 풍수 문제에 관해 빼놓을 수 없는 것은 이른바 단군릉이다. 북한이 갑자기 단군을 실존 특정인이라 주장하면서 떠들어댔는데 이는 정치적 의도에서 역사를 조작하는 것으로 생각할 수밖에 없지만 김일성이 직접 지금의 능터를 지정했다(1993. 9)고 알려지고 있다.

최창조 씨는《중앙일보》에 기고한(1998. 7. 4) 글을 통하여 "금성(金星)을 등에 업고 수성(水星)을 바라보는 길지(吉地)로 사신묘(四神砂)가 모두 갖춰진 전형적 명당이나 남쪽 강이 서출동류(西出東流)가 안 되는 것이 옥에 티"라고 평하고 있다.

필자는 김일성 묘터나 단군릉이 풍수지리학적으로 어떻다는 것을 논하려는 것이 아니고 유물론 이데올로기의 북한에서까지 풍수사상이 활개를 치고 있는 것 같아서 우리 민족에 미치는 풍수지리사상의 무게를 새삼 실감하지 않을 수 없다는 것을 이야기하자는 것이다.

북한의 김정일 위원장이 남한을 방문하면 전주 김씨 시조묘(전북 완주군 구이면 묘악산 소재)에 참배하겠다는 뜻을 밝혔다 하여 화제가 되고 있다. 이 묘소는 지관 손석우(1998년 사망) 씨가 "이 묘의 발복으로 김일성 주석이 49년간 절대권력을 누려 왔지만, 묘의 정기가 사라지는 1994년 음력 9월 14일(양력 10월 18일)에 사망한다고 예언하여 화제가 되었었는데, 실제로 김일성은 손씨의 예언보다 100일 이른 1994년 7월 8일에 갑자기 숨졌다.

김정일 위원장이 과연 전주 김씨 시조묘를 참배할 것인지, 한다면 그 속뜻이 무엇인지 궁금하기만 하다.

3

족보 · 성 · 적서차대

　족보도 그것의 연원지(淵源地)는 중국이지만 그 기재법 등은 우리 나라가 중국보다 한결 까다롭다. 우리의 성(姓)과 족보·항렬(行列)에 해당하는 것을 일본에서 찾자면 姓 또는 묘지(苗氏), 가계도, 성씨록, 하이코(排行) 등이다. 그러나 한국은 어디까지나 혈통(血統) 중심인 데 비하여, 일본은 가문(家門) 중심이기 때문에 우리처럼 그 기재방법이 까다롭지 않고 항렬 등이 엄하게 규정되거나 지켜지지 않는다.

　일본에서는 타성바지를 양자로 들이는 데 아무런 저항이 없지만 한국에서 그런 일은 상상도 할 수 없다. 한국에서 양자는 반드시 같은 성바지, 그것도 가능하면 가까운 촌수가 바람직하여 큰집에서 원한다면 작은집에서 장남을 양자로 보내는 게 당연한 도리로 여겨져 왔다.

　우리의 까다롭기 그지없는 족보의 기재법과 항렬의 규정에 대하여 일본사람은 고개를 갸웃거리며 제정신을 갖고 할 일이냐, 그것은 기존 사회의 정체와 고착을 조장할지언정 사회의 변화와 발전을 위해서는 아무런 이득이 없고 도리어 발목을 잡은 것이 아니냐고 비판한다. 그것은 어디까지나 그들의 정서에서 오는 것이라고 내뱉어 버릴 게 아니라 귀담아 들을 만한 가치가 있다.

어느 나라에도 적자(嫡子)와 서자(庶子)의 차별은 있지만 우리나라처럼 철저하고 무자비하다 할 수 있는 차별제도가 오래 존속된 곳도 드물다. 아비 탓으로 서자로 태어났다는 죄 아닌 죄만으로 그들이 겪은 설움이 어떠했으랴. 따라서 그들의 체제반항운동은 거세었지만 애석하게도 조선조 봉건사회의 기득권 세력을 넘어뜨리거나 개혁시키지는 못하였다.

그런가 하면 본처가 있는데도 또 한 사람의 본처(첩이 아님)를 얻는 유처취처(有妻娶妻)라는 기이한 제도를 두기도 했다. 그것은 오로지 남자 중심의 혈통을 이어가기 위해서였다. 일본에서는 앞에서 말한 바와 같이 사위를 그 집의 후계자로 삼았다. 그것은 혈통보다 가문을 우선시했기 때문이다.

또 우리는 극단적인 남존여비, 철저한 가부장제(家父長制) 사회였음에도 불구하고 시집간 여자가 남편의 성을 따르지 않는다. 그것도 가문보다 혈통을 중시하기 때문이다. 우리의 이러한 사회통념을 충분히 이해하지 못했기 때문에 일본이 우리에게 이른바 창씨개명(創氏改名)을 강요한 것이 얼마나 무모한 짓이며 우리 가슴에 얼마나 큰 상처와 반일감정을 남겼는지를 일본인은 이해할 수 없었던 것이다.

족보제도가 우리 사회와 역사에 어떠한 그림자를 드리웠는지, 일본은 왜 우리와는 다른 관습을 갖게 되었으며 그것이 일반사회에 어떠한 영향을 주었는지를 살펴보고자 한다.

족 보

한국의 아이덴티티 족보

한국사람으로서 양반이란 말과 함께 족보란 말을 모르는 이는 없을 것이다. 그러나 막상 족보를 들여다 본 일이 있는 이는 그리 많지 않으며, 더군다나 그 구체적인 기재법을 설명할 수 있는 사람은 극히 드물다.

족보란 글자 그대로 일족의 혈통을 기록한 보(譜)이다. 좀더 구체적으로 설명하면 '부계를 중심으로 일족의 혈연과 업적을 항렬(行列, 돌림자)별로 표기하는 동시에, 적서(嫡庶)를 명확히 밝히면서 이를 도표식으로 기록한 것'이라 정의할 수 있다.

한마디로 족보라 하지만 족보에도 여러 가지가 있는데 족보 중에서 씨족 전체의 기록을 적은 것을 흔히 대동보(大同譜)라 하고, 자기 집안의 직계만을 따로 발췌해서 엮은 것은 가첩(家牒)이라 하며, 계도뿐만이 아니라 선조에 관한 전설과 사적까지 함께 기록한 것은 가승(家乘)이라고 한다. 족보는 세보(世譜)·종보(宗譜)라고도 한다.

족보도 물론 중국에서 전해진 것이다. 중국에서의 보서(譜書)의 연혁에 관하여는 《해여총고》(該餘叢考)에 "남사(南史)에 제(齊)나라 왕이 양(梁)나라 사람인 유유(儒孺)에게 선보(謏譜)를 명하였다"고 기록되어 있는 것을 보면 주(周)나라 시대에 이미 족보가 있었던 것으로 짐작되나, 그 내용을 구체적으로 기술한 사료는 남아 있지 않다.

또 수서(隋書)의 《경보지》(經譜誌), 당서(唐書)의 《예문지》(藝文誌), 송서(宋書)의 《예문지》에도 계보의 기록이 적잖이 나와 있지만, 그것은 어디까지나 왕실의 계보 《왕대실록》(王代實錄)·《대원록》(代

源錄)을 기록하는 게 주된 일이었다.

후한(後漢) 때에 중앙과 지방에 고관을 배출한 이른바 우족(右族)·관족(冠族)이 형성되면서, 문벌과 가풍을 자랑하고 존중하는 풍조가 확대되자, 그들도 왕실과 같이 족보를 작성하게 되었다.

그러나 어느 사이엔가 족보가 "과거는 부장(簿狀)에 의하고, 혼인도 반드시 계보에 의한다"는 식으로 관리등용과 혼인에 있어 '신분확인의 필수자료'가 됨에 따라 족보는 단순히 지배계층의 조상숭배나 가문 과시(誇示)물에 그치지 않고, 현세에서의 가문의 번영을 뒷받침하는 세속적 물건으로 변해 버렸으며, 육조(六朝) 시대에는 족보를 다루는 보학(譜學)이 있었다고 기록되어 있다. 중국에 현존하는 가장 오래된 족보는 북경(北京) 도서관에 보관되어 있는 《가정각본》(嘉靖刻本)으로 명나라 때의 것으로 알려져 있다.

우리나라에서는 고려시대에 강력한 문벌귀족이 형성되어 있었기 때문에 족보 작성이 유행하고 세계(世系)를 기록하는 것과 동시에 항렬(行列)까지 생겨났다.

11대왕 문종(文宗, 1046~1083) 때에는 왕족의 종부시(宗簿寺) 외에 각 족속의 계보와 그 기록을 관장하는 종보시(宗譜寺)를 설치하여 과거응시자의 신분을 검증하였다. 그러나 이상하게도 고려시대에 만들어진 족보는 왕실·민간 할 것 없이 오늘에 전해진 것은 하나도 없고, 엉뚱하게도 일본의 사이다마현(埼玉縣) 박물관에 고려시대의 씨족계보 한 벌이 전시되어 있다는 일본 신문기사를 본 적이 있으나 직접 확인할 기회를 갖지 못했다. 그 기사가 사실이라면 현존하는 우리나라 최초의 족보가 되는 셈이다.

조선조는 건국 초부터 왕실의 족보 작성과 보관에 지대한 관심과 힘을 쏟았다. 고려시대부터 있던 종부시로 하여금 《종친록》(宗親錄), 《유부록》(有附錄),《선원록》(璿源錄),《선원계보기략(記略)》,《가현록》(加現錄)과《왕비세보》(王妃世譜)를 작성하여 사고(史庫)에 보관케 하는 동시에 왕의 친척과 외척을 관리하는 정1품의 아문인 돈녕부(敦寧府)로 하여금 그들의 족보인《돈녕보첩》(敦寧寶牒)을 작성케 하였다.

이들 왕실족보는 정신문화연구원 장서각에 약 5,400책, 서울대학교 규장각에 약 4,400책 합계 10,000책 가까이가 보관되어 있다. 그 분량과 거기 쏟아부은 노력은 고려 대장경에 비견될 수 있다 하겠다.

그러면 우리나라에서 가장 오래된 족보는 어느 것일까? 족보가 처음 편찬된 것은 세종5년(1424)에 간행된 문화류씨(文化柳氏)의《영락보》(永樂譜)라고 전하여지나 지금 남아있지 않다. 그 외에《남양홍씨 세보》(1454),《전의이씨 세보》(1476),《여흥민씨 세보》(1478) 등이 간행된 것은 확실하나 그 원본들은 현존하지 않는다.

지금까지 중국의《가정각본》과 같은 가정 연호 때에(明宗 말기인 1562년) 간행된 10책짜리의 문화류씨 가정보가 현존하는 최초의 족보로 간주되어 왔으나, 최근 들어 1476년에 간행된 안동권씨(安東權氏) 세보가 발견되었다. 이와 같이 현존하는 문헌을 미루어 보더라도 늦어도 15세기 후반에는 나름대로 체계를 갖춘 족보가 작성되고 있었음을 확인할 수 있다.

족보의 기재 내용

그러면 족보에는 무엇을 기재하였는지 알아보기로 한다.

(1) 시조의 성명은 구서(具書: 성과 이름을 함께 적는 것)하고, 시조 이외는 성을 쓰지 않고 다만 子何某(아들 누구누구)라고만 적는다. 또 친자식은 子某, 양자는 繼某로 기록한다.

(2) 시조를 초대로 하여 2대, 3대로 내려가되 같은 대수(代數)의 사람은 항렬 즉 이름 중의 한 자〔一字〕를 같게 한다(이른바 同 一字根). 단, 김해허씨처럼 이름이 한 자인 가문도 있으나 거기 에도 항렬은 엄존한다(이때의 항렬은 다음에 설명한다).

(3) 이름 외에 자(字)·호(號)·시호(諡號)도 적는다.

(4) 생년월일과 사망일은 무슨 왕 몇 년〔간지(干支) 명기〕 ○ 월 ○ 일로 기재한다.

(5) 관·직·봉호(封號)에 있어서는 족보 간행시 생존자는 현 관직 명을, 퇴직한 자는 전 관직명을 기록한다.

(6) 훈업(勳業)·도덕·충절·효열·시표(施表: 남에게 은혜를 배품) 도 빠뜨리지 않는다.

(7) 저술·시·가·문장(단 그림은 천업이라 하여 기재치 않음)

(8) 처의 본관·성 및 처의 부·조부·증조부의 벼슬

(9) 처의 사망 연월일

(10) 외조(外祖)

(11) 자녀(子女)

(12) 사위와 그 아들·손자의 성명 등이다. 딸의 이름은 고려시대 에는 기록되었으나, 조선에서는 기록되지 않고 딸이 밀양 박씨 (朴氏)에게 시집갔다면 婿 朴 ○ ○ 密陽人이라 기록된다.

그러나 이것으로 그치느냐 하면 어림도 없다. 진짜로 까다로운 것 은 지금부터이다.

(13) 분묘(墳墓)의 유무, 그 소재지, 좌향(坐向)·도형(圖形)·비 석·비문·가장(家狀: 집안 조상의 행적에 관한 기록), 행장(行 狀: 묻힌 자의 평생의 행적을 적은 글), 묘지명(墓地銘), 묘표음기

(墓表陰記: 죽은 자의 관직·명호를 묘비의 전면에 새기고 후면에
는 사적을 기록함)와 글 지은이[撰], 글쓴이[書]의 이름

(14) 후계자의 유무(后, 無后者)

(15) 왕후(王后)가 된 여자는 女○○○이라 기록하고, 일반 기록
보다 한 단 높여 그 행(行)의 최상위에 '○ 王后'라 특기한다
(지금은 대통령 부인?).

(16) 부마[駙馬: 왕의 사위, 왕녀의 남편. 부마도위(駙馬都尉) 또는 국
서(國婿)라고도 함]를 배출했을 때에는 그의 벼슬을 쓰고 줄을
바꾸어(別行) ○ 尙△△公主(翁主)라 적는다(지금은 대통령의 사
위일 때 기록?).

웬만한 독자는 어안이 벙벙해졌을 것이다. 물론 지금에 와서는 이
대로 지키는 사람도 드물고 특히 (13)은 이른바 호화분묘를 조성하
는 사람 외에는 그 뜻이야 있고 없고 간에 실행하기 어려워졌지만,
각 종중에서는 아직도 족보를 작성하여 배포하고 있는 게 사실이다.
우리 민족의 족보에 대한 놀라운 집착을 일본인들은 지나치게 형
식적·관념적이며 비생산적이라고 평하지만, 그 평가의 옳고 그름을
떠나 족보는 분명히 우리 민족정신에 유착되어 떼려야 뗄 수 없는
것이라 아니할 수 없다. 어쨌든 과거제도는 양반을 낳고 양반은 그
혈통과 가문의 영예를 족보를 통하여 자랑하였다. 갑옷과 칼이 일본
의 무사를 상징하는 것과 같이 족보는 양반의 증표였던 것이다.

족보에는 가짜가 많다

그것을 차지함으로써 거기서 얻어지는 게 많고 클수록 수단방법을 가리지 않고 그것을 손에 넣으려고 하는 것이 인간의 습성이다. 과거 제도와 과거 8폐의 관계가 바로 그것이며 족보 또한 그러하였다. 족보가 있는 자는 더 근사한 족보를 위작하고 족보가 없는 자는 가짜 족보를 만들어내는 것이다.

양반들은 더 훌륭한 가문으로 내세우기 위하여 족보를 위작하고 상민들은 군역(軍役)을 면하기 위하여 성을 바꾸면서까지(하기야 고려 초기까지는 성이 없었으니 무슨 성을 택한들 크게 문제될 것은 없다) 현족(顯族)의 족보에 이름을 기록하여 군역에서 빠져나갔다. 이런 세태 때문에 신문고를 쳐 상민과 천민들이 가짜 족보를 만드는 것을 엄벌할 것을 호소하는 이도 있었다.

상민이 가짜 족보로 양반이 되는 풍조는 19대왕 숙종이 공명첩(空名帖)을 통하여 관직을 판매함으로써 급격히 확산되어 21대 영조 때는 약 35년 사이에 양반이 엄청나게 늘어나고, 실질적으로는 노비의 수가 늘어났음에도 불구하고 노비호(戶)는 거의 소멸하였다(〈표 1〉).

기렇게 되고 보니 족보 사고 팔기(譜賣買)가 공공연히 이루어졌으며 어처구니없게도 족보를 관리하는 종보시 자체가 족보의 분식, 위

〈표 1〉 조선시대 울산지역 신분 변동

(단위: %)

연 대	양반호	상민호	노비호	합 계
1729 (영조 5)	26.29	59.78	13.93	100
1766 (영조 41)	40.98	57.01	2.00	100

출처: 정석종,《조선후기 사회변동연구》, 249쪽.

작, 매매의 총 본산 노릇을 하는 지경이었다. 그 결과 족보상으로는 한국에 상놈 집안은 하나도 없으며 모든 가문이 다 그럴싸한 혈통의 명문 후손이 되어 버렸으니 족보는 우리 민족 모두의 '아이덴티티'이면서도, 정다산(丁茶山)이 지적했듯이, 열 가운데 아홉은 위작된 족보라고 보는 게 옳을 것 같다.

본관 모르는 자가 56%

공업화의 진전과 더불어 핵가족화가 진행됨에 따라, 자기의 뿌리를 등한시하거나 아예 모르고 있는 자가 56% 정도라고 한다(한국족보신문사 김부식 이사). 이 추세대로 간다면 머지않아 족보는 몇몇 호사가만의 것이 되고, 자기의 파(派), 심지어는 본관까지도 모르는 사람이 다수를 점할 가능성이 높다. 또 한자에 익숙지 않은 세대들은 항렬에 별반 관심이 없다.

유럽인들의 인터넷에 의한 뿌리 찾기

일본인의 족보에 대한 관습은 뒤에 상술하기로 하되, 서구인은 족보 개념이 없느냐 하면 결코 그렇지 않다. 서구의 왕가(王家)와 귀족 후예는 말할 나위도 없고, 유명인이 되면 호사가들이 그들의 혈통에 대해 이러쿵저러쿵 연구결과를 내놓는다. 클린턴 미대통령은 아일랜드 호적의 후예니 뭐니 하는 게 그 한 예다. 더욱이 최근에 와서 미국에서는 인터넷에 떠 있는 각종 공공기록과 채팅 서비스를 통해 가족의 역사와 족보(family tree) 그리고 뿌리찾기(root surfing)의 열풍이 불고 있다. 전에 뿌리 찾기를 해봤거나 앞으로 해볼 생각이란 미국인은 1억을 훨씬 넘는다고 한다. 미국인의 뿌리 찾기는 우리와 같은 혈통주의라기보다 종교적 측면이 강하지만, 어쨌든 그들의 뿌리찾기 열풍은 우리의 관심을 끌고도 남음이 있다.

성(姓)

고려 초까지는 평민은 성(姓)이 없었다

성(姓)은 글자 그대로 여자(女)로부터 생(生)한 것을 나타낸다. 즉 중국에서 성(姓)이란 글자가 생길 무렵까지만 해도 모계(母系) 사회였다는 증거이다. 만약에 지금 같은 부계사회였다면 姓이 아닌 甡으로 썼을 것이다.

그 과정이야 어떠하든, 한국과 같이 혈통을 중시하는 부계사회에서는 성과 본관이 그 가계(家系)의 격을 표증하는 것이어서 그것이 사회생활에서 차지하는 비중은 세계에서 가장 크다고 생각된다.

흔히들 나이 든 세대에게 인사를 드릴 경우 거의 어김없이 가장 먼저 질문받는 게 성과 본관(本貫)이다. 그리고 성과 본관에 따라 그 대접이 사뭇 달라지기도 한다. 우연히 같은 본관과 성씨일 때에는 곧이어 "어느 파 몇 대 손인가"를 묻는다. 만약에 젊은이가 나이든 분보다 항렬이 앞서면 나이에 관계없이 말과 대접이 당장 달라진다.

그러나 이토록 중시되는 성이 태고 적부터 누구에게나 다 있었느냐 하면 그렇지 않다. 신라시대까지만 하여도 왕족과 호족(豪族) 같은 지배층에는 성이 있어도 일반 백성에게는 성이 없었다. 예컨대 신라계는 朴씨, 金씨, 昔씨와 許씨, 崔씨, 李씨, 鄭씨 등이 기록에 보이고, 고구려계에서는 高씨, 扶씨를 비롯하여 淵=泉씨, 姜씨, 乙支씨, 楊씨 등이, 백제계에서는 余씨, 陳씨, 朱씨, 解씨 외에 몇몇 성이 있었다. 물론 이 외에도 부족에 따라서는 토템(totem)을 성과 같은 기능으로 사용하였고(예: 馬씨, 牛씨), 지명을 따라 그것을 성으로 대용한(예: 箕, 衛 등) 것도 있으며, 중국에서 귀화한 자들의 성도 제법 있었으리라 짐작된다. 그러나 평민은 성을 내세워 사용할 수 없었기 때문에 앞에서 예시한 성씨들과 같은 것으로 취급할 수는 없다.

고려왕조는 건국 초부터 지방호족들의 힘을 꺾지 못해 고민하였다. 호족들이 일반 농민은 농노처럼, 전쟁에서 포로로 잡은 자는 노비처럼 사유하고 조세 징수도 제멋대로 하였다. 그러나 고려왕조는 호족들의 반발을 두려워하여 그것을 제재하지 못하였다. 심지어 400여 행정구역 중 원래 태조의 기반이던 경기·황해지방의 180여 곳 외에는 왕이 수령을 임명하지 못하고 지방호족이 하는 대로 보고만 있는 형편이었다.

이에 4대왕 광종(光宗)은 점차로 공고해진 왕권을 바탕으로 광종 7년(956)에 마침내 과거제도를 도입하고 노비안검법(奴婢按檢法)을 제정하여 지방호족이 지방관직을 내놓게 하고, 노비 중 원래 양민이던 자는 양민 신분을 부여하여 호족세력을 약화시켰다.

그런데 노비안검법은 양민의 신분을 찾아주는 동시에 한 개의 촌락민이 각기 뜻대로 하나의 성을 갖는 것을 허용하였다. 이리하여 모든 국민이 성을 갖게 된 것이다. 이를 동성촌(同姓村)이라 하였는데, 이로부터 약 1천 년이 지난 1930년 조선총독부 자료에 의하면 우리나라 마을 총수는 28,369곳, 이 중 동성촌이 14,672곳으로 집계되었다. 마을 총수의 반이 넘는 숫자다. 우리나라가 얼마나 정체된 채 요동도 않고 살았나를 알게 된다. 그러나 동성촌은 6·25와 1960년대 이후의 산업화를 통하여 이제는 거의 자취를 감추었다.

어쨌든 노비안검법으로 성을 갖게 된 고려인들이 어떤 방식과 기준으로 성을 선택하였는지 자세히 알 길이 없으나, 고려왕조의 王성을 가질 수 없고 보니 신라의 명문이던 김, 박, 이 성을 택한 자가 많아 그것이 오늘날 이 삼성(三姓)의 인구가 유별히 많게 된 원인이

王建은 姓이 없었다

고려는 모든 국민에게 姓을 갖게 했지만 太祖는 실은 姓이 없는 자였던 것으로 생각된다. 王建의 아버지는 龍建, 할아버지는 作帝建이고 할아버지 작제건의 外祖父는 伊帝建이었다 한다. 여기서 우리가 추정할 수 있는 것은 太祖 집안은 姓이 없이 '建'이란 이름을 姓처럼 共有했는데 그것도 母系로부터 받았다는 사실이다.

또 作帝니 伊帝니 따위의 帝자가 붙는 이름을 감히 가질 수 없는 시대였기 때문에 그것은 후세에 주어진 것이고 진짜 이름이 무엇이었는지 알 길이 없다. 또 한문으로 建이었는지 음으로 건이나 근이나 그에 닮은 음이었는지도 알 수 없다. 대담한 추리를 하자면 왕건의 조부는 作建, 외조부는 伊建이 아니었을까 한다. 어쨌든 太祖는 왕조를 세운 후 王이란 姓을 갖고 王建이 된 것이리라.

또 作帝建의 아내는 황해의 용녀의 딸인 龍女이고 그의 어머니는 그의 아버지가 꿈에서 미리 보았다 해서 夢夫人이라 하지만 이 또한 왕권을 잡고 난 뒤에 신비적인 요소를 끌어들여 조작한 것임은 말할 나위도 없다. 어쨌든 王建은 姓이 없는 신분임은 틀림없다고 보아진다.

아닌가 싶다. 그렇게 생각해보면 앞에서 지적하였듯이 이들 삼대성(三大姓)의 족보에 가장 가짜가 많을 가능성이 높다 할 것이다.

물론 노비안검법은 고려왕조가 평민의 사회적 지위를 높여 준다는 발상에서 취한 조처는 아니고 고도의 다목적적 지배정책이었다.

첫째, 정확한 인구 파악으로 토지관리와 세금징수의 효율화를 이룩하여 왕권 강화로 호족의 세력 약화를 기하고

둘째, 노비를 평민으로 해방시킴으로써 호족의 정치적·경제적 기반을 무너뜨리며

셋째, 평민에게는 노비로부터의 해방이란 선심을 베풀어 그들을

왕권의 편으로 만들려는 것이었다. 동시에 그들의 신분을 확정시켜 신분사회의 기본인 신분의 변동을 억제하는 효과도 노렸다는 것을 간과해서는 안 된다.

그러나 이 조치를 호족들이 순순히 받아들인 것은 아니다. 마침내 6대왕 성종(成宗) 때에 이르러서는 호족들의 반발을 억누를 수 없게 되어 해방된 노비가 본 주인을 모욕하거나 범법을 행했을 때는 다시 노비로 돌린다는 노비환천법(奴婢還賤法)이 만들어진다. 하지만 이에 해당된 자의 수는 그리 많지 않았으며, 어찌 되었든 이리하여 우리 국민은 성을 갖게 되었다.

그러나 그때 몇 개의 성이 생겼는지 알 수 있는 구체적 자료는 없다. 다만 백성(百姓)이란 말이 시사하듯 100개를 크게 넘지 않았으리라 짐작된다.

한국인의 성은 259, 본관의 수는 3,600 ?

한국의 성(姓)에 관한 현존하는 기록 중 대표적인 것을 연대별로 보면 《세종실록》(世宗實錄) 부록의 〈지리지〉(地理志), 《동국여지승람》 (東國與地勝覽)과 《증보문헌비고》(增補文獻備考), 그리고 19대왕 숙종 (1674~1720) 때의 이의현(李宜顯)의 《도곡총설》(陶谷叢說)과 22대왕 정조(正祖) 때의 이덕무(李德懋)의 《앙엽기》(盎葉記) 등이다. 이들 자료는 사인(士人)을 대상으로 하였는데 이른바 망성(亡姓: 이미 없어진 성씨)까지 기록하였기 때문에 어느 면에서는 상당히 엉성하고 불완전하다. 그렇지만 당시의 성을 연구하는 데는 매우 귀중한 자료이다.

《세종실록》에서는 265성, 《도곡총설》에서는 298성, 《앙엽기》에서는 486성이 기록되어 있으며, 일제시대 조사에서는 256성이었다.

1992년의 국세조사에 나타난 성의 총수는 의외로 259성(본관 3,533)으로 《앙엽기》의 숫자에 비하면 40% 가까이 소멸된 것이고 일제시대 조사보다 3성이 늘었다. 그 내용을 살펴보면 새로 생긴 성이 12, 없어진 성이 9, 같은 성바지가 100세대도 안 되는 희성(稀姓)이 79종인데 대(大)·범(凡)·수(水)·점(占) 등이 그 예다. 어째서 이런 희성이 있는지는 정확히 알 길이 없다.

이러한 희성이 있는 반면 金·李·朴의 3대 성이 압도적으로 많고 여기에 崔·鄭씨를 합치면 인구의 반이 넘는다. 중국의 구대성(九大姓)이 인구의 90%를 차지하는 것과 대동소이한데 이는 무려 30만에 가까운 일본의 성씨 구성비율과는 매우 대조적이다.

그러면 본관은 얼마나 될까? 1992년도 조사에서는 3,533으로 집계되었으나 지금은 3,600은 넘어서 머지 않아 4,000에 달할 것으로 짐작된다. 그러면 어찌하여 본관이 이렇게 늘어나고 그 숫자를 그때그때 제대로 파악할 수 없는 것일까?

본관이 늘어나는 것은 첫째, 귀화하는 사람이 생기기 때문이다. 미국인 하일(Robert Holley) 씨는 영도(影島) 하(河) 씨, 독일인 이한우(Bernhalt Quantd) 씨는 독일 이(李) 씨다. 그러나 귀화에 의한 것은 그리 많지 않다. 본관의 숫자가 시도 때도 없이 늘어나는 것은 주로 고아를 중심으로 하는 무적자들이 정부의 권장으로 성과 본관을 스스로 만들어 일가를 세우기 때문이다. 재미있는 일은 그들은 그 성과 본관의 시조가 된다는 것이다. 1999년 한 해만 보더라도 서울지역에서 2,377명, 부산지역에서 1,014명, 대전지역에서 428명, 대구지역에서 620명 등 전국에서 약 5,000명이 호적을 취득하여 시조가 되었다. 가장 많이 택한 성은 김, 이, 박, 최, 하씨였으며 희성이나 획수가 많은 성은 기피되었다. 따라서 본관은 늘어났지만 성의 수는 변동이 없었다. 본관은 자기가 거주하는 곳을 택하는 게 대부분으로 예를 들면 무교(武橋) 김씨, 소공(小公) 이씨, 부민(富民) 최씨, 일산(一山) 오씨 등이다. 그러나 서울이씨, 한성(漢城), 한양(漢陽), 한성(韓城) 등도 있었으며 특이한 것으로는 포항에 거주하는 철도(鐵都) 윤씨 등이 있었다. 따라서 정부의 호적취득 장려정책이 지속되는 한 본관의 수는 계속 늘어나고 새 성이 생길 가능성도 높다. 여기에도 새로운 물결이 밀어닥치고 있는 것이다.

귀화성(歸化姓)과 망성(亡姓)

그러면 어째서 《앙엽기》에 비해 이렇게 성의 총수가 줄어들었을까.

조선조에 들어와 고려조의 王씨들은 정치적 박해를 피하기 위해 全·田·玉 등으로 변성(變姓)하였다는 설이 있으니 성의 수는 늘어나야 한다. 사실 王씨는 지금은 희성(稀姓)에 속한다.

여기에 더하여 6·25 이후 전국의 호적원본이 거의 소실되어 그것을 복원하는 과정에서 천민이라는 표가 나는 성을 가진 자는 그 설움에서 벗어나기 위하여 딴 성으로 변성한 예가 많으며 또 당사자와 면서기의 무식과 과실로 동음이자(同音異字)의 성도 생겨났다. 유(劉)씨가 유(有)씨로, 강(康)씨가 강(江)씨로, 고(高)씨가 고(固)씨로, 지(池)가 지(地)씨나 지(支)씨로, 심지어 도(都)씨가 도(盜)씨가 된 것이 그 예의 일부다.

그러나 그러한 경우는 오히려 성씨 수가 늘어나는 것임에도 불구하고 성의 총수가 크게 줄어든 것은 많은 망성이 발생하였기 때문이라고밖에 설명할 길이 없다(물론 위에 예시한 同音異字 姓들은 바로잡아지기도 했으나, 그대로 남은 것이 희성의 일부가 되었을 가능성이 높다).

그러면 망성이란 무엇이며 어떻게 하여 생겨났는지를 살펴보자.

《세종실록》에서는 모든 성을 그 내력과 신분에 따라 20종으로 분류하였는데 그 중 투화성(投化姓) · 향국입성(向國入姓) · 향국성(向國姓)에서 많은 망성이 생겼다고 보아진다.

이 3성(姓)은 주로 글자가 표시하듯 국외로부터의 귀화인(歸化人)으로 중국계와 만주계가 대부분이며 일본계도 적잖게 있다. 그 숫자와 그들이 택한 성의 수는 의외로 다기(多岐)하였으리라 짐작된다. 그들이 귀화 전의 성씨를 고집하는 일은 주위와의 동화 및 사회생활에 장애가 되어 한국의 성을 따거나 한국형으로 변성하였다고 생각된다. 결국 그 과정에서 많은 망성이 생겼다고 추측하는 게 타당하리라고 보아진다.

(1) 《동국여지승람》에 의하면 충청북도 괴산군의 李 · 盧 · 申 · 占 · 白 · 律 · 宅 · 物 · 直 · 刑 · 朴 · 安씨 등의 12개 성에는 일본인의 투화인이 많이 있었는데 占 · 律 · 宅 · 物 · 直 · 刑씨는 이미 망성하였다고 기록되어 있다(그러나 실제로는 占씨 등 그들의 일부는 희성으로 남아 있다).

(2) 《비국등록》(備局謄錄) 과 《모화당집》(慕華堂集) 에 기록된 것을 종합하여 알기 쉽게 소개하면 김충선(金忠善) 은 원래 왜장(倭將) 사아가(沙阿可) 또는 사야가(沙也可) 로 임란 때 가토 기요마사(加藤淸正) 의 좌선봉(左先鋒) 으로 3,000명을 거느렸으나, 경상병사(兵使) 박진(朴晋) 에 귀부(歸附) 한 후 거듭 기훈(寄勳) 을 세운다. 박진이 이를 조정에 보고하여 가선(嘉善) 의 자리를 받고 후에 다시 도원수 권율(權慄) 장군과 어사(御使) 한원겸(韓浚謙) 의 포상으로 자헌(資憲) 으로, 이어서 정헌(正憲) 으로 봉하여지고 그 후손은 경상북도 달성군 가창면 일대에 번창하고 그 가보는 김해 金씨이다.

김충선(沙也可) 그는 과연 누구인가

실제 달성군 가창면 우록동(友鹿洞) 소재의 녹동서원(鹿洞書院) 에는 김충선의 《모화당문집》(慕華堂文集) 이 일반에게 공개되어 있는데 이를 1991년 5월 일본의 NHK가 자세하게 소개한 일이 있다. 이제 일본의 많은 사학자와 학생들이 찾아오고 있는 판이다.

내무부장관과 법무부장관을 역임한 김치열(金致烈) 씨는 김충선씨의 후손이며, 스스로 "나는 일본 金씨"라고 이야기한다. 일본의 유명한 작가요, 사학자인 사바 료타로(司馬遼太郎) 는 비교적 친한적이었으나 《모화당문집》을 확인하고서도 가토 기요마사의 무장 중에 사(沙) 씨가 있었다는 기록이 없다 하여 이를 인정하려 하지 않았다. 이에 반해 유명한 조선도공 14대 심수관씨는 사야가는 본명이 아니고, 일본어에 "그런가" "그렇군"하고 동의하거나 감탄하는 말이 사요카(左樣か) 인데, 조선 땅의 문물에 소상하지 않던 그가 이것저것 묻는 것이 많았고 한국인의 대답이나 설명을 듣고는 사요카 사요카 하는 것이 입버릇이어서 한국사람이 그를 사요카란 별명으로 부르던 것이 차음(借音)으로 沙阿可 또는 沙也可로 된 것이리라 추리한 바 있다. 이는 대담하면서도 수긍이 가는 탁견이라 할 것이다. 藤本久志는 《잡병(雜兵) 들의 전장(戰場)》(朝日신문사, 1995)에서 일본의 사무라이에 흔히 있는 사에몬(左衛門)이란 자가 아니었겠는가라고 주장하였는데 사에몬은 沙也可와 음은 가깝지만 설득력이 약하다.

한국 땅에서의 金忠善＝沙也可의 움직임에 대하여는 《조선왕조宣祖실록》, 《승정원일기》(承政院日記), 전라도 의병장의 한 사람인 조경남(趙慶男)의 《난중잡록》(亂中雜錄) 등에서 자세히 파악할 수 있으며, 그의 후손들은 그의 연보와 행정을 《모하당문집》(暮夏堂文集)으로 정리했다.

그러나 과연 그는 누구였나? 일본에서의 그의 실재에 대하여는 우리 사학계는 물론 심지어 그의 후손들까지도 '히고'(肥後＝구마모토 지방)의 토후로 가토 기요마사(加藤淸正) 산하의 무장이었다는 정도밖에 모른다. 따라서 그의 일본 이름마저도 아는 이가 없다.

《모하당문집》에 의하면 그는 "조선의 동방예의의 풍속과 중화문물의 융성함에 탄복한데다가 당초 조선 출병의 대의가 없음을 통감하여 왔기에 휘하 3,000명의 병사와 함께 귀부(歸附)하였다" 하나 선뜻 100% 납득이 가지 않는 점이 있다.

첫째, 그가 그만한 인식과 결심을 하기에는 치열한 전쟁의 와중에 너무도 짧은 기간이었다는 것, 둘째, 설혹 그가 그렇게 인식할 수 있었다 하여도 파죽지세로 승전을 거두고 있는 일본병 3,000명이 어찌하여 순순히 그를 따라 귀부(항복)하였을까 하는 점이다.

일본에서의 그의 실재(實在)에 접근할 수 있는 실마리는 《조선왕조실록》의 宣祖 31년 정월 6일에 金宰端로 하여금 '通使 朴大根과 降倭越後'를 대동케 하여 울산성 아래서 왜병에게 '항복하면 모두 살려 보내주리라'고 告하게 했다는 대목에 나오는 '越後'란 인물이다.

그런데 일본의 《吉川家譜》에도 같은 날 새벽에 적진(조선)으로부터 기마병 두 사람이 성 아래까지 와서는 일본말로 "나는 오카모토 에치고노가미(岡本越後守)로 원래는 가토 기요마사의 무장이었고 또 한 사람은 다하라 시치자에몬(田原七左衛門)으로 우키다(宇喜多) 가의 사람인데 (…) 우리 양인은 옛 정의로 여기 와서 고하는바 빨리 항복하여 (울산)성을 내어놓는다면 성내 병졸 전원을 배에 태워 일본으로 보낼 것이로다" 하고 고했노라고 기록되어 있다. 말하자면 두 기록의 내용이 동일하며 거기에는 '岡本越後守' 또는 '越後'란 인물이 등장하는 것이다.

한편 일본의 《宇都宮 高麗歸陣物語》에는 "阿蘇宮越後守는 원래 가토 기요마사 산하의 무장이었으나 고려에 합류하여 지금은 고려왕의 총애를 받아 2,000명 정도(1,000명은 일본병, 1,000명은 고려병) 의병의 장이 되어 있음 …"이라 하였으니 姓이 다르기는 하나 일본인이 성을 편의에 따라 바꾸는 습성을 생각할 때 岡本越後守=阿蘇宮越後守=沙也可=金忠善이라 추정할 수 있다.

阿蘇씨는 글자 그대로 阿蘇山 주변의 호족이었으나 도요토미 히데요시가 규슈(九州) 정벌 때 阿蘇씨의 주장인 고레미쓰(惟光)가 어리다는 핑계로 그 영토를 몰수하자 이에 반란을 일으킨다(1587). 그러나 그 반란은 쉬 진압되고 그 죄로 고레미쓰는 구마모토에 감금되고 만다.

5년 뒤 시마즈(島津)가 헤디요시의 명에 따라 조선 출병을 위하여 히젠 나고야(肥前名護屋)로 행하는 도중 사지키(佐敷)에서 시마즈의 가신 우메기다(梅北)가 반란을 일으키는데 이때 아소일족이 이에 가세하였다. 이 때문에 고레미쓰는 셋북(切腹)의 명을 받는다(《梅北記》 "梅北一撥殘党誅殺之事, 付阿蘇惟光切復之事"에서).

이러한 阿蘇家 출신의 장병들이 도요토미 히데요시와 히데요시가 아끼는 가토 기요마사를 위하여 가장 전사율이 높은 선봉부대가 되었을 때(일본에서도 감시대상이요 출세의 길도 막혀 있음) 한국으로 집단항복하는 일이 일어났다고 보면 모든 의문이 풀린다.

또 한 가지 흥미로운 일은 阿蘇씨가 집단거주했다고 보는 阿蘇山 서쪽인 구마모토 북방지역엔 山鹿市를 중심으로 鹿本町, 鹿央町, 菊鹿町, 鹿北町이 있고 그 부근엔 休鹿山이 있듯 鹿자가 붙은 지명이 많다. 金忠善은 자기가 살던 곳을 그리워하며 鹿자를 붙여 友鹿洞이라 한 것이 아닐까 하고 생각하는 것은 지나친 일일까(〈그림 6〉)?

마지막으로 한 가지만 덧붙이자면, 韓·日합병 때 幣原坦·內藤虎次郎·靑柳綱太郎 등은 "우리 황국에 그런 자가 있을 수 없다"며 《모하당문집》은 위작이라 하여 金忠善의 존재를 말살하려고 했다. 그러나 1933년 당시 조선총독부의 《조선사》 편찬관이던 나카무라 에이코(中村榮孝)는 《승정원일기》와 《왕조실록》 등을 보고 그의 존재를 인정하는 양심적인 작업을 하였다. 그러나 그도 그의 일본에서의 실체를 밝히지는 못했다.

필자가 일본에서 책을 낼 무렵까지만 해도 沙也可의 일본에서의 실상을 밝힐 길이 없었다. 그후 일본의 규슈로 갈 일이 생길 적마다 틈을 내어 구마모토 지방의 향토사와 임진왜란 관련 일본자료를 찾았다. 처음에는 구름 잡는 것 같은 작업이었으나 山鹿市를 중심으로 鹿자 붙은 동리가 집중되어 있는 곳을 발견하고는 그 지방을 중심으로 집중공략하여 이와 같이 소개하게 된 것이다. 이는 아마도 우리나

144

라에서는 최초의 시도일 것이다. 많은 이의 비판과 참고 의견이 모아
지기를 기대한다.

　山鹿市 박물관장 大江田芳成씨는 岡本越後守가 속하는 阿蘇씨는
원래 紀州(오사카의 남쪽) 지방의 사이가(雜賀)족이었다는 것을 들어,
그들의 족명인 "사이가"가 "사야가"로 된 것이 아닐까 하였다. 그의
주장은 귀담아 들을 만한 것이라 생각된다.

〈그림 6〉

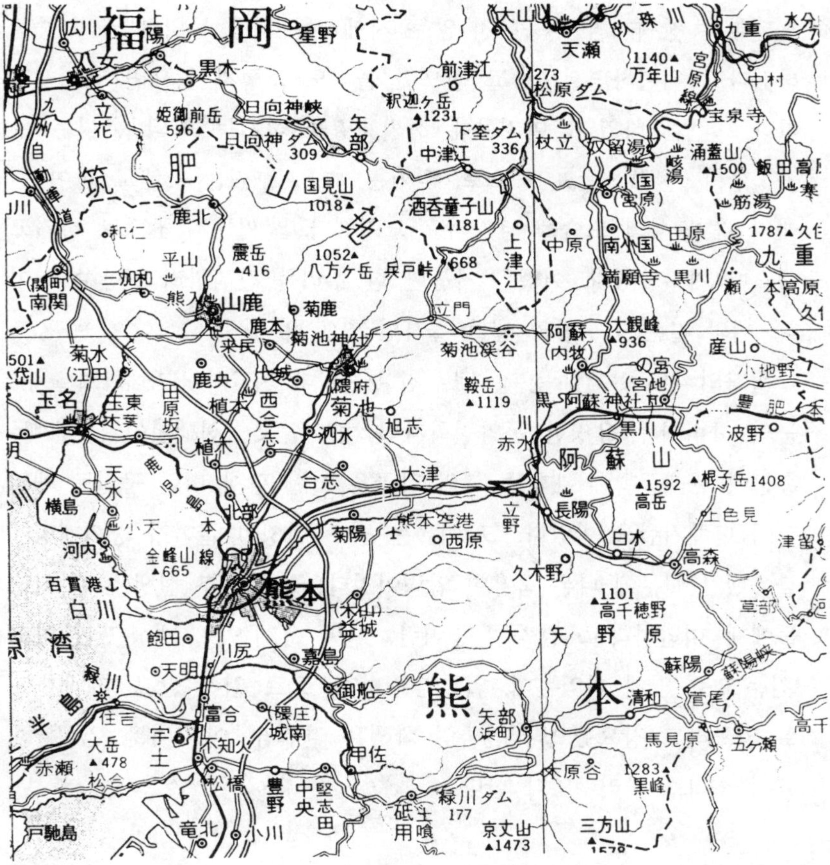

창씨개명이란 일본의 폭거

이러한 우리의 성(姓)에 대한 절대적인 가치관을 제대로 파악하지 못하고(또는 알고도 무시하여) 일본이 우리에게 일본식 성을 갖도록 강요한 것은 정말 용서 못할 폭거(暴擧)였으니 엄청난 반발이 야기된 것은 피할 수 없는 일이었다. 만약에 일본이 아이누 족에게 창씨개명을 강요하여 뜻대로 된 데 자신을 갖고 시작한 일이라면 아이누 족과 우리 민족의 감정과 힘의 차이를 미처 깨닫지 못한 어리석음에서 나온 것이라 할 수밖에 없다.

일본은 창씨개명에 응하지 않는 자에게는 식량 등의 배급을 중단하겠다고 위협하면서 "죽고 싶으면 몰라도 그렇지 않으면 창씨개명하라"고 압박하였다. 마지못해 창씨개명을 하기는 하되 金씨는 金子·金村·金城·金丸 등으로, 李씨는 木子, 崔씨는 山佳로 하여 원래의 자기 성의 모습을 남기려고 노력했다. 全씨는 人王으로 하려고 했으나 거부당했다. 어쨌든 가능한 한 뿌리를 간직하려고 애쓴 것이다. 이와 같은 몸부림의 예를 들자면 한이 없다.

필자의 친구인 김두홍(金斗弘, 전 부산여대, 지금의 신라대학교 교수) 군의 아버지는 유명한 동양철학자인 범부(凡父) 선생님이었는데 두홍군이 동래중학에 재학중 그의 학급은 이런 핑계 저런 구실로 매일같이 단체기합을 받았다. 그 이유는 범부 선생이 끝까지 창씨개명에 불응했기 때문에 나온 음흉한 압력이었다. 결국 범부 선생은 딴 학생들에게 미안하다고 김씨 문중이란 뜻인 '金門'으로 개성(改姓)하고 '김문'으로 읽게 하였는데, 일본인은 '김문'으로 읽지 말고 '가네가도'로 읽으라고 강요했으나 한국인 학생은 일부러 "야! 김문, 김문" 하고 큰소리로 불러주었다 한다.

창씨개명의 강요는 한국인의 마음에 결코 치유될 수 없는 상흔(傷痕)을 남겼으며 이 상흔은 일본인이 시시로 뱉어내는 망언이나 망동이 있을 적마다 일본을 용서하고자 하는 우리 마음을 다시 과거의 쓰라림으로 되돌려 보낸다.

출가불역성(出嫁不易姓)

극단적으로 혈통을 중시하는 한국에서 성(姓)은 살아 생전뿐만 아니라 죽은 뒤에도 변할 수 없다. 그렇기 때문에 거의 전횡적인 가부장제하의 남존여비 사회에서 칠거지악(七去之惡), 즉

  (1) 불순구고(不順舅姑) : 시부모를 공경히 모시지 않는다.

  (2) 무자(無子) : 슬하에 남자아이를 두지 못하였다(여자아이는 낳아도 소용없음).

  (3) 음행(淫行) : 품행이 정절하지 못하다.

  (4) 질투(嫉妬) : 투기가 심하다.

  (5) 악질(惡疾) : 나쁜 병이 있다.

  (6) 구설(口舌) : 남의 입에 오르내리거나 말을 함부로 한다.

  (7) 도절(盜竊) : 도둑질 버릇이 있다.

의 사회율에 따라 그 중에 한 가지라도 해당사항이 있으면 그냥 내침을 당하게 되는 환경에서도 '출가불역성'(出嫁不易姓: 시집을 가도 성은 바뀌지 않는다)의 제도를 가졌다. 따라서 우리나라에서는 호주·처·며느리가 비록 한가족이지만 각각 다른 성을 지니고 산다. 그것은 결코 여권존중에서 나온 것이 아니고 오로지 그녀의 혈통존중에서 나온 것임은 말할 나위도 없다.

이에 반하여 일본에서는 가족 전원이 같은 성임은 물론이고 하물

며 데릴사위는 자기 성을 버리고 그 집의 성을 이어받는다. 이러한 일은 우리나라에서는 상상도 못할 일이다. 우리나라에서는 처가에 입적하더라도 자기 성은 그대로이며 심지어 그 아이들은 아버지 성을 따른다. 일본에서는 가통(家統)이 혈통보다 우위에 있고 우리는 혈통이 모든 것에 우선하기 때문이다.

일본에서도 결혼한 여자가 남편 성을 따르지 않고 자기의 원래 성을 그대로 사용하는 사람이 많아졌으며, 여자가 원래 성을 사용하며 자식들에게는 성의 선택권을 주는 법을 만들자는 움직임이 일고 있지만 이는 혈통존중에서 나온 것이 아니고 단순히 여권존중에서 나오는 것이기 때문에 우리의 그것과 동일시할 것은 아니다.

유처취처(有妻娶妻)

유처취처란 글자 그대로 '아내 있는 자가 아내를 그대로 둔 채 새 아내를 얻는 것'이다. 여기의 새 아내는 첩이 아니고 '정식 처'이므로 본처가 둘이라는 기이한 현상이다. 모르긴 하되 회교권의 특수성을 제외하면 세계에서 우리나라에만 있는 기이한 풍습이 아닌가 한다.

이 두번째 부인이 첩과 어떻게 다르냐 하면 제1 부인의 동의하에 당당히 혼례식을 올리며 족보에도 정처와 동렬로 기재되며 그 아이도 서자가 아닌 적자 신분이 되는 것이다.

무슨 까닭으로 이렇듯 기이한 풍습이 생겨났을까? 그것은 본처에게서 아직 남아가 없는데다, 본처가 불임증·병·노령 등 아주 절박하고 다급한 상황일 때, 또는 아이를 낳는다 하더라도 이번만은 사내아이일 거라는 확신이 있을 수 없는 아주 불안한 사정일 때, 혈통을 끊는다는 대죄를 범하지 않기 위하여 아내는 남편에게 유처취처를 권한다. 그리고 그러한 행위를 부인의 미덕이자 의무로까지 생각하였다. 오늘날의 여성들로서는 도저히 납득이 가지 않는 일이다.

전두환 정권하에서 정치적 압력으로 재벌 해체를 당한 K재벌의 총수인 Y씨의 부인은 많은 아이를 두었으나 어찌된 일인지 사내아이를 낳지 못했다. 나이는 들고 다급해진 그녀는 Y씨에게 유처취처하게 한다(그런데 이게 웬 운명의 장난인가. 그 이후에 사내아이를 출산한다. 그러나 운명의 장난은 거기에 그치지 않고 재벌 해체의 바로 앞날 그 아이는 미국 유학중 교통사고로 사망하고 만다).

처가 사내아이를 낳는다는 것은 바로 처라는 자리를 확고하게 하는 일이다. 그러나 결혼하고 몇 년이 지나고도 임신의 증후가 없으면 그 처의 자리는 불안해진다. 칠거지악 중의 무자(無子)인지라 쫓겨나도 하소연할 곳도 없다. 그러니 유처취처를 남편에게 권한 처는 그때까지도 또 이후에도 처의 자리를 지킬 수 있으니 어떤 면에서는 슬기로운 여자라 할 수 있다.

일본에서도 무사계급에서 남아 출생은 온 집안의 경사였다. 무엇보다도 후계가 없으면 그 가문은 '단절조치'를 받았기 때문이다. 무인 사회에서 전사(戰士)인 남아가 없는 집은 존재가치가 없기 때문이다. 따라서 아내나 첩도 아니면서 남아만 낳아 주는 여자를 얻는다. 이런 여자를 가리바라(借り腹)라 하였는데 중세판 '대리모'라고나 할까.

우리나라는 오늘날에도 남성선호사상이 그대로 이어져 오고 있는데 산아제한이 남아선호를 부채질하여 남다여소(男多女少)의 남녀 비불균형 사회화하고 있다. 한국 전체를 볼 때, 여자라는 이유만으로 '병원 쓰레기장에 가 있는'(1997. 12. 10일자 독일《디 차이트》지 표현) 아이는 한 해에 18,000~20,000명이나 된다. 바야흐로 '죽은 딸들의 나라'화하고 있는 것이다. 정부 통계에 의하면 지난 10년 동안 남녀 출생비는 117 : 100의 불균형을 이루고 있다. 이런 불균형은 아이가 여럿인 가정일수록 더욱 심해 세번째 아이의 경우는 비율이 100 : 320, 네번째 아이는 100 : 351이라 한다.

말하자면 산아제한을 선호하면서도 사내아이를 낳기 위해 딸이 셋, 넷 있어도 남아를 얻을 때까지는 계속 출산한다는 이야기다. '남아선호' 풍조에는 정말 놀라지 않을 수 없다(이런 경향은 통계상으로 대구·경북지역이 유독 심하며, 용띠, 범띠 해는 더욱 심하다).

초등학교의 남녀 비는 이미 1.2 : 1을 넘어 여학생 짝을 배당받지 못한 남학생에 대한 관리가 난데없는 골칫거리로 등장하고 있다. 어느 외국인이 "여학생들은 다 어디 갔는가?" 했다는 이야기가 결코 지어낸 이야기 같지 않다.

이 추세대로 간다면 2010년에는 결혼적령기의 남녀비율은 123.4 : 100으로 남자 값은 폭락하고 딸을 둔 부모는 사위 고르기에 콧대가 제법 높아질 것 같다. 또 그런 상황이 연상(年上)의 여인과의 결혼을 급증시킬 가능성도 크다. 짓궂게도 남존·남아선호 풍조 그 자체가 거꾸로 여권 전성시대를 몰고 올 것 같다.

그러나 이러한 풍조에도 변화의 물결이 일고 있다. 1998년 2월 18일 대한가족계획협회 부설 성문화연구소의 조사에 의하면 "아들이 꼭 있어야 한다"고 답한 사람은 29.4%에 불과하였으며 이 숫자는 차츰 더 줄어들 것으로 추정된다. 1991년 조사에서는 71.2%가 아들이 꼭 있어야 한다고 대답했던 것과 비교하면 불과 6~7년 사이에 엄청난 의식변화가 생긴 것이다.

생모(生母) 장례식에 문상객으로

유처취처도 못할 처지로 대를 이을 아들이 없는 이른바 무후자(無後者)는 족보와 제사가 끊어지는 최악의 상황을 피하기 위하여, 작은 집(分家)에 남아가 있을 때, 큰집에서 양자로 달라는 요구가 있으면 분가에서는 두말 없이 내놓아야 하며, 그것도 차남이나 삼남이 아니고 장남을 보내는 게 불문율이었다.

경상대학 총장을 지내신 이정한(李正漢) 씨는 일찍 큰집에 양자로 갔기 때문에 그의 생모(生母)가 작고하였을 때에는 그의 동생이 상주이고 그는 숙모의 장례식에 참렬하는 문상객에 불과하였다.

그의 경우는 그래도 괜찮은 편이다. 작은집에마저 사내아이가 없을 경우에는 먼 친척에게서 양자를 얻어와야 한다. 우리 속담에 '칠촌(七寸)에게 양자 얻으러 간 듯'이란 말이 있다. 이는 염치고 체면이고를 불문하고 평신저두(平身低頭) 애걸복걸하는 모습을 말하는데 오죽하면 그래야 했겠는가.

후계자가 없다는 것은 단순히 노후가 어떠니 재산상속이 어떠니 하는 차원의 일이 아니고 족보와 제사가 끊어진다는 절체절명의 용서받을 수 없는 불효를 범하는 일이 되는 것이다.

나라마다 그 나라 특유의 욕설이 있는데 미국사람들이 가장 흔히 쓰는 욕설은 kiss my ass(arse)(내 똥이나 빨아라), God damn you(뒈져버려라), Son of a bitch(개새끼), Bull shit(쇠똥 같은) 정도이며, 일본에서의 삼대(三大) 욕설은 바보·얼간이, 비겁한 놈, 네 엄마는 배꼽쟁이 정도이다.

이에 비하면 한국의 그것은 부끄러운 일이지만 극히 사납고 야비한 것이 많은 게 사실이다. 그러나 그 욕설도 너무 자주 듣고 보니 그 원뜻의 감각은 희석되어 으레 그렇고 그런 것이라는 식으로 서로 주고받고 마는 게 일상이다.

그러나 다음 네 가지 욕은 결코 그냥 넘어가지 못한다. 주먹다짐에서 철천지원수가 되거나 극단적으로는 살인까지 간다. 그것은

⑴ 근친상간 할 놈

⑵ 성을 바꿀 놈

⑶ 아비 뫼를 팔 놈

⑷ 족보와 제사가 끊어질 놈 등이다.

표현에 차이는 있으나 따지고 보면 모두가 혈통과 관련되는 것이다. 우리 민족에게 혈통이란 것이 얼마나 절대적인 정신가치였는지 알고도 남음이 있다.

'칠거지악'의 사회율에 의해 여성의 인권이 완전히 유린되고 내침이 많았느냐 하면 꼭 그렇지는 않았다. 우리 선조들의 슬기는 거기서 구원받을 수 있는 장치를 마련했는데 그것이 삼불거(三不去)이다. 그러니까 함부로 내치지 못하는 세 가지 경우이다.

첫째, 시집 올 때는 가난했는데 그 뒤에 부귀하게 되었거나 남편이 출세한 경우, 둘째, 부모의 삼년상(三年喪)을 치른 여자, 셋째, 내침을 당했을 때 갈 곳이 없는 경우이다.

여자는 역사상 귀중한 존재임에도 불구하고, 족보에도 제대로 기재되지 못하여 성은 알아도 이름을 알지 못하는 경우가 흔히 있지만, 조선시대에는 남편 신분에 따라 외명부(外命婦, 內命婦에 관하여는 "환관" 장에서 설명)의 품계가 승차되었다. 정경부인(貞敬婦人: 정승이나 판서 등 正二品 벼슬아치의 아내), 정부인(貞夫人: 참판이나 관찰사 등 從二品 이상의 벼슬아치의 아내, 정경부인과 정부인은 시대에 따라 남

편의 품계가 겹치는 수가 있었다), 숙부인〔淑夫人: 참의(參議) 이상 正三品의 아내〕 이상은 이른바 당상관(堂上官)의 아내이며, 그 아래로는 법도에 따라 숙인(淑人)·명인(令人)·혜인(惠人)·공인(恭人)·의인(宜人)·안인(安人)·단인(端人)·유인(孺人)으로 예우하였다.

재미있는 일은, "과거"의 장에서도 언급했듯이 벼슬 못한 남편의 위패는 그냥 '학생부군'인데도 부인 것은 구품(九品)인 '유인'으로 하여 남편보다 높게 예우하였다.

이런 상황으로 미루어 봉건사회에서 여성의 지위와 대우는 생각보다 높았던 것으로 보이며, 일반상식으로 알려진 것과는 다르다. 그렇다고 '출가불역성'이 여권존중에서 나온 것이 아님은 앞에서 설명한 바와 같음을 거듭 강조하고 싶다.

중국의 성(姓)과 씨(氏)

중국에서의 성의 시초는 지금으로부터 약 3,500~4,000년 전으로 추정하고 있다. 그 무렵 황하유역의 지배층은 姬와 姜을 사용하다가 그 집단에서 姞·任·僖·祁·滕·荀의 여섯 성이 파생되고, 그 집단이 다시 새로운 성을 갖는 동족단(同族團)으로 분리하는데 그것은 성이라 하지 않고 씨로 불러 구분하였다.

태공망(太公望)은 성명이 여상(呂尙)임에도 불구하고 강태공(姜太公)이라 불린다. 그 까닭은 그 무렵 이미 씨가 성을 대신해 가는 시기였기에 그는 그의 선조가 여나라를 다스렸던 연고에 따라 여를 씨로 삼고 여상이란 씨명(氏名)을 지녔지만 원 성명은 姜小牙였기에 강태공이라 불리는 것이다(島村修治,《世界の姓名》講談社, 1982; 武光誠,《名字と日本人》文春新書, 1998 참조).

결과적으로 중국에서 성은 광범위한 동일 혈족을 지칭하고 씨는 지연은 바탕으로 한 좁은 동일 혈통을 가리키는데, 우리나라 金씨는 89, 李씨는 159의 발상지연에 따른 본관으로 나눠져 있지만 중국처럼 성을 따로 갖지는 않는다. 파는 金씨가 약 500, 李씨는 470개다.

어느 나라나 그러하였지만 중국에서도 진(秦)나라 때까지는 성은 귀족만의 것이었기에 성은 곧 귀족이라는 증표이기도 하였다. 그러던 것이 전한(前漢) 말기에는 모든 백성이 성을 사용하고 있다. 이것을 사가(史家)들은 지배자가 백성의 가족관계를 파악하고, 그것을 단위로 지배를 효율화하기 위하여 사성(賜姓)했다고 보고 있다. 고려의 사성도 같은 맥락이지만 중국이 약 1,000년 앞서 있다.

그때 張·王·李·趙의 사대성(四大姓)과 劉·朱·宋·陳·孫의 오성(五姓) 합계 구성(九姓)이 주어졌는데 이 구성이 지금 중국 한족의 약 90%를 차지한다. 따라서 이 구성 외의 성바지는 희성이지만 그러기에 귀족 후예라 일단 추정할 수 있다.

중국성씨대사전(1990년)에 의하면 중국의 성씨는 1만 1969개로 집계되어 있는데 한족의 성씨는 이외로 적어 494개에 불과하다.

한편 이름에서는 한(周)나라 때까지는 식자층은 단자(單字)가 통례였다. 춘추전국시대의 제자백가는 공병(孔丘), 주희(朱熹) 할 것 없이 거의 단자였고, 손오병법의 손무(孫武)·오기(吳起), 초한(楚漢) 시대의 항우(項羽)·유방(劉邦)·한신(韓信)·장량(張良)·소하(簫何), 삼국시대의 동탁(董卓)·여포(呂布)·조조(曹操)·손책(孫策)·손권(孫權)·유비(劉備)·관우(關羽)·장비(張飛) 등 거의 전부가 그렇다.

오호십육(五胡十六)국 시대는 왕족도 두 자(二字) 이름을 많이 쓰게 되었으나, 수나라와 당나라 때는 다시 단자 이름으로 돌아갔다가 오대십국(五代十國) 시대는 다시 두 자가 많이 쓰였다. 말하자면 한

(漢)족 지배시대에는 귀족은 단자가 주류였던 것이다.

그러나 서민의 이름은 단자(單字) · 이자(二字)에 구애받지 않았다. 무식한 그들은 제대로 격식있는 이름을 지을 재주도 없어 부르고 외우기 편리하게 작명하였다. 명(明)나라의 주원장(朱元璋)의 유명(幼名)은 중팔(重八)이었고, 맏형은 중이(重二), 둘째형은 중사(重四), 막내형은 중육(重六)이었다. 또 그의 조부는 맏아들이라 하여 초일(初一), 그의 아버지는 넷째여서 사달(四達)이었다.

이러한 상황은 우리나라에서도 마찬가지다. 삼월달에 낳았다고 삼월이, 부엌에서 출생했다고 부엌이(차자는 주변의 유생이 붙여주었는지 '富億'이다), 산아제한의 길은 없고 이제 제발 아이 없기를 바라는 마음에 막둥이가 되라고 말똥이(末童), 끝순이(末順) 또는 다리(達伊: 몸의 끝 부분이니 끝 애가 되라는 뜻), 그러다가 또 생긴 아이는 또다리(또다리는 경상도에서는 바보, 쓸모없는 인간의 뜻)이다. 정말 '갑순이'와 '갑돌이'는 그래도 괜찮은 이름이라 할까.

일본인의 족보와 성씨 개명

■ 일본인의 성(姓)은 29만 1,531개

일본인은 '성명'할 때는 성이라고 하나, 성만을 가리킬 때는 일반적으로 묘지(苗字 또는 名字)라 한다. 일본인의 성은 무려 29만 1,531개나 된다(丹羽音二,《日本苗字대사전》芳文舘, 1996). 3대성(三大姓)은 스즈키(鈴木), 사토(佐藤), 다나카(田中)로 우연인지 모르지만 이 성바지는 모두 총리를 배출했다.

이 3대성을 포함한 10대성(十大姓)이 전체 인구의 약 10%, 상위

100성이 총인구의 22%를 점하고 보니 대성(大姓)이라 하더라도 우리의 金·李·朴과는 무게가 다르다.

상위 100대성에는 '藤'자가 들어 있는 게 10개이며 이 중에서 8명의 총리가 나왔다. 藤자가 많이 사용된 까닭은 알 수 없으나 일본 최고의 귀족이 후지하라(藤原)였던 것과 관련이 있지 않을까 생각된다.

일본인은, 이미 여러 차례 지적했듯이, 가계중심이기에 성을 바꾸는 것에 그다지 큰 저항이 없다. 그래서 일본 정부는

(1) 남에게 혐오감을 주는 성(赤鬼, 百足, 色魔, 狼子 등 약 60개. 어떤 이유로 이런 성을 가졌는지 이해하기 힘들다)

(2) 단자(單字)로 중국인이나 한국인으로 오인하기 쉬운 것(古는 古島, 福은 福田, 福元로 時는 時山으로 바뀌으나 林, 森, 間, 關, 原, 辻 등은 百大姓 안에 남아 있다)

(3) 오독(誤讀)하기 쉽거나, 극히 읽기 어려운 것

(4) 상용한자(常用漢字) 안에 들어 있지 않은 성은 바꾸게 하였는데 일본인은 정부 지시에 순순히 따랐다. 한국인으로서는 상상도 할 수 없는 일이다.

일본인의 성이 이렇게 턱도 없이 많은 데는 이유가 있다. 메이지 유신까지는 사·농·공·상 중에서 '사'계급만이 성을 갖고 농·공·상인은 이름만 있지 성은 갖지 못했다. 따라서 상공인들은 자기 옥호(屋號)나 제작소를 성 대신으로 쓰기도 했다. 예를 든다면 '에치젠야'(越前屋) 식이다.

一(にのまえ, 二의 앞이니까), 二(はじめのつぎ, 一의 다음이니까), 十(つなし, 一에서 九까지는 ひとつ, ふたつ하여 つ가 붙지만 十에는 つ가 안 붙기 때문에 つなし), 四十九(つるし), 五十六(いそろく), 八月一日(ほづみ), 一寸木(ちょつき), 才(えだおろし), 三九二(みくに), 五六(ふのぼり), 二十八(つづや), 一尺八寸(かまつか), 百鬼(なきり), 四十八願(よいなら), 目(さかん 또는 さつか), 明日(めくひ), 藥袋(みない), 心山(むねやま), 月見里(やまなし), 舍利弗(とどろき) … 들려면 한이 없다. 오독하기 쉽거나 읽기 어려운 姓은 바꾸게 하였음에도 불구하고 일본인이라도 10명 중 8명 이상이 제대로 못 읽는 姓이 4천 개가 넘으며, 10명 중 5명 이상이 정확히 못 읽는 姓이 9천 개나 된다고 조사되어 있다.

여기서 특이한 것은 대대(代代)로 같은 이름일 경우가 많았다는 것이다. 그것이 바로 혈통 아닌 가계 중시의 가치관에서 오는 것으로 '第 ○ 代 上州屋 ○○'로 통하였다.

상공인이라도 고용된 자나 지주 아닌 농민들의 이름은 중국이나 우리나라의 경우와 같았다. 그러나 농·공·상인 중에서도 드물게 성을 하사받고 칼을 차도록(苗字帶刀) 허가받은 자가 있었다. 그러나 그 경우에는 무사처럼 대소도(大小刀) 두 개를 차지 못하고 작은 칼 하나만 찰 수 있었다.

메이지 3년(1869) 전국민의 효율적인 관리와 통치를 위하여 평민도 姓을 갖도록 허가하였으나 300명에 1명 정도만이 이에 응하였을 뿐이다. 메이지 정부는 3년 뒤에(1872) 호적제도를 정하였으나 그래도 일반 평민은 성이 없어도 별 지장 없었기 때문에 호적이 제대로 정비되질 못했다.

그러다가 다시 3년 뒤(1875)의 2월, 부국강병 특히 국민개병에 의한 강병책의 하나로 육군의 요청에 의하여 묘지(苗字) 필칭령(必稱令)이 포고된다. 이에 따라 국민의 호·불호를 불문하고 (성을 갖는 것이 계급을 드러내지 않고 생활에도 편리하여 필요하다는 인식도 높아져 있었지만) 스스로 작성(作姓)하지 않는 자에게는 관에서 일방적으로 성을 억지로 안기듯이 만들어 주었다.

혈통을 중시하지 않기 때문에 같은 집안이라고 해서 같은 성을 갖지도 않았다. 문전옥답을 가졌다 해서 '名田', 들판 한복판에 산다 하여 '田中'(그러니 이 성의 인구가 많다), 언덕 아래 산다하여 '岡本', 큰 골짜기에 산다 하여 '大谷', 큰 강이 흐른다 하여 '大江', 큰 들이 있다 하여 '大野', 큰 소나무가 있는 집이라 하여 '大松'… 이런 식으로 작명하고 보니 그 수가 30만 개에 달하게 된 것이다.

다만 여기서 한 가지 간과할 수 없는 것은 메이지유신의 주역들은 주로 하급무사들이었는데 그들은 성 자체가 봉건 신분제 지배에 대응하는 것이라 하여 이를 경시하려는 태도를 취했다.

그러하였기 때문에 그들은 너나할것없이 성과 이름을 자주 바꾸었다. 심지어 최고 원훈(元勳)자들은 거의가 네다섯 차례씩 성과 이름을 바꾸었다. 그들의 이러한 사고가 '묘지 필칭령'을 서두르게 만들고 국민들도 편리한 대로 아무렇게나 성을 택했기 때문에 성의 종류가 많고 또 장난기가 섞였다고 오해할 만큼 괴상한 성도 많이 생겼다.

그런데 이렇게 많은 성이 있는 일본에서 유일하게 성이 없는 가문이 바로 천황 일족이다. 그 까닭은 천황은 사람의 모습으로 이 세상에 강림한 신(現人神)이기 때문이라는 것인데, 만약에 그가 한국으로부터의 도래인이라면 진짜 자기 성을 쓸 수 없었기 때문이 아니었을까 하는 측면에서도 생각해 볼 수 있다.

■ 일본에서의 가계도 조작

일본 귀족 중 최대 귀족은 '源·平·藤原·橘'(겐·페이·토·키쓰)
인데 이 중 源氏와 平家는 일본 무사계급의 양대 산맥이다(이름으로
읽을 때는 源은 미나모토, 平은 다이라로 읽으며, 藤原은 후지와라 또는
후지하라, 橘은 다치바나로 읽는다). 이 때문에 일본의 무사들은 조금
세력을 얻으면 위 두 명문가와 관계가 있는 것으로 사칭하는 게 보
통이었다. 특히 源씨가 아니면 정이대장권(征夷大將軍)이 될 수 없었
기 때문에 源씨를 사칭하는 경우가 더욱 많았다.

여기서 재미있는 것은 源씨는 신라와 동일한 백기(白旗)를 사용했
으며 기마전에 능했고, 平가는 백제와 같이 적기(赤旗)를 사용했는데
수전에 능했다는 점이다. 그리고 源씨 중 유명한 장군인 源 義光은
신라사부로(新羅三郞)라 불리었는데 그 뜻은 신라의 삼남(三男)이란
뜻이다. 이것으로도 源씨가 신라계임을 짐작하게 한다. 우리나라에서
상영된 바 있는 일본 영화 〈가게무샤〉(影武者)의 주인공은 일본 전
국시대 최강의 기마군단을 거느렸던 다케다신겐(武田信玄)인데 그는
신라사부로의 20대 직계 후손이다.

일본 무사정권의 마지막 정권인 도쿠가와 막부를 세운 도쿠가와도
자기는 源씨의 후예(원래의 성은 松平)라 자랑하였으나 꼭 신빙성이
있는 것은 아니다. 그러나 그렇게 함으로써 전국시대의 난세에 칼과
창만으로 영주가 된 이른바 다이묘(大名)들에 대하여 너희들과는 다
르다는 카리스마를 갖고자 했다.

도쿠가와 막부는 각 영주에게 가계표를 제출하게 하였다. 그러나
그들 대부분은 선조에 이름이 있는 자가 있을 리도 없으며, 제출한
가계를 자기 손으로 조작할 능력조차 없는 처지였다.

이리하여 그들은 계도 매입(系圖買入)을 하게 되는데 재미있는 것

은 우리나라의 '보매매' 때와 마찬가지로 도쿠가와 정권의 유관(儒官)의 우두머리인 하야시 다이가쿠(林大學)가 계보 위작의 두목이었다는 사실이다.

이런 사정을 잘 보여주는 흥미로운 예화가 있다. 오카야마(岡山)의 영주 이케다 미쓰마사(池田光政 ─ 이 성명도 출세 후에 만들어진 것이다)에게 동료 영주 한 사람이 "이케다 장군의 선조는 源씨입니까, 후지하라씨입니까"하고 물은즉, 그는 자기의 출신을 숨기려 하지 않고 "지금 林大學에게 알아서 만들라 해놨으니 작성되는 대로 알려드리리다"고 대답했다는 것이다. 이것은 이케다 미쓰마사가 무사다운 대장부였음을 보여주는 이야기지만 이것 하나만으로도 그런 식으로 편찬된 《寬永重修諸家譜》는 그야말로 엉터리와 거짓의 집대성임을 알 수 있다.

도요토미 히데요시(豐臣秀吉)는 일본을 무력으로 통일하고, 임진왜란의 만행을 자행할 정도의 절대지배력을 바탕으로 간파구(關白)를 거쳐 다이코(大閤)라는 전무후무한 지위까지 올랐으나 가계도를 만들지 못했다. 그의 출생과 성장과정이 너무도 명백해 그 권력으로도 감히 가계도를 위작할 수 없었기 때문이다.

우리나라에도 이런 족보가 없다고 누가 자신있게 단정할 수 있을까? 고려 때에 성을 갖게 된 백성, 그 중에서도 김, 이, 박의 삼성(三姓)들은 거의가 같은 족보를 갖게 되었으니 고려 이전의 진짜 김, 이, 박은 얼마 안되고, 엉터리 김, 이, 박이 엉터리 족보로 판을 치게 된 것이다. 이렇게 보면 우리나라 족보라는 것도 그대로 믿을 것은 실로 극소수에 불과하다 할 것이다(딴 성바지도 다를 바 없다).

항렬 속의 혈통정보

항렬자는 어떻게 정하나

항렬이란 '같은 혈족 내에서의 선·후대의 관계와 대수(代數)를 나타내는 것'으로 '형제뿐만 아니라 같은 대수의 자는 촌수에 관계없이 이름자 중 한자 또는 공통된 부호인 항렬자(돌림자)를 갖는다'.

따라서 같은 혈족간에는 항렬자만으로 그가 몇 대 손이며 자기와 어떤 관계인지를 정확히 알 수 있다. 말할 나위도 없이 항렬은 철저한 혈통존중주의의 산물이다.

그러면 항렬자는 어떤 기준과 원칙에서 정해지는 것인지 알아보자.

■ 오행(五行) 교대형(交代型)

가장 널리 쓰이고 있는 형이다. 즉 오행의 목(木)·화(火)·토(土)·금(金)·수(水)가 붙는 글자를 항렬자로 하되 대수가 바뀔 때마다 항렬자가 아래위로 교대한다.

필자의 가문도 이를 택하고 있어,

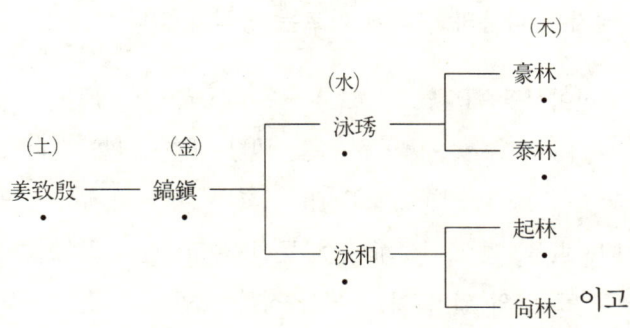

전주 이(李) 씨도 이를 택하고 있다.

(土)	(金)	(水)	(木)	(火)	(土)
李山培 —	鉉成 —	玄永 —	根榮 —	僖魯 —	幷世

고령(高靈) 신(申) 씨는 오행 중 수(水)·목(木)만으로 항렬자를 택
했다.

(水)	(木)	(水)	(木)	(水)
申雨淸 —	持權 —	錫祿 —	模正 —	德兩

■ 천간(天干) 형
다음 예는 천간을 따른 경우인데, 대수에 따라 항렬자가 상하로
교대하는 것은 꼭 지켜지지는 않았던 것 같다.

(甲)	(乙)	(丙)	(丁)	(戊)	(己)	(庚)
李遇 —	凡胤 —	會斗 —	柱宇 —	舜議 —	起龍 —	康翼

■ 오행을 존중하되 꼭 거기에 구애받지 않고 항렬자를 정하며 남
은 한 글자는 나름의 규칙에 따르는 방식이 있다.

(1) 성진이십팔숙(星辰二十八宿), 즉 角·亢·氐·房·心·尾·〔箕〕
   ·〔斗〕·牛·女·盧·危·室·〔壁〕·〔奎〕·〔婁〕·〔昂〕·觜·
   參·〔井〕·鬼·柳·〔星〕·張·〔翼〕·〔軫〕 중에서 남의 성씨인
   柳·張을 뺀 二十六宿 중 뜻이 좋고 길조(吉兆)로 전해지는
   〔 〕표 안의 열 글자 중에서 정하는 법
   예1:   金星男   金井男   金奎男
   예2:   鄭應井   鄭應斗   鄭應軫

(2) 六十四卦 가운데 損·離·夷·剝·畜 같은 불상비악(不詳卑惡)
한 글자를 제외하고 뜻이 좋은 글자를 가리는 법

    예1:   柳泰明   柳升明   柳復明   柳讓明

    예2:   奇大升   奇大瑄   奇大豊   奇大益

(3) 윤리·도덕을 나타내는 글자, 즉 仁·義·禮·智·信·溫·
良·恭·讓·忠·孝·悌·剛·直 등에서 한 글자를 택하여 붙
이는 법

    예1:   鄭之仁   鄭之義   鄭之禮   鄭之智

    예2:   沈孝讓   沈懷讓   沈忠讓   沈信讓

이상에서 예시한 것 외에 20여 종의 항렬자 선택방식이 있으나 양
반계급의 아는 척하는 관념유희적인 것을 전부 설명할 겨를이 없다.
다만 이름이 한 글자로 정해져 있는 金海 許씨, 禮光 李씨, 韓山 李
씨는 어떻게 하는지를 설명하기로 한다. 여기서는 같은 대수는 동일
한 편(偏)자를 쓰되 대수에 따라 오행형을 병행하였다.

    예1: 李 瑒   예2: 許 清   예3: 李 壿

            李 琪   許 渕   李 塼

            李 瑚   許 澤   李 端

족보를 정성들여 살펴보지 않으면 선조와 같은 이름이 될 수도 있
다. 아주 옛날 선조의 것과 같은 글자라 해서 사회생활에 혼란을 가
져오는 일은 없지만 그래도 그것은 용서받을 수 없는 불손하고 방자
한 일이라 하여 극력 피하도록 신경을 썼다. 이것을 기휘(忌諱) 또는
피휘(避諱)라 한다.(과거 답안에 왕의 이름 글자를 적었을 때에도 이를
기휘에 어긋난다 하여 낙제시켰다.)

고려와 조선의 왕들의 이름과 항렬

고려 왕들의 이름은 王建으로부터 시작하여 31代 공민왕에 이르기까지 모두가 單字이나 항렬에는 구애받지 않았던 것 같다. 2代의 惠宗, 3代의 定宗, 4代의 光宗, 6代의 成宗, 8代의 顯宗은 형제간이나 이름이 武, 堯, 昭, 旭, 郁으로 항렬이 없다.

조선조에는 4代 世宗부터 모두 單字이나 端宗만은 弘暐으로 두 글자이다. 그러나 항렬은 고려조와는 달리 엄격히 지켜졌다. 定宗은 芳杲이고 太宗은 芳遠이며, 文宗은 珦이고 世祖는 瑈이다. 仁宗은 峼이고 明宗은 峘이다. 말하자면 單字名이므로 형제간에는 동일한 偏을 취한 것이다.

유명인사들의 항렬자

박정희 전 대통령의 항렬자는 '熙'였고, 전두환 전 대통령의 항렬자는 '煥'이었으며, 노태우 전 대통령의 항렬자는 '愚'이나 그의 아들들은 載憲, 昊俊, 俊亨, 딸은 素英으로 항렬자를 갖지 않은 것 같다.

鄭周永씨의 형제는 仁永, 順永, 熙永(女), 世永, 信永(亡), 相永으로 女子까지 항렬자 '永'이 붙었으며 그 아들들은 夢弼, 夢九, 夢根, 慶嬉(女), 夢禹, 夢憲, 夢準, 夢允, 夢一이며 世永씨의 아들은 夢奎로 '夢'자가 항렬자이며 水, 木을 따르고 있다.

LG 그룹의 許씨는 許鼎九, 鶴九, 愼九, 完九로 '九'자가 돌림자이나 그 아래 동생들은 承孝, 承杓, 承組로 '承'자가 위로 붙어 엄격한 항렬자가 없다. 그러나 그 아들들은 '秀'자를 돌림자로 하고 있다.

고려시대 무가정권의 최충헌 형제는 충(忠)자가 항렬자였는데 그 후손들은 이름이 단자(單字)이다. 그것을 보면 항렬 개념이 있었다 하더라도 앞에서 설명한 것 같은 엄한 기준이 설정되어 있지는 않았던 것 같다. 결국 항렬자는 조선조에 들어서 오늘날까지 내려오는 형태로 발전되었다고 보는 게 타당할 것이다.

근간에 한문 병용을 둘러싸고 찬반 양론이 예리하게 대립하고 있는데 필자는 원래 한자의 대담한 약자(略字) 도입과(가장 이상적인 것은 중·일과 북한을 포함한 四國 협의체 구성) 병용 또는 제한된 숫자의 한자 혼용에 찬성하는 측이나, 만약에 이대로 한글 전용만이 지속된다면 그러잖아도 이미 자기 항렬을 모르는 사람, 심지어 항렬 그 자체가 뭔지 모르는 사람이 급속히 늘어나고 있는데 앞으로는 항렬자 또는 그 개념은 소멸의 운명을 맞게 될 것 같다.

일본의 항렬, 하이코(排行)

일본에서 우리의 항렬에 해당하는 것은 하이코(排行)이다. 이것은 자기 가문에서(대수에 관계없이) 대대로 공통적으로 채택한 가문 표시의 글자인데 혈통과 대수에는 관계없이 어디까지나 가문 중심인 점이 우리와 다르다.

메이지유신 전까지는 하이코란 말이 일반에게도 통용되고 기록에 남아 있으나 최근에는 사어화(死語化)하여 웬만큼 큰 사전에조차 나오지 않는다(우리 항렬도 같은 운명을 밟게 되는 것은 아닌지?).

하이코의 예를 몇 개 들어보면

(1) 임진왜란 때 강항(姜沆)을 일본으로 끌고 간 도도 다카도라(藤堂高虎) 가문은 '高'자가 하이코 자이다.

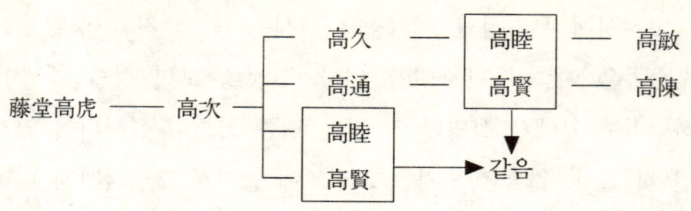

위에서 보는 바와 같이, 숙질간에 똑같은 이름을 가졌는데 이는 우리로서는 상상도 못할 일이며 따라서 그들에게는 '기휘'라는 개념은 애초부터 없었다.

(2) 독안룡(獨眼龍) 장군이란 이명을 받았던 다데 마사무네(伊達政宗) 가문은 '宗'자를 썼다. 그러나 宗자가 앞에 붙거나 뒤쪽에 붙거나 개의치 않았다.

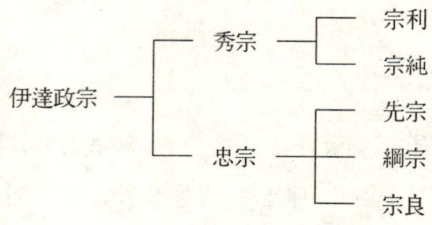

(3) 스가하라(管原) 씨는 '長'자를 택했는데 우리의 항렬과 가깝게 대수에 따라 長자가 이름의 앞뒤로 이동하고 있다.

長守-爲長-長成-國長-長鄉-繼長-長直-宣長-長行-道長

(4) 마지막으로 메이지유신 전까지 일본의 실질적 지배가문이었던 도쿠가와(德川)는 어떠하였는가를 보자. 그들은 源씨의 후손으로 명문가계를 자랑하였지만 그가 천하를 통일하여 장군이 되기까지는 하이코가 없었던 것 같다. 그러다가 천하를 잡고 난

뒤에 출생한 장손에게는 '家'자를 붙여주었다. 그러나 그 뒤의 12명의 장군 중 3명은 家자를 이름에 넣지 않았다(5대 綱吉, 8대 吉宗, 15대 慶喜).

이런 점을 종합해 볼 때 하이코가 가문의 상징적 글자이기는 했어도 엄격히 지켜야 할 정도로 비중을 두지 않았음을 알 수 있다.

일본의 양자 문화(養子文化)

앞에서 일본인은 성을 바꾸는 데 별로 저항을 느끼지 않는다는 것을 설명하였다. 도요토미 히데요시(豊臣秀吉)만 해도 유명(幼名)이 日吉丸이었으나(물론 姓은 없다) 출세하면서 기노시다(木下)라는 성을 갖게 되고, 더욱 출세하면서는 가장 힘이 강한 상사(上司) 두 사람의 성자(姓字)를 한 자씩 얻어 하시바(羽柴)로 개성(改姓)했다가 최종적으로 도요토미(豊臣) 성이 된다. 말하자면 개성(改姓)은 신분상 승의 대외 홍보수단이기도 하며 상사에게 아첨하여 좀더 출세하고자 하는 수단이기도 했다. 이런 예를 들자면 한이 없을 정도다.

이러한 풍습은 혈통주의에 꼼짝 못하게 얽매여 있는 우리보다는 훨씬 유연한 사고방식이며 사회적으로도 융통성이 크다. 무엇보다도 후계자 선정에 있어 그 대상과 재량폭이 커지기 때문이다.

우리가 잘 알고 있는 기시 노부스케(岸信介) 전 일본총리는 사토(佐藤) 가에서 岸가로 양자로 간 사람이며 사토 가에 그냥 남았던 동생 사토 에이사쿠(榮作)도 총리를 지냈다.

무사계급이나 명문가계에서는 혈통 아닌 가계 단절을 막기 위하여 그러한 풍습이 관례가 되었으리라는 것은 쉬 이해가 간다.

그러나 양자를 들이는 이러한 방식이 상·공·예능인에 의하여는 '양자 문화'라 불리는 독특한 사회적 기능을 발전시키게 된다. 비록 친자식이 있더라도 그보다도 자기 점포나 자기 생산장 또는 자기 예술을 더 잘 지키고 계승·발전시킬 것 같은 제자나 점원이나 기술자가 있으면, 혈통에는 전혀 관계없는 자를 사위로 삼거나 양자로 삼아 모든 것을 물려주었다. 그리고 그 양자에게 극비의 비결(know how)을 전수하여 영업의 번창, 생산품의 질 향상, 예술성 향상을 도모하였다.

그 경우 친자식에게는 재산의 일부를 떼어 주었는데, 그것으로 수습이 안될 때에는 의절하거나 심지어는 독물(毒物)을 먹여 폐인으로 만들었다 한다. 정말 무서운 가계지상주의이다.

이와 같은 '양자 문화'가 흔히들 정체사회라 불리는 봉건사회에서 상업자본의 축적, 기술과 문화의 향상을 지속하게 했다. 그것이 메이지유신 이후 공업국으로 약진할 수 있도록 한 기반이 되었으며 2차 대전 후 자본과 경영의 분리를 더욱 용이하게 하였다.

그들은 비록 신분적으로는 피지배계급이었지만 자기 직업과 재능에 긍지를 갖고 '○○屋 ○○代 ○○', '○○유파(流派) 몇 代 ○○'로 불러 내려왔다. 몇 대(代)인지를 빼면 같은 이름인 경우가 많았다. 심수관(沈壽官) 씨도 일본의 그런 풍습을 받아들여 이름을 붙이고 있다.

그들 중 특히 뛰어난 자, 나라에 공헌이 큰 자 중 앞에서 말한 '묘지 다이토'(苗字帶刀)의 특권을 받은 자들도 그들은 칼을 차지만 성은 잘 사용하지 않았기 때문에 그들이 어떤 사성(賜姓)을 받았는지 잘 알려지지 않고 있을 정도다.

더욱이 일본에는 예로부터 내려오는 자기 직업을 나타내는 성이 그대로 살아 있으며 후손들도 거기에 자부심을 가질지언정 비하함이 없다. 예를 든다면 玉造·花造·弓削·金玉·綿織·服部·犬飼·鳥飼·土師·木部·貝取 등 상당수가 그러하고, 21세기를 코앞에 둔 지금도 꼿꼿이의 명문, 가부키(歌舞伎)의 명문의 두령은 '○○파 △△옥 누구누구'라 불리기를 바라며 세상도 그렇게 대한다. 정말 무서운 장인(匠人)정신이라고 감탄치 않을 수 없다. 바로 이런 점이 일본 국력의 또 하나의 원천이다.

적서차대(嫡庶差待)

서얼방한(庶孽防限)

서(庶)나 얼(孽)이나 서출(庶出)임은 동일하나 서는 양첩(良妾)의 아이, 얼은 천첩(賤妾)의 자식이다. 양첩은 양반계급 출신의 여자이고, 천첩은 천민계급 출신의 여자이다. 적자·서자의 구별만으로도 서자는 서러운데, 다시 서·얼의 차별까지 겹쳤으니 해도 너무한 일이었다.

서나 얼이나 사회신분상으로는 일응 양반이지만 그 사회적 처우는 엄격히 차대되었고 자기 가정 내에서조차 철저히 천시되고 하복(下僕)과 같은 취급을 받는다. 향교에서 수학할 때에도 양반들은 액내교생(額內校生)으로 정원 내 교생이 되었으나 서얼은 평민들과 함께 액외 교생으로 공부하는 장소와 내용, 제례에서의 역할 등에서 냉대를 받았다.

서출의 자식은 아버지를 아버지라 부르지 못하고 심지어 적출의 동생에 대해서 형 행세를 하기는커녕 동생이 반말을 쓰는 걸 감수해야 한다. 만약에 불평을 했다간 엄청난 형벌이 기다리고 있다. 제사 때는 사당이나 집 밖의 한 계단 낮은 곳에 서서 여름엔 땡볕에, 겨울에는 찬바람에 시달려야 한다.

최근에는 서출 자체가 드물어졌고 사람들의 사고에도 변화가 왔지만 "저 애는 나하고 배가 달라" 또는 "저 애 어머니는 첩이래" 하는 속삭임이 완전히 없어진 것은 아니다. 거기에다 서출은 상속권도 없었으니 어찌 보면 로마시대 귀족이 노예에게서 낳은 아이 신세보다 나을 게 하나도 없었다고 할 수 있다.

그들은 문과에는 아예 응시자격이 없었고 잡과에 합격하더라도 합격 후에 주는 서식〔서얼시권급패식(庶孽試券給牌式)〕에 누구누구의 양첩자·천첩손 등으로 기록하게 하여 등용이 되지 않고 어쩌다 되더라도 오를 수 있는 관위는 제한되었다.

서출은 이와 같은 차별과 멸시를 참고 견디어야 하지만 그것은 현세에서 끝나는 게 아니라 사후에까지 이어진다. 그들의 자손이 그대로 차별·멸시를 당함은 물론 족보의 기록에서도 엄격히 차별된다.

정말 이치에 맞지 않는 이야기이며 제도이다. 첩을 둘 수 있는 자는 주로 특권과 부를 소유한 양반계급이며, 서출의 출생은 아비의 쾌락행위의 산물이지 그들의 의사와는 관계없는 일이다. 비록 서출이라 할지라도 자기 자식임은 변함이 없는데 부성애도 없는지 어찌 그런 차대를 할 수 있단 말인가. 필자가 아직 어릴 때 서출의 아이가 적출의 동생한테 두들겨 맞고 눈물을 흘리면서 참고 있는 모습을 보고 어린 마음에도 크게 분개하고 동정했던 기억이 있다.

유처취처 제도가 있음에도 불구하고, 양반사회에 출생하는 아이의 수는 서출이 적출보다 훨씬 많을 수밖에 없다. 왜냐하면 첩의 수가 정처의 수보다 배 이상 많고 또 상대적으로 젊은 여자이기 때문이다. 이와 같은 불합리한 제도가 사회적 폭발성을 잉태하지 않았다면 그것이 오히려 기이한 일일 것이다.

적서차대의 사회적 배경

김사엽(金思燁) 교수는《조선문학사》에서 "조선조에서의 서얼차별 정책은 건국 초에 이미 그 발판이 생겼다. 문신 중 최고의 건국공신인 정도전(鄭道傳)이 태종(太宗) 때 반란을 일으켰는데 그가 서출이었으므로 서선(徐選)의 의견에 따라 양반의 자식이더라도 서자는 사회적으로 제3계급으로 취급하고 관리등용도 금하는 '서자탄압정책'을 취한 데서 시작된다. 그후 연산군 때의 무오사화(戊午士禍)의 발단이 공교롭게도 서자 출신인 유자광(柳子光)이어서 서자의 출세·대두를 막는 적서차등정책과 서얼방한정책을 일층 강화하였다"고 말하고 있다.

그러나 이러한 견해는 역사를 지나치게 평면적으로 보는 것이다. 왜냐하면 조선조에서의 반란은 태조의 자식들간의 피비린내 나는 골육상극(相克) 이른바 '왕자의 난'이 시작이었고, 그 뒤 몇 차례의 반란도 거의가 적자 출신에 의한 것이지 서자에 의한 것은 극히 드물었음에도 불구하고 공교롭게도 서자 출신의 난이 있기만 하면 그것을 기화로 차별정책을 강화해 나갔는데 이에는 반드시 그렇게 할 수밖에 없는 사회적 원인이나 요구가 있었을 것이다.

먼저 '정처의 자리'가 흔들릴까봐 불안감을 갖는 정처와 그 세력의 요구, 그리고 사회의 '기본단위조직'인 가정의 기본질서를 지켜야 한다는 유교의 가치관과 명분이 큰 작용을 했을 것은 쉬이 짐작된다.

그러나 무엇보다도 결정적인 이유는 관직의 자리는 한정되어 있는데 반하여 관직을 차지하고자 하는 사람은 많은(官職小而應調多) 데다가 권력층에 참여할 수 있는 신분층과 그 자제는 서얼에 의해 더욱 급격히 늘어났다는 데 있다. 여기에서 관직에 등용할 수 있는 신분층을 엄하게 제한하는 방책과 제도가 절실히 요구되었다. 그것이 '적서차대'가 된 것이라 생각한다.

조선조의 王 중 적통장자(嫡統長子)는 10명뿐

혈통을 끊지 않기 위하여 아들 낳기를 그토록 바라지만, 그것이 그리 쉬운 일은 아니었다. 또 다행히 아들을 얻었다 하여도 유아 사망률이 높아 장자가 대를 잇는다는 것도 그리 쉬운 일이 아니었다.

일본의 황실을 보더라도 최근 34년간 남아 황손이 한 사람도 출생치 않고 있는 상황이다. 심지어 지금의 황태자비는 결혼하고 6년이 지났으나 아직도 아들을 얻지 못해 왕위 계승에 관한 법을 손질해야겠다는 소리까지 나오고 있다. 유럽에서도 女王은 흔히 있으며 특히 영국에서는 女王의 역사가 길다.

조선조에서는 文宗, 端宗, 燕山君, 仁祖, 顯宗 등 적장자의 왕은 10명에 불과하고, 成宗, 宣祖, 哲宗, 高宗은 양자로 가서 왕위를 계승하였다. 적자가 없을 때에는 부득이 庶長子를, 그것도 되지 않을 때는 庶次子를 왕으로 삼았는데, 光海君과 景宗이 그렇다. 그러나 庶列에서 왕위를 계승하고 난 뒤에 계후에게서 아들이 출생하면 반드시 권력싸움이 일어나고 나라가 어지러웠다. 光海君이 그 화를 입었다.

또 嫡統長子가 아니고 조카 등이 양아로 들어와 왕위를 계승하였을 때에는 그의 실부가 권력을 휘두르기도 하였는데, 그 대표가 高宗의 아버지 興宣大院君이다.

이유야 어쨌든 서얼들이 그대로 모순된 제도와 체제에 순종할 리가 없었으니 차대에 대한 반항운동이 일어날 것은 시간문제였다 할 것이다.

환향녀와 일명(逸名)

서얼의 체제 저항운동을 이야기하기 전에 '환향녀'와 '일명' 이야기를 하는 것도 뜻이 있으리라 생각한다.

조선조 16대 인조(仁祖, 1623~1649) 14년(1936)에 이른바 병자호란(丙子胡亂)이 일어난다. 왜적이 물러간 지 약 320년 뒤의 일이다. 부패한 양반계급과 그들의 탐욕스런 수탈에 시달려온 민중들의 원한에 찬 민심과 피폐해진 국력으로는 강대한 호족의 침범을 막아낼 상황은 아니었다.

호족은 60여만 명의 조선인을 그들의 땅으로 끌고 갔는데 여인의 숫자가 더 많았다. 조선조 말의 우리 인구가 800만(1,000만, 1,200만 설도 있음) 명이었던 것을 생각할 때 정말 엄청난 숫자다. 전체 인구의 8%, 성인의 15%가 끌려간 것이다.

호족 땅에 끌려간 여인들은 선양(瀋陽) 등의 인신매매시장에서 헐값으로 팔려나갔다. 호란이 있은 지 4년 뒤에 사신으로 간 이원진의 기록에 의하면 그 여인들은 목책으로 얽어 두른 마치 짐승우리 같은 곳에 살고 있었는데 사신 일행이 지나간다는 소식을 어디서 들었는지 우르르 목책 앞으로 달려와 "나는 어느 고을 누구의 아내요, 누구의 딸이요" 하며 울부짖으면서 소식이나 전해 달라고 애원했다 한다.

해가 지남에 따라 조선조의 외교교섭도 있었지만 그것보다는 끌려갔던 여인들의 용색(容色)이 쇠진해지고 양식만 축내게 되자, 청나라는 그들을 조선으로 내쫓아 보냈다. 그러나 차마 귀국할 용기를 내지 못하는 여인들은 체념과 한탄 속에서 끼리끼리 모여 살았는데 그 촌락들을 고려보(高麗堡)라 부른다. 선양 부근에는 아직도 그 흔적이 적지 아니 남아 있다 한다. 그때에 가족에 대한 그리움과 "불가항력적 일이니 설마…" 하는 마음으로 고향으로 돌아온 여인들을 '환향녀'(還鄕女)라 불렀다.

그러나 그 말은 역사책 속에나 남아 있고 거기서 유래한 화냥년이란 말이 살아 있는데 그 뜻은 독자 여러분도 다 아는 말이다. 그들이 그렇게 될 수밖에 없었던 데는 '여체의 슬픔'이라는 데에 원인이 있었다. 천신만고 끝에 고향에 돌아와 보니 남편은 이미 딴 여자를 얻어 아이까지 낳았고 부모나 자식들마저 가문의 수치라 하여 받아들여 주지를 않을 뿐만 아니라 나타나는 것마저 꺼렸다. 버림받은 여자들은 대개 스스로 죽음을 택해 대문 앞이나 길거리에는 환향녀의 주검이 즐비하였다고 한다. 그러나 끝내 스스로 죽지 못한 여자는 객지로 흘러가 주막을 차리거나 아니면 작부나 매춘으로 욕된 목숨을 이어갈 수밖에 없었다.

부녀자를 보호하는 책임은 나라와 남자에게 있다. 이유야 어쨌든 자기 아내와 딸을 제대로 지켜주지도 못한 주제에, 아무리 여자의 절개가 도덕의 절대적 기준이라 하더라도 죽지 못해 고향이라고 돌아와 버림받는 여자들의 심정은 오죽하였을까. 최명길은 거듭거듭 인조(仁祖)에게 "나라에 힘이 있었던들 어찌 이러한 일이 있었으리이까. 가엾은 여인들에게 회절(回節)의 은덕을 베풀어 줍시사"라고 건의한다.

인조는 최명길의 진언에 따라, "도성과 경기도 일원은 한강, 강원도는 소양강, 충청도는 금강, 황해도는 예성강, 평안도는 대동강을 각각 회절강으로 삼을 것이다. 환향녀들은 회절하는 정성으로 몸과 마음을 깨끗이 씻고 각각 집으로 돌아가도록 한다. 만일 회절한 환향녀를 받아들이지 않는 사례가 있다면 국법으로 다스릴 것이다"라는 고지(告知)를 내렸다.

각 가문에서는 울며 겨자 먹기로 그녀들을 받아들일 수밖에 없었다. 그러나 그렇다고 해서 그 여인들의 처지가 예와 같을 수도 없고 그야말로 죽지 못해 살아가는 비참함은 면할 수 없었다.

거기에다 그녀들 앞에는 또 하나의 비극이 기다리고 있었다. 즉 남편이 새로 얻은 여자가 정처(正妻)가 되고 피포되었던 원처(元妻)를 첩으로 정하고, 그에 따라 그 자식들은 당당한 적자에서 하룻밤 사이에 서자의 신분으로 전락해 버렸던 것이다. 그 자식들이 이 조치에 순응했을 리가 만무하다. 그들은 일반 서자들과도 연계하여 심상찮은 기세를 보이게 된다. 당황한 왕조는 고육지책으로 그들에게 일명(逸名)이란 신분을 주었다. 일명은 서자도 아니요 적자도 아니면서 '적자에 준하는 신분'이다.

이 조치로 일명들과 서자들의 연계는 일단 막았으되, 서자는 말할 것도 없고 일명들의 불만도 결코 완전히 해소된 것은 아니었다. 결국 극단적인 적서차대와 서얼방한의 불합리한 제도에 대한 조직적 저항이 일어나게 된다.

차대(差待)에 대한 항거

임진왜란의 교훈

적서차대만으로 자리다툼의 큰 모순이 근본적으로 해소될 수는 없다. 결국 한정된 관직의 쟁탈전이 양반사회의 대립과 분열을 가져오고, 마침내는 사색당쟁과 단종에서 경종에 이르기까지의 이른바 십이사화(十二士禍)를 겪게 된다.

그 중에서도 15세기 후반에서 16세기 후반 사이의 약 100년간은 훈구파(勳舊派)와 사림파(士林派) 간의 권력쟁탈전이 계속되었다(〈표 2〉). 정치는 난마와 같이 어지럽게 얽히고 민중은 형용할 수 없는 괴로움에 시달리고 있었다. 바로 이러한 상황에서 두 차례에 걸친 왜적의 침입을 받게 된다.

임진년에 왜적이 침공하자 용렬한 선조(宣祖)는 행선지도 정하지 않은 채 서울을 버리고 도망간다〔이른바 파천(播遷)〕. 그러자 성난 천민들은 궁궐로 난입해 그들의 호적을 관리하는 장예원(掌隷院)에 불을 지른다. 그 후 선조는 만주의 요동에 자기와 비빈만 몸을 피해 망명정부를 구성한다는 이른바 요동내부책(遼東內附策)까지 들먹이며, 전후 7년 동안에 20여 회나 선위(禪位)를 밝힌다(《선조실록》).

그러나 백성들은 달랐다. 바다에는 이순신 장군이 있었지만 육상에는 수많은 의병이 있었다. 왜적에게 가장 끈질기게 저항하고 전과를 올린 것은 관군이 아니고 그들이었다. 이순신 장군의 승전 뒤에는 그를 적극 도운 민중이 있었고, 의병의 경우 비록 의병장은 양반계급 출신이었다 하나 그 실질적 전투원은 아무 권력도 없는 일반 민중이었으며 그 중에는 수많은 서얼이 포함되어 있었음은 말할 나위도 없다.

176

<표 2> 훈구파와 사림파의 파쟁

왕	연 대	사 건	권력의 추이
9대 成宗	1469~ 1494		그간 실권을 쥐었던 훈구파를 배제하고 士林派를 대거 등용.
10대 燕山君	1498 1504	戊午士禍 甲子士禍	士林派가 다수 살해되거나 유형됨.
11대 中宗	1506	中宗反正	훈구파가 자기들 편이었던 연산군을 몰아내고 中宗을 왕위에 앉힘. 그러나 中宗은 士林派의 조광조(趙光祖)를 중용함.
	1519	乙卯士禍	훈구파가 다시 득세하여 士林派 숙청됨.
12대 仁宗	1544		사림파의 윤임(尹任)을 중용, 훈구파 세력 쇠퇴.
13대 明宗	1545	乙巳士禍	등극하자마자 외척인 윤원형(尹元衡)이 중용되어 윤임에 가까웠던 사림파 크게 숙청됨.
	1565		윤원형의 실정이 거듭됨에 다시 士林派가 권력을 쥠.
14대 宣祖	1568		士林派 전성기를 맞음.
	1592		임진왜란.
	1597		왜군 재차 침입.

왜적은 물러갔지만 그들이 할퀴고 간 상처는 깊었다. 생산물과 재화 그리고 가옥은 약탈되거나 소실되었다. 도공(陶工)을 위시한 많은 기술자가 일본으로 끌려갔다. 그러나 무엇보다도 답답한 일은 전화를 복구하고 생산을 맡아야 할 젊은이들이 태부족이었다는 사실이다. 황폐해진 국토를 굶주림과 실의가 뒤덮고 있었다.

임진왜란이 우리에게 준 교훈은 당시의 집권 사대부는 더 이상 나라를 이끌어 나갈 능력이나 방책이 없으며, 성리학도 결코 더 이상지도이념이 될 수 없다는 것이었다. 따라서 신분제도의 개혁을 위시하여 사회 전반에 걸친 과감한 개혁이 절실히 요청되는 상황이었다.

사정이 이렇게 딱했음에도 불구하고 조정은 왜란 전보다 더 가혹한 부역을 과하는가 하면, 전쟁영웅과 그들을 따르는 민중의 힘을 두려워하여 그들을 철저히 숙청한다. 정말 어처구니없는 일이다. 김덕령(金德齡)은 모함에 죽고, 홍의장군 곽재우(郭再祐)는 군사를 해산하고 스스로는 산 속에 숨어야 했으며 심지어 이순신 장군의 죽음을 두고도 자살이나 은둔설이 나돌 지경이었다.

집권 사대부들은 왜란에서 아무런 교훈도 얻지 못한 채, 안으로는 성리학적 사회질서를 더욱 공고히 하고, 밖으로는 여전히 존명사대(尊明事大) 사상의 포로가 되어 있었으니, 대륙의 세력변화는 전혀 깨닫지 못하였다. 세상은 더 암담한 정체의 늪으로 빠져들어 갔다.

결과적으로 왜란의 종식은 집권층에게는 안식을, 백성들에게는 더 극심한 착취와 빈곤을, 그리고 서얼들에게는 변함없는 차대와 냉시를 되돌려 주었을 뿐 국가는 정체에 빠지게 하였다.

참고로 임진왜란을 전후한 세계정세를 살펴보면 다음과 같다.

1557   포르투갈, 마카오의 거류권 획득

1565   스페인, 필리핀 정복

1583   후금(後金)의 누루하치(淸의 太祖) 대두

1592   임진왜란 발발

1595   네덜란드, 인도네시아에 도착하여 식민지화 개시

1597   왜군 재침

1600   영국 동인도(東印度) 회사 설립

서자 출신 광해군의 비극

선조를 이은 광해군은 왜란 때에 이미 분조(分朝, 이천에 둠)를 이끌면서 백성의 처지와 소망을 소상히 파악하였다. 그는 왕위(王位)에 오르자마자(1608) 김육(金堉)의 건책을 받아 소유 토지를 기준으로 한 누진세 제도인 대동법(大同法)을 기득권층의 맹렬한 반대를 물리치고 경기도에 시험 실시한다. 이어서 1611년에는 황폐화된 토지를 다시 측량하는 양전(量田)을 실시한다.

광해군은 이와 같은 획기적인 정책을 추진하는 한편, 허준으로 하여금 세계적 의학서인 《동의보감》을 편찬(1597~1611) · 간행(1613)하도록 적극 지원한다〔광해군은 그의 공을 치하하여 양평군(陽平君)에 봉하고 숭록대부(崇祿大夫)로 명하고자 하였으나 그가 중인 출신이라 불가하다는 군신들의 반대로 뜻을 이루지 못하였다〕.

광해군의 탁월한 현실감각이 가장 뚜렷이 발휘된 것은 실리외교정책이었다. 만주에 일어난 후금이 명나라를 위협하게 되자 명은 조선에 후금 토벌군을 보낼 것을 거듭 요구해 온다. 이에 대하여 광해군은 명나라는 이미 기우는 세력이요 장차 대륙을 지배할 세력은 후금이 될 것이라고 정확하게 예견하고 계속 명나라의 요청을 거절한다. 하지만 조선의 코앞의 위협세력은 여전히 명나라인지라 어쩔 수 없어 결국 명의 요청에 응한다. 그러면서도 강홍립(姜弘立) 장군으로 하여금 관형향배(觀形向背)토록 밀명을 내린다. 강홍립은 후금에 거짓 투항하여 광해군의 뜻을 전하고 후금에 억류된 상태에서 그들의 동정, 무기, 군사력, 전술 등을 소상히 파악하여 조선으로 계속 밀서를 보냈다.

그러나 이러한 모든 것은 지배계층의 이해나 정서와 배치되거나 이해를 초월하는 일들이었다. 여기에 그의 서자라는 출생배경과 왕위 계승과정의 문제들이 얽혀 마침내 인조반정(仁祖反正)이라 불리는 엄청난 역사 역행의 정변을 낳게 된다. 인조반정이 후금에 의한 정묘호란을 자초하게 된 것은 우리가 익히 아는 대로다.

광해군은 선조의 후궁인 공빈 김씨의 둘째아들이었다. 선조의 정비에게는 아들이 없었고 그의 형인 임해군이 인물이 시원치 않아 형을 제쳐두고 광해군이 왕에 오른다. 그런데 그 후 선조의 계비인 인목대비가 영창대군(永昌大君)을 낳고 보니 일이 꼬이게 된 것이다. 마침내 "진짜 용(영창대군)은 일어서지 못하고 가짜 여우(광해군)가 먼저 울어댄다"(眞龍未起 假狐先鳴)는 주장을 앞세운 '칠서(七庶)의 옥'이 일어난다. 이 사건은 재위 5년째(1613)에 일어난 일로서 그의 앞길이 결코 순탄치 않을 것을 예고하는 사건이었다.

결국 광해군은 왕권 옹호의 차원에서 영창대군과 임해군을 죽이고 인목대비는 서궁에 유폐한다. 그러자 대동법으로 공납을 더 많이 내게 된 기득권층, 주변정세의 변화에는 여전히 장님이면서 존명사대의 포로가 되어 있던 사대부들은 광해군을 패륜아, 배명분자(背明分子)로 규탄하며 폐위로 몰아가고 만다. 정말로 안타깝고 답답한 일이 아닐 수 없다.

광해군은 정말 짓궂은 운명의 왕이었다. 그가 서자였기에 인목대비와 영창대군의 도전을 받게 되었음은 어쩔 수 없다손 치더라도 서자인 그가 서자들에 의한 칠서의 옥을 맞게 되고(이 사건은 이이첨이 영창대군을 제거하기 위해 꾸며낸 음모라는 설이 강하지만) 게다가 허균의 난까지 맞아 그들을 처형해야 했다.

광해군이 현실외교를 펴고 대동법 등으로 농민을 위한 선정을 펴기는 했지만 신분제도 개혁에는 감히 손을 대지 못했고 더욱이 적서

180

차대의 철폐는 어쩌면 그 자신이 서자였기에 도리어 어려웠는지 모른다. 그러나 한이 쌓일 대로 쌓이고 특히 왜란을 통하여 스스로의 힘을 자각한 서얼들은 기득권 세력에 대하여 마침내 행동으로 항거하려는 기운이 높아 갔다.

허 균 (許筠)

허균은 당대(當代) 유학의 대가인 허엽(許曄)의 3남 1녀 중 막내였다. 큰형 허성(許筬. 許晟으로 기록하고 있는 책도 있으나 항렬자가 竹이었다고 볼 때 筬이 옳은 듯싶다)은 임진왜란 전에 통신사의 서장관을 맡았으며, 둘째형 허봉(許篈)은 천하의 대문장가로 일세를 풍미하였다.

특히 그의 누나 초희(楚姬)는 호가 난설헌(蘭雪軒)으로 17세기 동양 삼국(한·중·일)에서 으뜸가는 여류시인으로 추앙받는다. 그녀는 여덟 살 때부터 시를 짓기 시작했는데 그때 이미 시재(詩才)의 뛰어남으로 세인을 놀라게 한 천재소녀였다. 그러나 그녀는 허균이 진사시에 급제하던 해(1589) 27세의 나이로 아깝게도 요절한다. 강릉대 국문학과 장정룡(張正龍) 교수는 허난설헌 종갓집에서 그녀의 시집 3종류를 발견했다(1998. 3. 17). 이번에 발견된 시집은 목판본과, 처음 발견된 1800년대 필사본, 그리고 일제시대인 1913년에 발간된 활자본 등이다.

허균은 20세 때에 진사과에 급제하였으며 그의 문장은 일찍부터 알려져, 사람들은 그의 가족을 가리켜 당대 5대 문장가(五大文章家)라 하였다. 말하자면 허균은 최상의 문벌과 아쉬움이 없는 환경, 거기에 천성의 재능을 지녔는데 과거급제까지 하였으니, 그의 전도는 장밋빛으로 빛나 모든 사람의 부러움을 샀다. 그러한 허균이 어떠한 동기와 이유로 스스로 불온한 모반의 주도자가 되고 끝내는 처형의 길을 선택하였을까.

많은 국문학자들은 내·외 두 가지 요인을 들고 있다.

첫째, 허균은 형의 권유에 따라 이달(李達)에게 사사(師事)하였는데 그의 인품과 학문을 몹시 존경하였다는 점이다. 이달은 불행히도 계집종의 아이였기 때문에 등관의 길이 막혀 울적한 나날을 보내고 있었는데, 이달 밑에는 똑같은 처지의 서얼들이 모이게 된다. 허균은 여기서 이른바 여강칠우(驪江七友) 중의 서양갑·심우영 등 서자라는 이유만으로 불우한 처지에 있는 젊고 유능한 인물들을 많이 접촉하는 과정에서 그들의 신분과 처지를 깊이 동정하게 되고 인간과 인간성을 죽이고 있는 불합리한 제도에 의분을 느껴 그러한 제도를 개혁하고자 하는 의지를 굳혀 갔다.

허균은 《유재론》(遺才論)에서 다음과 같이 말하였다.

"고금은 멀고도 오래고 천하는 넓으나 서얼 출신이라고 하여 현재(賢材)를 버리고 … 재능있는 자를 등용하지 않는다는 말은 듣지 못했다. 우리나라만이 그런 자손에게 영영 벼슬길을 막고 있다. … 그들의 재능을 쓰지 않고 그들의 경세를 이용할 줄 모른다. 이렇게 스스로 활로를 막고서도 우리나라에는 인재가 없다고 탄식한다."

둘째는 그가 명나라에 사절로 갔을 때 중국의 문물 외에 또 하나의 문명인 유럽문화와 천주교에 접했다는 사실이다. 남달리 감수성과 정의감이 강했던 그가 그러잖아도 모순을 통감하고 있던 조선조의 여러 제도를 바로잡아야겠다고 결심하게 되는 것은 물이 흐르듯 극히 자연스런 결과였다고 보아야 할 것이다.

허균은 이른바 무륜당(無倫堂)의 강변 7인(江邊七人)인 박응년(朴應

年), 심우영(沈友英), 서양갑(徐羊甲), 이경준(李耕俊), 박정인(朴正仁), 김강손(金康孫), 이인준(李仁俊) 등과 함께 제도의 개혁, 특히 적서차대와 서얼방한정책을 개혁토록 왕에게 거듭 상소했다. 그러나 그 상소가 세도가들에 의해 받아들여질 까닭이 없었다. 허균은 이제는 힘으로 싸우는 길밖에 없다고 생각하여, 뜻이 같은 동지들을 강원도의 소양강변에 모아 민중봉기에 의한 정부전복을 계획하였다. 그러나 이 기도는 사전에 발각되어 많은 동지가 자살하거나 피살당하고 그는 잡혀 4명의 동지와 함께 처형된다. 15대왕 광해군 10년 8월(1618), 왜란이 끝나고 겨우 20년 되는 해였으며, 그의 나이는 49세였다.

이 사건의 관련자 대부분은 서얼 출신이었지만 허균은 분명한 양반집 그것도 아주 명문의 적자였다는 것이 시선을 끈다. 즉 그것은 다가올 새로운 시대를 예고하는 첫 천둥이었다 할 것이다.

■ 허균의 서자설과 경망무검(輕妄無檢) 설

허균이 서자였다고 주장하는 학자가 있으나(전북대 김재영 교수 등)이는 잘못이다. 허균의 어머니는 재취이기는 하였으나 결코 첩은 아니었기 때문이다. 허균의 아버지 허엽의 첫째 부인은 한(韓) 씨이고, 재취인 그의 어머니는 김씨였는데 허균은 막내이다.

그는 스무 살 때 진사에 합격하고 임진왜란이 일어난 2년 후에 문과에, 그리고 3년 후인 1597년에는 문과 복시에 '장원' 합격하였으니 그가 서자라면 문과 복시에 장원 합격할 수 없음은 물론이고, 동복누나인 난설헌이 양반 중의 양반으로 뻐기는 명문 안동김씨 집안(김성립)에 시집갈 수 없기 때문이다.

그는 황해도 도사[都事: 從五品, 지방관리의 불법을 규찰(糾察)하고 과시(科試)를 주관함)일 때 그의 처신이 경망무검·문란하다 하여 파직된다. 그러나 그후 광해군 때 형조판서 좌참판(정2품)의 높은 자리까지 오른다(1617).

그는 당쟁의 소용돌이에 휘말려 갖가지 고초를 겪는데 그 과정에서 시대의 부조리와 부패에 대한 울분이 그 시대의 규범에 따르는 평범한 삶에 안주할 수 없게 하고, 감투는 높지만 울적한 심정을 억누를 길이 없게 했던 것이 아닌가 생각된다. 더욱이 그가 처형된 후 역적인 그를 격하시키기 위하여 그의 평소 거취를 과장 왜곡하여 기록했을 가능성을 배제할 수 없다.

결국 그는 현세의 안락과 출세를 포기하고 이른바 무륜당(無倫堂: 이 이름이 그들의 생각, 즉 기존 윤리체계에 대한 반항을 나타내고 있다)의 강변 칠우(江邊七友)들과 어울리면서 무력에 의한 개혁을 기도하다 비극적 종말을 맞게 된 것이리라.

《홍길동전》

허균의 육체는 형장의 이슬로 사라졌지만 그의 사상은 《홍길동전》을 통하여 오늘날도 우리에게 널리 전해지고 있다. 우리나라의 고전(古典)에 나오는 인물 가운데서 가장 인기가 있는 인물을 들라면 이몽룡과 성춘향, 흥부와 놀부, 심청, 임꺽정과 함께 홍길동은 꼭 들어간다. 그런데 홍길동과 관련해서는 흥미로운 세 가지 논의가 계속되고 있다.

첫째는 홍길동이 허균의 소설에 등장하는 창작 인물이 아니고 실존 인물이라는 설이다. 실제로 연산군 6년인 1500년 10월의 《연산군일기》(연산군과 광해군에 대한 기록은 실록이라 하지 않고 일기라고 하였음) 중에는 洪吉同이라는 도적의 괴수를 잡았다는 기록이 있다. 홍길동은 문경새재를 본거지로 하여 각 지방관청을 예사로 점거하였으며 서울에도 패거리가 많아 무상 출입하였다 한다. 그리고 그의 행적은 탐관오리나 못된 부자 상인으로부터 빼앗은 물건을 빈민에게 나누어주는 등 소설 속의 홍길동과 흡사한 점이 많다. 허균이 《연산군일기》에 기록되고 100년 전에 있었던 일을 몰랐을 리가 없었다고 생각한다면 洪吉同이 洪吉童의 모델일 가능성은 매우 높다.

강원도 강릉시는 허균이 그곳 출생이며 홍길동도 거기 살았다고 주장하고, 전라남도 장성군은 홍길동이 그곳에 본거지를 두었으며 그 유적이 있다고 주장하는가 하면 영광군에는 홍길동 마을이 있다 하며 공주시에는 홍길동이 쌓았다는 산성이 있다 하여 서로 관광객 유치를 위한 홍보전을 전개하고 있지만 그 진부는 단정할 길이 없다. 다만 洪吉同이 각지에서 활동했다고 볼 때 이 네 곳뿐 아니라 그에 관한 구전(口傳)이 내려오는 곳이 여러 곳 있을 수 있다.

18세기에 쓰여진 이긍익〔李肯翊, 1736(영조 12년)~1806(순조 6년)〕의 《연려실기술》(燃藜室記述)에 보면 洪吉同의 아버지는 절도사를 지낸 홍상직이며 그의 큰아들(길동의 형)의 이름은 일동이며, 세종 24년(1442)에 문과에 급제 첨지중추원사(僉知中樞院司), 호조참판(戶曹參判)을 지낸 뒤 좌익공신(佐翼功臣)의 칭을 받기까지 하였는데, 상호군(上護軍)으로 선위사(宣慰使: 중국 사신을 영접하기 위해 파견되는 임시 직책)로 갔다가 홍성(洪城)서 죽었다고 기록해 놓았다. 이것은 아주 구체적인 기술이지만 그러나 딴 것을 다 제쳐놓고도 《세조실록》에 세종의 좌익공신 25명의 명단이 명기되어 있는데 그 중에 홍상직은 고사하고 홍씨 성의 사람은 없다.

그러면 이긍익은 어째서 그런 기록을 남겼을까? 그것은 알 길이 없는 일이지만, 다만 억지로 추리하자면 이긍익은 소론(少論)에 속하여 노론(老論)이 득세한 뒤에 여러 차례 귀양살이를 하게 되고 온 집안이 화를 입은 자인지라 가슴에 쌓인 울분이 100여 년 전의 허균에게 동지의식을 갖게 하여 《홍길동전》에 자기의 꿈을 투영시키는 심리작용으로 洪吉同을 양반출신으로 그럴싸하게 만든 게 아닌가 생각된다.

* 일부에서는 洪吉童이 왕국을 세웠다는 율도(律島)가 일본 오키나와의 옛 이름 류큐(琉球)와 음이 닮은 것 등을 들어 홍길동이 류큐를 점령하여 왕이 되었으며 거기엔 홍길동의 발자취가 여러 곳에서 발견된다는 주장을 제기하고 있으나 필자는 여기에 대하여 가부를 논할 만할 연구가 없다. 다만 상식적으로 이긍익의 기술이 허무맹랑한 것처럼 율도도 어디까지나 이야기 속의 섬이라고 보는 것이 온당하리라고 본다. 율도 왕국은 허균의 꿈의 왕국인 것이다.

둘째, 허균의 《홍길동전》이 최초의 한글로 된 소설이라 하여 그 역사적 의의를 높이 평가해 왔는데 최초의 한글소설은 따로 있다는 것이다. 최근 국사편찬위원회가 수집한 《묵제일기》(默齊日記)에서 한글소설 《설공찬전》(薛公瓚傳)이 발견되었는데 그것은 《홍길동전》보다 무려 100여 년이나 앞선 중종(1506~1544) 때의 것이었다. 13쪽 4,000여 자로 그다지 많은 분량은 아니다. 내용은 저승을 다녀온 설공찬이라는 주인공이 당시 정쟁으로 지새는 인물들에 대한 염라대왕의 신랄한 평가를 전하는 것이다.

《설공찬전》은 조선왕조실록에 이 소설이 백성을 현혹시킨다 하여 모두 불태워 버렸다는 기록이 있을 뿐 그 실체와 내용이 지금까지 확인되지 않고 있었던 것이었다. 어쨌든 《설공찬전》의 발견은 놀라운 일이고, 《홍길동전》은 이로써 최초의 한글소설의 자리를 잃게 되었다. 그러나 그렇다고 해서 《홍길동전》이 가지는 의의와 무게가 감소되는 것은 아니다.

허균이 100년 전에 한글소설이 있었음을 설혹 알고 있었다 하더라도, 과거급제로 이름난 오대(五大) 문장가의 집안에서 천시받던 '언문'으로 소설을 썼다는 것은 그 자체가 양반 식자층에 대한 통렬한 비판으로 이만저만한 용기가 아니며, 한문을 모르는 압박받는 민중에게 읽히고자 하는 의도와 더불어 그들에 대한 뜨거운 애정에서 우러나온 것이라 생각한다. 이런 점에서 허균의 선각(先覺)성과 한글소설 《홍길동전》의 우리 문학사상의 의의는 아무리 높여도 지나치지 않다고 본다.

차대(差待)에 대한 항거

허균 등의 죽음은 비극이었지만 결코 헛된 죽음은 아니었다. 그들이 처형되고 9년 뒤인 인조(仁祖) 3년(1625) 서얼통법(庶孽通法)이 제정된다. 방한이 통법으로 바뀐 것이다. 이 법에 따라 '서는 손자의 대에, 얼은 증손자의 대에 과거(본과)에 응시할 수 있게' 된다.

이것은 어쨌든 일응 엄청난 변화이다. 그러나 이 법의 제정은 날로 격렬해 가는 서얼 등의 불평과 반란에의 불온한 움직임에 겁을 먹고 이를 완화시키려는 당근정책의 일환에 불과한 것이지 지배층이 진정으로 그 잘못을 바로잡자는 것이 아니었다.

아니나 다를까 과거에 응시는 허가하되 등용의 부서는 호조(戶曹)·공조(工曹)에 한하고 그 직위는 정6품관인 낭관직(郞官職)을 넘을 수 없게 했다. 또 그것까지는 좋다 치더라도 실제로는 그들의 급제와 등용이 극히 드물어 서얼통법은 이름만 있는 것과 같았다.

그로부터 약 100년 뒤, 19대 숙종(1674~1720) 때 영의정까지 벼슬을 한 최석정(崔錫鼎)이 국가백년대계를 위하여 서얼의 차별을 철폐하고 대담하게 인재등용의 문호를 개방해야 한다고 주장, 먼지가 부옇게 앉은 서얼통법의 실질적 실시를 건의했다.

왕은 이 건의를 받아들여 실질적 적용을 명한다. 그러나 세월이 흘러도 이렇다 할 변화는 일어나지 않았다. 그도 그럴 것이 자칫 잘못하다가는 적자들의 저항이 야기될 것이고, 좀더 근본적으로는 서얼의 진출은 기득권 계급 전체의 지배기반을 송두리째 흔들 중대사항이었기 때문이다. 더군다나 숙종 때는 왕명을 강행시킬 만한 왕권이 상실되어 있었다.

또한 최석정도 뜻을 같이하는 자가 없었던 바는 아니었지만, 나머지 다수의 반대파를 상대로 너무 밀어붙이다가는 실각할 위험성도 있었다. 최석정은 이를 감수하면서까지 밀고 갈 의지도 강력한 실권도 갖지 못했었다.

그 뒤에도 서얼차별 철폐의 운동과 상소(上訴)는 그치지 않았고, 그 때문에 가혹한 박해를 받기도 했지만, 상소 건수와 관여 인원은 줄기는커녕 점점 늘어가기만 했다. 가장 조직적이던 것은 19대 숙종 때(1695) 영남의 남극정(南極井) 외 998명이 연명으로 상소한 사건, 또 황경헌(黃景憲)을 중심으로 경상·전라·충청 3도의 서류(庶類) 수백 명이 왕궁 앞에서 무려 7개월간이나 무릎을 꿇고 앉아 항의를 계속한 사건 등이다(이긍익의 《연려실기술 燃藜室記述》에서).

이 두 사건의 관계자는 전원 무거운 처벌을 받고 보니 운동의 후속 주도자가 없어 서얼차별 철폐운동의 불길은 잠시 잠잠해졌다. 그러나 그것은 지표(地表) 상의 현상이고 그들의 슬픔과 분노는 줄기찬

188

지하수맥(地下水脈)을 형성해 갔다. 그러나 그것이 큰 물줄기로 지상에 분출하는 데는 좀더 시간을 기다려야 했다.

계속되는 민란(民亂)

왜적이 우리 국토를 무참히 할퀴고 간 상처는 너무도 깊어 그것이 아무는 데 100년 이상이 걸렸다. 그러나 그것은 양반 지배계층의 노력에 의한 것이라기보다는 여전한 착취에 시달리며 신분차별에 신음하는 일반서민의 힘에 의한 것이었다.

양반 지배계급은 미증유의 국난과 국토의 황폐화에도 크게 반성하기는커녕 당쟁을 더욱 격화시켜서 18대 현종(顯宗, 1659~1674), 19대 숙종(肅宗, 1674~1720)간에 일어난 이른바 사색당쟁은 눈뜨고 볼 수 없는 양상에까지 이르렀다.

바로 그 시기에 농민은 이앙법(移秧法)의 개량과 쌀과 보리의 이모작(二毛作)에 성공하여 식량 증산을 이룩하였을 뿐 아니라, 목면·인삼 등의 약재와 담배 등의 생산을 비약적으로 높였으며 목면은 대일 수출의 주 상품이 되었다. 이러한 사회생산력의 향상에 의하여 21대 영조(英祖, 1724~1776)에서 22대 정조(正祖, 1776~1800) 때는 조선의 '문예부흥'기라 할 한 시기가 출현하였다.

그러나 어떠한 형태든 동·서를 막론하고 문예부흥은 반드시 민중의 자각을 촉발한다. 조선조도 예외일 수는 없다. 유명한 《열하일기》(熱河日記)의 저자 박지원(朴趾源)은 《허생전》(許生傳), 《호질》(虎叱), 《양반전》을 통하여 당시의 부패하고 무능한 양반계급을 통렬하게 야유하고 비판했다. 특히 《양반전》은 양반의 위엄유지를 위한 엄수 조항을 자세히 열거하고 양반의 빚진 양곡을 갚아 주고 양반 명칭을 산 상놈이 양반 노릇하는 조건이 너무 까다로운 것에 질려 버린다는 내용을 담고 있다.

사이 좋은 갑과 을이 소낙비를 만났다. 갑은 당황하여 황급히 처마 밑으로 몸을 피한다. 물론 을은 그대로 유유히 걸어간다. 갑은 아차 싶어 뒷짐지고 발은 여덟팔자 걸음으로 처마 밑으로 뛰어오기 전의 장소로 되돌아가서는 을이 가는 방향으로 천천히 점잖게 걸어간다. 그러나 그 일이 있고 난 뒤 을은 갑을 만나도 아는 척도 하지 않고 말도 건네지 않는다. 소낙비 때 갑이 처마 밑으로 피해 갈 때의 작태가 양반답지 않았다는 게 그 이유이다. 이것은 정말 웃으려야 웃을 수도 없는 이야기이다. 이러한 사고방식이 공업사회를 이해하거나 거기에 적응하는 데 얼마나 큰 장애물이 되었을지 상상이 간다.

어쨌든 허균이나 박지원 등의 비판정신과 행동은 높이 평가되어야 하나 그 정신이나 외침만으로 제도가 변혁될 수는 없었다. 이것이 역사적 한계이자 비극이었다.

19세기에 접어들자 양상이 바뀌기 시작했다. 그간 지하에만 흐르고 있던 수맥이 지상으로 분출하기 시작한 것이다. 마침내 저변 민중이 스스로의 힘으로 사회개혁을 이룩하려고 일어선 것이다.

1811년 평안도에서 홍경래(洪景來)의 난이 일어난다. 광산 노동자가 선봉에 서고 농민과 차대를 받는 각 계층이 가담했다. 관군은 고전 끝에 겨우 난을 진압했지만 그 후로 전국 각지에서 크고 작은 농민봉기가 그치지 않았다.

1862년 봄 춘궁기에 경상도 진주에서 규모가 크고 조직적인 농민반란이 일어난다. 이 난도 진압은 되지만 이것이 이른바 철종조 민란(哲宗朝民亂)의 시발이 되었으며 경상도·전라도·충청도의 여러 곳에서 무려 21회의 격렬한 농민반란이 꼬리를 물고 발생한다.

민심이 이러한데도 불구하고 실권자인 대원군은 고종(高宗) 2년 (1865) 즉 철종조 민란이 미처 완전히 진정되기도 전에 이른바 경복궁 중건비용의 조달을 위하여 한 푼 돈을 백문(百文)으로 쓰는 당백전(當百錢)과 성문 통과시의 문세(門稅)와 호(戶) 단위로 면포나 저포(紵布)를 징수하는 호포(戶布)제를 강제함과 동시에 공공연한 매관매직제인 원납금(願納金)제를 시행한다.

원납금제로 1만 량을 내는 자는 상민이더라도 과거를 보지 않고 벼슬에 오를 수 있고 10만 량을 내면 수령(守令) 자리를 받았다. 이로 하여 770여만 량을 거두었으니 서민은 중세에 죽을 지경이고 일부 부상대가(富商大賈)는 부와 벼슬을 함께 손에 넣게 되었다.

이로 인해, 문제점은 많았어도 나름대로 체통을 유지하고 있던 과거에 의한 관료제도도 내부로부터 분화·붕괴하기 시작했으며, 농민봉기는 꼬리를 물고 각지에서 일어날 수밖에 없었는데 그것들은 1894년 동학농민운동의 대폭발에 이르는 전조에 불과하였다.

1880년대에 일어난 민란을 살펴보면,

> 1883년(3회) : 황해도 토산, 경기도 여주, 강원도 원주
>
> 1888년(2회) : 함경도 초산과 영흥
>
> 1889년(6회) : 전라도 전주, 강원도 정선, 함경도 길주, 전라도 광양, 경기도 수원, 제주도(어민)
>
> 1891년(2회) : 제주도(어민), 강원도 고성
>
> 1892년(8회) : 서울(노비들), 함경도 함흥부와 덕원, 횡령, 강원도 낭천, 경상도 예천(광산노동자), 평안도 성천과 강계
>
> 1893년(11회) : 평안도 함종, 경기도 인천과 개성, 황해도 재령, 철도, 중화, 함덕, 충청도 황간, 청풍, 전라도 전주, 익산

상황이 이러하고도 나라를 뒤흔드는 혁명적 사건이 발생하지 않으면 그것이 오히려 이상한 일이다. 마침내 조선조는 말기 증세를 보이며 붕괴의 길로 치닫고 있었다.

동학농민운동 (1)

경주 출신의 최제우(崔濟愚, 호는 水雲)는 기존의 모든 종교는 부패한 양반계급의 통치의 이념도구(理念道具)로 타락했으며, 서학(西學) 즉 천주교는 우리 민중의 정서에 어울리지 않는다 하여 유(儒)·불(佛)·선(仙)의 교리를 통합하여 저변 민중을 대상으로 한 새로운 종교를 일으켜 이를 동학(東學)이라 불렀다. 1860년의 일이다.

동학은 당시의 사회제도를 통렬히 비판하고 탐관오리의 숙정, 불량한 양반과 유생의 처벌을 주장하는 동시에, 신분제도와 적서의 차별 철폐, 민중의 빈곤으로부터의 해방(제세구민)을 주장하였으므로, 포교 개시 3년 뒤에는 경상·전라·충청의 삼남(三南) 지방에 수만 명의 신자가 생겼다. 겁을 먹은 집권층은 동학을 혹세무민(惑世誣民)의 교라 하여 교주 최제우를 처형한다. 1863년 12월이었다.

그러나 그 뒤를 이은 최시형(崔時亨)은 은밀하게 교세를 확장하는 동시에 이를 조직화해 말단 한 무리의 세포조직을 포(包)라 하며 그 책임자를 접주(接主)라 하였다. 그 위에 일정 지역 내의 포를 총괄·지휘하는 자로 도접주(都接主, 大接主라고도 하였음)라 하고 도주(道主)가 동학 전체를 관장하였다. 또 동학의 본거(북접)에는 육임제도(六任制度＝敎長, 敎授, 都執, 執綱, 大正, 申正)의 직분을 두어 조직을 효율적으로 관장하였다.

동학은 저변 민중을 기반으로 하되, 조직이 삼남지방에 한정되지 않고 마침내 거의 전국적인 조직으로 확대됨으로써 봉건적 속박하에 지방별로 분산되어 있던 한국 농촌을 처음으로 하나로 묶은 반 권력 조직으로 성장하였다. 그리고 안으로는 저변 민중이 사회개혁을 요구하되, 대외적으로는 외세를 배척한 것이 커다란 특색이었다.

1893년 충청도 보은에 2만여 신도가 모여 '척왜양창의'(斥倭洋倡義)의 깃발을 들고 대대적인 시위를 전개한다. 말하자면 그 다음 해의 농민운동의 뇌관을 향해 도화선에 불이 붙여진 것이라 할 것이다.

여기서 필자는 그 당시의 농민들의 지적 수준으로 볼 때, 그들이 '유·불·선'을 합일시킨 동학의 교리를 충분히 이해하여 신자가 되었다기보다는, 동학이 당시의 부패한 정치의 숙정과 신분제도 철폐를 주장하면서, 밀어닥치는 외세로부터 나라를 구해야겠다는 주장에 저변 민중이 호응한 것이 교세확장의 주인(主因)이라 생각한다. 바꾸어 말하자면 기존 사회체제의 개혁과 외세축출을 원하는 백성들의 갈망을 동학이 조직화했다고 보고 싶다. 한 걸음 더 나아가 이야기하자면 동학이 아니어도 그 무언가가 나와 저변으로부터의 민중봉기는 피할 수 없었을 것이라는 것이다.

1894년 2월, 마침내 동학농민운동의 역사적 봉화가 올려진다. 전라도 고부(古阜)군의 약 1,000명의 농민은 죽창으로 무장하여 접주 전봉준의 지휘하에 관아(官衙)를 점거하고 원한의 만석보(萬石洑)를 파괴한다.

이에 대하여 조정은 그 원인을 규명하여 이를 바로잡아 민심을 수습할 생각은 않고 '일군거민 통입골수'(一郡居民 痛入骨髓)라 표현되는 무자비한 살육·약탈·방화로 대응하였다. 이는 농민과 학대받는 모든 민중의 분노에 불을 던지는 결과를 가져왔다.

다시 봉기한 전봉준의 보국안민(輔國安民)의 깃발에 호응하여 농민·서얼들 그리고 말단 관원(各邑小吏) 등 수만 명이 결집하였다. 동학 농민군은 전주에서 급파된 관군을 황토현(黃土峴)에서, 이어서 중앙서 급파된 정예부대를 장성(長城)에서 대파하여 5월에는 전주(全州)를 무혈 점령한다. 문자 그대로 파죽지세의 진군이었다.

그들이 단순히 다수의 힘을 믿는 오합지졸이나 폭도가 아니었음은 전봉준이 내린 "사람을 함부로 죽이거나 재물을 해하지 말라"(不殺人不殺物)를 위시한 다섯 가지 기강령(紀綱令)에서도 알 수 있다. 또 그들은 보국안민·창의(倡義) 등의 깃발 외에 12개조의 기율을 대서한 깃발을 들고 전진했다.

> 항자애대(降者愛待) : 항복한 자는 받아들인다.
> 곤자구제(困者救濟) : 곤궁한 자는 구제한다.
> 탐자축지(貪者逐之) : 탐욕스런 자는 추방한다.
> 순자경복(順者敬服) : 우리를 따르는 자는 공경히 맞이한다.
> 주자물추(走者勿追) : 도망가는 자는 쫓지 않는다.
> 기자궤지(飢者饋之) : 굶주린 자에게 먹을거리를 준다.
> 간활식지(奸猾息之) : 교활한 행위를 금한다.
> 빈자진휼(貧者賑恤) : 가난한 자에게는 베풀어야 한다.
> 불충제지(不忠除之) : 불충한 자는 제거해야 한다.
> 역자효유(逆者曉喩) : 빗나가는 자는 타일러야 한다.
> 병자급약(病者給藥) : 병자에게는 약을 줘야 한다.
> 불효살지(不孝殺之) : 불효자는 죽여도 좋다.

이것은 착한 왕이나 최고 유학자를 무색케 할 만한 내용이다. 당황한 정부는 청(淸) 나라에 원병을 청한다. 언제나 그런 것이지만 지배층은 외세의 군사개입보다도 자국의 피지배계급의 혁명이 더 겁나는 것이다.

동학농민운동 (2)

그러나 사태는 급선회한다. 청나라의 개입을 핑계로 일본군이 개입하게 된 것이다. 당황한 왕조는 동학군에게 휴전을 제의하고 동학군도 일본군의 개입을 막기 위해 폐정의 개혁을 조건으로 휴전에 응하면서 집강소(執綱所)라는 인민자치 행정기관을 설치하고 조정에 이른바 '폐정개혁 12개조'를 들이댄다.

1. 동학교도와 정부 사이의 숙원을 없앰과 동시에 시정에 협력한다.
2. 탐관오리는 그 죄상을 상세히 조사하여 엄벌한다.
3. 횡포한 부호 패거리를 엄벌한다.
4. 불량한 유생(儒生)과 양반들을 징벌한다.
5. 노비문서를 소각하고 그들은 자유의 신분으로 한다.
6. 칠반천인(七班賤人)의 대우를 개변하고 백정이 쓰는 평양립(삿갓)을 없앤다.
7. 젊은 과부는 재혼을 허가한다.
8. 규정 외의 잡세는 일체 없앤다.
9. 관리의 채용은 문벌을 타파하여 (그 출생에 관계없이) 인재 본위로 등용한다.
10. 왜적과 밀통하는 자는 엄벌한다.
11. 공·사채를 불문하고 기왕의 것은 일체 면제한다.
12. 토지는 균등하게 분작한다.

'폐정개헌안'은 농민운동이 끝난 30년 후 동학간부를 지낸 오지영(吳知泳)이 기억을 더듬어 쓴《동학사》에 기록되어 있는 것이라 하여 그 신빙성에 의문을 제기하는 학자도 있으나, 설혹 그 세부표현이나 항목에 다소의 착오가 있다손 치더라도 농민군의 사회개혁의 방향과 원칙을 나타내는 데는 크게 틀림이 없다고 보는 것이 옳다. 이것은 그야말로 병든 사회의 개혁의 청사진을 제시한 것과 같다. 그것도 양반계급 내에서의 양심적 선각자에 의해서가 아니라 학대받고 차별받던 저변계층의 민중이 사회개혁의 비전을 제시한 것이다.

1896년 7월 아산(牙山) 앞바다에서 일본군은 청나라 군함을 포격하고 이른바 청·일 전쟁을 도발하면서 일본군은 한반도를 무력으로 제압한다. 여기에서 동학군은 세번째로 봉기한다. 전주에 결집한 민중은 10만 명을 넘었다. '축멸왜이'(逐滅倭夷)의 깃발이 나타내듯 일본군의 축출을 위한 투쟁이었다.

전주로부터 북상한 동학군의 주력은 충청도의 요지인 공주(公州)의 관문 우금치(牛金峙)에서 관군의 지원이 없는 채 일본군의 주력부대와 일주간의 사투를 계속한다. 그러나 죽창이 주무기인 동학군은 근대적 장비의 일본군에 이길 수 없었다. 얼마 뒤 전봉준 이하 동학군의 지도자들은 체포되어 처형되었다. 역사에 '만약'은 없다지만 일본을 위시한 외세의 개입만 없었던들 동학농민운동에 의하여 조선조의 봉건왕조는 붕괴되었을 개연성을 부인할 수 없다.

1894년의 봉기 후, 2대 교주 최시형도 처형되고 동학은 천도교(天道敎)로 개칭되면서 손병희(孫秉熙)가 3대 교주가 되는데 그는 3·1 독립운동의 지도자가 되었다.

동학농민군이 패퇴한 다음 해인 1895년 일본은 조선왕국의 국모인 명성황후(明成皇后)를 시해하는 천인공노할 만행을 자행한다. 법적으로는 1910년에 일본에 한국이 병합되었지만 실질적으로는 동학군의 패퇴와 명성황후 시해의 그 시점에 일본은 한국을 강점했다고 보는 것이 보다 옳을 것이다.

　애석하게도 한국 민중 스스로의 힘에 의한 사회개혁 특히 적서차대·서얼방한의 철폐는 외세의 개입으로 성취되지 못하고 역사는 비극과 오욕의 언덕길로 굴러 떨어져 갔다.

4

과 거 (科擧)

일본 문화는 무(武 = 칼)의 문화이고, 한국 문화는 문(文 = 붓)의 문화라는 견해가 거의 정설화(定說化)되어 있다. 신라의 삼국통일 달성, 고려왕조 및 조선왕조의 창건은 모두 무력 또는 무인에 의하여 이룩되었으나 실질적 통치자는 과거의 문과(文科) 합격자였다. 한편, 일본에서는 천황은 상징적 존재에 불과하고, 무인이 실권을 쥐고 통치하였으니, 그런 견해를 전면적으로 반박하기가 힘들다.

그러나 비록 우리나라가 문과 출신의 관료에 의하여 통치되어 오기는 하였으나, 상무(尙武)의 기상과 전통은 결코 어느 나라에도 뒤지지 않았던 것은 사실(史實)을 통해 증명이 되는 바다.

수(隋)나라는 고구려 원정에서 대패한 것이 멸망의 원인이 되었고, 강대한 당(唐)나라도 몇 차례 고구려를 침공하였으나 그때마다 크게 패퇴하였다. 당나라는 신라가 고구려와 백제를 치는 데 손을 빌려준 후, 그대로 한반도에 주저앉으려 했으나 신라는 8년간의 혈투 끝에 결국 당의 세력을 우리 국토에서 쫓아내었다. 고려 때, 세계 역사상 최대의 기마군단이던 몽고의 침공에 대하여, 최씨 무가정권은 놀랍게도 26년간이나 항전을 계속하였는데 몽고군에 대하여 이렇듯 장기간을 굴하지 않은 민족은 세계에 따로 예가 없다. 그리고 고려조가 몽고에 항복하였음에도 불구하고 삼별초(三別抄)는 이에 불복하고 게릴라전을 계속하였으니 실로 우리 민족은 놀라운 상무정신을 지녔다고 할 것이다.

그럼에도 우리나라를 상무의 정신이 없는 '붓의 나라'라 평하는 것은 문화・학예의 나라라는 좋은 뜻에서보다는 극단적인 문우무멸(文優武蔑)의 역사에서 비롯된 이야기이다.

문을 받들고 무를 멸시한, 비틀어진 사회구조는 마침내 고려시대에 정중부(鄭仲夫)의 난을 맞게 되고, 최충헌(崔忠獻)의 무인정권을 낳게 한다(1196). 최씨 일족에 의한 무인정권 수립은 우리 역사상 최대 이변이라 할 수 있는 대사건이었지만, 몽고 침공으로 무인정권은 약 60년으로 막을 내리고 만다.

조선조에 이르러 문우무멸 정책은 더욱 심해진다. 그러면 조선조는 왜 그러한 제도를 취하였을까? 그것은 조선조의 배불숭유(排佛崇儒) 정책의 필연적 결과였다고 할 것이다. 고려시대에도 유교는 불교나 풍수지리사상과 더불어 삼대(三大) 지배사상의 하나였으나 불교가 국교(國敎)인 만큼 불교만한 정치적 힘을 갖지는 못했었다. 그러나 조선조가 불교를 배척하고 유교를 사회질서와 통치의 기본이념으로 정하고, 유교를 중심으로 하는 과거에 급제한 자가 양반계급을 형성하고, 그 중에서 문과 출신이 국정을 좌우하게 되니 문우무멸의 사회가 될 수밖에 없었다.

결론적으로 유교를 지상(至上)으로 한 과거제도가 우리나라를 문의 나라로(좋은 뜻과 동시에 반갑지 않은 뜻으로도) 불리게 한 것이다.

그러면 그 과거제도는 어떻게 성립하였으며, 어떻게 운영되었고, 운영과정에서 문제점은 없었는지를 고찰하고, 특히 그 제도가 우리 역사에 남긴 공과를 살펴보고자 한다.

한편, 일본은 대륙의 선진문화·제도·사상을 거의 한국을 거쳐 도입한다. 그런데도 과거제도는 일본에 도입되지 않았다. 그러면 일본은 왜 어찌하여 과거제도를 도입하지 않았을까? 일본에는 "유학(儒學)은 있어도 유교는 없다"는 말이 있는데 그 이유는 또 무엇일까? 유교와 과거제도를 도입할 수 없는 사회적 요인이 있어서였을까 아니면 과거의 긍정적 면보다 부정적 면을 통찰할 만한 예지(叡智)가 일본인에게 있었던 것일까? 만약 후자 때문이었다면, 메이지유신(明治維新) 이후에 현대판 과거제도인 이른바 고등고시제도를 실시한 까닭은 무엇이었는가 하는 점들을 더불어 살펴보고자 한다.

---

* 양반이란 말을 모르고는 한국 사람과 제대로 대화할 수 없다는 게 외국인의 체험 소감인데, 양반이란 과거에 급제한 문반(文班)과 무과에 급제한 무반(武班)의 양반을 가리키는 말이다〔문반을 동반(東班), 무반을 서반(西班)이라고도 함〕.

과거제도의 성립과 도입

'과거'의 어원

중국에서는 유능하고 덕망있는 사람이 선택(選擇)되어, 관리로 추거(推擧)된다 하여 관리등용을 '선거'라 하였는데, 오늘날 대통령이나 국회의원을 국민들의 표로 선택하는 것을 선거라 부르는 것과 그 어원이 같다. '과거'는 정해진 과별(科別)과 과목(科目)에 급제하여야 관리로 선택되어 추거되기 때문에 그렇게 불렀는데 이것은 당(唐)나라 때에 정착된 말이다.

과거제도의 탄생

한(漢)나라 때에 이미 과거제도는 만들어졌으나 창설기인지라 그 체제는 조잡함을 면치 못하였고 또 그 제도의 발전이 절실한 상황이 아니었기 때문에 미숙한 채로 머물러 있었다. 그러다가 수(隋)나라 문제(文帝) 때에 이르러 이 제도를 보완, 정비하여 비로소 본격적인 과거제도로 발전하게 된다(587).

당시 수나라의 지방 호족들은 연줄을 잘 잡고 운이 좋으면 중앙의 권력 중추에 등용·진출할 수 있었지만 그렇지 못한 대부분의 호족들은 지방에 칩거하여 그들이 거주하는 지역의 세력기반을 배경으로 호시탐탐 권력장악의 기회를 노리고 있었다. 지방의 이러한 분위기는 언제 반란으로 폭발할지 모르는 화약고와 같은 위험성을 내포하고 있었다. 때문에 수나라 왕들은 그들 지방 호족의 비위를 건드리지 않느라 무척 애를 먹었다.

이에 더욱 우쭐해진 지방 호족들은 자기 가문의 전통이 천자(天

子)보다 오래되고 격도 높다고 서로들 자랑하고 천자와 중앙의 권위를 업신여기는 행동을 다반사로 하였다. 천자는 그들의 못된 버르장머리를 무작정 언제까지나 방치할 수 없고, 그렇다고 무력에 호소하는 일도 피해야 했다. 그러자면 결국 지방정부에 대한 호족의 특권을 박탈하고 지방관아(地方官衙)의 고급관리를 중앙에서 임명·파견하는 길밖에 없는데 그에 따른 기득권층의 반발을 달래는 방편으로 과거제도를 고안하게 된 것이다.

과거제도는, 호족들로서는 여러 면에서 일반 서민보다는 합격의 가능성이 압도적으로 높은데다가 합격만 하면 고급관리로 등용되거나 권력의 핵심부까지 진출할 기회가 주어지는 등용(登龍)의 길이었기 때문에 환영하였으며, 또 일반 서민들은 운과 재능이 있어 합격만 하면 출생이나 신분에 구애됨이 없이 입신출세하는 길이 열렸으므로 크게 환영하였다. 말하자면 모든 사람에게 관리 등용의 길이 열려 있고, 누구의 눈에도 공평한 방법과 절차에 의하여 유능한 관리가 선출되고 그들이 나라 살림을 맡는다는 것은, 불평을 지닌 호족이나 신분과 가난을 원망하는 일반 서민의 양쪽에게 함께 공감을 받을 수 있는 제도였다. 이것은 현재의 고시제도도 마찬가지다.

신라의 과거제도 도입이 늦은 배경

신라 38대 원성왕(元聖王) 4년(788)에 독서출신과(讀書出身科)가 있었다는 기록이 남아 있어 문헌상으로는 늦어도 이때에는 이미 신라에 과거제도가 도입되어 있었다고 보아야 할 것이다. 따라서 신라에 과거제도가 도입된 시기는 통일신라 건국으로부터 100여 년이 지나고, 수나라의 과거제도가 성립한 지 약 200년이 지난 뒤의 일이다.

그러면 신라가 이처럼 한참 세월이 흐른 뒤에야 과거제도를 도입하게 된 까닭은 무엇이었을까?

웬일인지 이에 대해 연구한 논문이나 저술이 눈에 띄지 않지만 나는 거기에는 복합적인 요소가 얽혀 있었다고 생각한다.

(1) 당을 우리 국토에서 쫓아내었기에 군사적으로도 꿀리는 게 없는 등 당에 대한 자신감과 자긍심이 강하여, 그들의 제도를 흉내낼 이유가 없었다. 바꾸어 말하자면 그때까지 신라는 중국적 세계질서 속에 편입되지 않았다는 이야기다.

(2) 통일 후 한참 동안은 옛 백제와 고구려 주민의 민심을 수습하고 전화를 회복해야 하는 등 국내 안정을 이룩하는 데 바빴다.

(3) 불교가 융성하며 그것이 통치이념이었기 때문에 숭유(崇儒)를 바탕으로 삼는 과거제도를 쉽게 받아들일 수 없었을 것이다.

(4) 기존의 정치기구만으로도 나름대로 나라를 다스릴 수 있었다.

(5) 그리고 무엇보다도 가장 중요한 이유는 과거제도는 골품제(骨品制)의 붕괴를 가져올 수 있는 위험성이 내포되어 있어, 왕족뿐만 아니라 왕족에 준하는 귀족과 호족들도 새로운 세력의 대두를 가져올 그런 제도를 바라지 않았기 때문이었다고 봐야 할 것이다.

주지하는 바와 같이 골품제의 골(骨)은 혈통(血統)을, 품(品)은 지위와 신분을 뜻하므로, 골품제란 그 혈통에 의하여 그 지위와 신분이 출생하면서부터 결정되는 신분 세습제도이다.

이와 같은 신분세습제도는 비단 신라에만 있었던 게 아니고 백제와 고구려도 마찬가지였고, 또 근대 이전까지는 세계 각국에도 세습제가 많았으며 심지어 일부 국가는 오늘날까지도 신분이 세습된다.

그러나 신라의 그것은 아주 엄격하게 세분화되어 있었다는 것이 특징이다. 골품은 성골(聖骨), 진골(眞骨), 두품(頭品)으로 나누어지는데, 성골은 부계(父系)와 모계(母系) 양쪽이 모두 왕족인 자를 말하며, 한쪽만이 왕족일 경우는 진골로 한 계급 떨어진다. 성골과 진골을 합쳐 왕족이라 부르나 성골이 아니면 왕(王)이 될 수 없었다.

왕족보다 하위가 두품인데, 이는 신라 성립과정에서의 각 부족장의 공(功)과 세력의 우열에 따라 관리로 등용될 수 있는 육·오·사 두품과 서민인 삼·이·일 두품으로 서열이 정해졌다.

그 계급 구분은 엄하여, 골품과 두품의 위계에 따라 관위(官位), 색복(色服), 가옥, 장식품, 차기(車騎), 기구 등이 까다롭게 규정되었을 뿐 아니라 오를 수 있는 위계까지 제한되어 있었다.

그러나 골품제의 가장 큰 특색은 '혼인은 동위(同位)의 골품끼리' 한정했던 점이다. 심지어 신라 왕족은 3촌에서 6촌 사이의 결혼이 가장 바람직한 것으로 생각했다. 고려 때에도 이 풍속이 답습되어 16대 34명의 왕에게 총 63쌍의 근친혼이 있었다. 8촌간이 44쌍, 4촌 이내가 28쌍, 심지어 형제·자매끼리의 결혼이 10쌍이나 되며, 일반 백성도 6촌 내의 근친혼은 별 저항 없이 예사로운 일로 여겨졌다.

당시에는 만약에 다른 골품과 결혼하게 되면 바로 그 하위의 골품으로 신분이 떨어져 버린다. 이는 마치 백인 사회에서 백인과 흑인 사이의 혼혈아가 흑인으로 취급받는 것과 같은 현상인데 그런 점에서 '신데렐라'는 생겨날 여지가 없었다. 충청남도 보령군 아산면 성주리의 성주사 옛터에는 낭혜대사 백월보광탑비(白月葆光塔碑, 국보 8호)가 있는데 이 탑비에는, 낭혜대사(朗慧大師)가 신라 태종 무열왕의 후손인 진골이면서도 육두품의 여자를 사랑해 육두품의 신분으로 격하되었다는 골품제도에 관한 귀중한 기록이 새겨져 있다.

세계의 근친혼

근친혼 관습은 유교사회가 되면서 가장 수치스런 일로 금기시되고, 마침 내는 동성동본뿐만 아니라 본관이 다르더라도 동성끼리의 결혼은 피하게 되었다. 일본인은 사촌끼리의 결혼은 흔히 있었는데도 불구하고, 창씨개명 까지 강요한 그들도 한국인의 동성동본의 금혼제도를 깨뜨리지는 못했다.

근친혼은 남방계로는 고대 잉카왕국 하와이왕국 발리족 등 폴리네시안 에서는 흔하다. 북방계에서도 유럽 왕족들도 근친혼이 흔했으며 일본 황 실도 천황은 황족 안에서만 황후를 얻어야 했다. 쇼와(昭和) 천황은 이방 자(李方子) 여사와 결혼하고자 했으나 그녀가 불임(不姙)체질이라는 의사 의 진단에 따라 딴 여자와 결혼하면서, 조선조 이(李) 씨의 후손을 끊기 위해 그녀를 영친왕(英親王)에게 시집보냈던 것이다. 그러나 이방자 여사 가 연이어 남아를 낳자 불임 판정을 내린 의사는 자살하고 말았는데, 이에 대하여는 쇼와 천황 황후 집안이 딸을 황후로 만들기 위한 음모의 결과라 는 설도 있다. 그러나 지금의 헤이세이(平成) 천황과 그 아들(황태자)은 평 민과 결혼하였다.

그러나 성골과 진골은 그 인원수가 한정되어 있는데다가 근친결혼 이 오래 지속되다 보니 기형아나 저지능아(低知能兒)가 속출하여 국 가의 통치업무를 담당하는 데 무리가 생기게 되어 통치집단으로서 현저히 퇴영한다. 그러자 왕족 내에서조차 극단의 골품제에 대한 비 판이 나오게 된다. 《성서》에 보면 사마리안족은 그 혈통 보존을 위 해 동일 혈족 내의 결혼을 지킨 결과 인구가 급격히 감소하였을 뿐 아니라 생존자의 50%가 귀머거리, 봉사 등의 불구자였다고 한다. 신 라 왕족도 아마 이와 비슷하였으리라 생각된다. 마침내 28대 진덕여 왕 사후에 김유신의 지원을 받아 진골인 태종 무열왕(武烈王)이 왕 좌에 오르는데 이것은 여간 큰 변화가 아닐 수 없다. 그러나 성골이 아니면 요직을 차지할 수 없었던 사정은 변하지 않았다.

세월이 흘러 약 100년쯤 지나자 골품제는 점차로 풍화되면서, 국력의 원천인 농·공 계급과 가까이 생활하며 그들에게 영향력이 컸던 두품들의 발언이 힘을 얻게 되고 그들은 모든 골품과 계층에서 유능한 관리의 발굴을 위한 새로운 사회를 요구하게 된다. 여기서 과거제도가 그 대안으로 부상한 것이다.

단, 우리가 유의해야 할 점은 그것이 오늘날 한국이나 일본에서 시행되고 있는 고시제도처럼 계급과 신분에 아무런 제약이 없는 것이 아니고, 신분에 따라 응시과목이 제한되고 승진의 한계가 있는 등 어디까지나 왕권 유지를 위한 도구였다는 사실이다(이것은 중국이나 한국이나 모든 왕조에 공통된다.)

어쨌든 우리나라 최초의 과거시험은 앞에서 언급한 바와 같이 신라 원성왕(元聖王) 때의 '독서출신과'였다. 독서출신과는 한문의 독해력을 시험하여 상·중·하의 3품으로 차별화하여 등용한 데서 독서삼품과(讀書三品科)라고도 불렸다. 그러나 신라의 과거제도가 제대로 체계를 갖춘 제도로까지 발전하지 못한 것은 신라가 과거제도에 주목하였다 하더라도 앞서 지적한 바와 같은 여러 가지 제약으로 말미암아 정돈된 제도로 만들 여건이 충분히 성숙하지 않았기 때문이다.

과거제도의 확립

고려 정권이 안정기에 들어간 4대왕 광종(光宗) 9년(958) 후주(後周)로부터 귀화한 쌍기(双冀)의 건의에 의하여, 당나라의 제도를 보기로 삼은 과거제도를 법으로 제정하였는데 우선 제술과(製述科; 진사과라고도 함)·명경과(明經科), 그리고 의과(醫科)·복과(卜科)를 두는 데 그쳤다.

　17대왕 인종(仁宗)은 과거제도 보완이 필요하다고 판단하여, 인종 14년(1136)에 오늘날 우리들이 일반적으로 인식하고 있는 것과 비슷한 과별과 과목을 정했는데 이로써 과거는 제도적으로 확립된다. 물론 그후 그 과목 명칭과 내용·시험기일 등 세부적으로는 변동과 변경이 없지 않았으나 기본적인 골격에는 큰 변화가 없었다. 왕조가 바뀐 조선에서도 기본적으로는 고려의 제도를 그대로 계승하였다.

　그런데 과거에 처음부터 문·무 양과가 있었던 것은 아니었다. 무과가 설치된 것은 고려의 마지막 왕인 공양왕(恭讓王) 2년(1390)이었는데, 그 바로 2년 뒤에 고려가 멸망하였기 때문에 제대로 시행되지도 못한 채 끝나고 말았다. 조선조에 들어와 3대왕 태종(太宗)이 무과 설치를 명하여(1408) 용호방(龍虎榜)이라는 그럴싸한 이름을 붙였다. 태종의 집권과정에서 우러난 그다운 철학이 반영된 조치라 하겠다. 8세기 말에 신라에 과거제도가 도입된 지 620년이 지나고서 비로소 무과가 자리를 잡았으니 무과가 얼마나 경시되었느냐는 증좌이기도 하지만 어떻든 과거제도는 태종 때에 이르러 문·무를 겸비한 제도로 확고히 정립되었다. 그러나 문·무 양과에 의한 과거제도 확립의 역사적 의의는 거기에 그치지 않는다. 그것은 곧 문과의 동반(東班)과 무과의 서반(西班)에 의한 양반과 양반제도의 출현을 말하는 것이기 때문이다. 그러나 그 뒤의 역사에서 절대적인 문우무멸의 역사가 중단된 것은 아니었다.

---

* 동·서 양반 외에 내시부(內侍部) 등 내료직(內僚職)에 있는 자들을 남반(南班)이라 부르기도 하였으나 그것은 양반과는 전혀 다른 것이다("환관"에서 상술함).

과별(科別)과 과목(科目)

과거는 크게 본과와 잡과로 나누어지고 다시 세분된 과별이 있다
(〈표 3〉). 본과 응시는 주(州)·군(郡)·현(縣)의 부호장(副戶長) 이
상의 양반의 자제에 한하였다. 잡과는 실무·기술자를 채용하는 것인
데 천민 이외의 일반 서민은 응시할 수 있었지만 정6품이 승진의
한계였다.

그러나 〈표 3〉의 과목을 전부 시험하는 것이 아니며, 특히 제술법
은 그때그때 두세 과목을 가려서 치렀다.

〈표 3〉 고려 인종 때의 과거 과목

과 별		과 목
본 과	제술업 (製述業)	경의(經義) 시(詩) 부(賦) 송(頌) 책(策) 론(論)
	명경업 (明經業)	서(書) 역(易) 시(詩) 춘추(春秋) 예기(禮記)
잡 과	명법업 (明法業)	율(律) 령(令)
	명산업 (名算業)	구장(九章＝산술) 철술(綴術) 삼문(三聞) 사가(謝家)
	명서업 (明書業)	논문(論文) 오경자양(五經字樣) 진서(眞書) 행서(行書) 전서(篆書) 인문(印文)
	의 업 (醫 業)	소문경(素門經) 본초경(本草經) 명당경(明堂經) 맥경(脈 經) 침경(針經) 난경(難徑) 구경(灸經)
	주금업 (呪噤業)	맥경(脈經) 유위자법(劉渭子法) 창달론(瘡疸論) 명당경 (明堂經) 침경(針經) 본초경(本草經)
	지리업 (地理業)	신집지리경(新集地理經) 유씨서(劉氏書) 지리결경(地理訣 經) 경위경(經緯經) 지경경(地鏡經) 구시경(口示經) 태장 경(胎臟經) 가결(謌訣) 숙씨서(蕭氏書)
	하론업 (何論業)	진서주장(眞書奏章) 하론(何論) 효경(孝經) 곡례(曲禮) 율(律)

식년시(式年試)와 별시(別試)

태조(太祖) 2년(1393)에 자(子)·묘(卯)·오(午)·유(酉) 해에, 말하자면 3년에 한번씩 실시하는 이른바 식년시(式年試) 제도를 정했다. 그러다가 9대 성종(成宗)이 초시(향시=鄕試)는 인(寅)·신(申)·사(巳)·해(亥) 해의 가을에 보게 하였다. 이는 초시 합격자가 한양에서의 전시(殿試)에 응하는 데 3년을 기다릴 필요 없이, 상경하는 시일 등을 감안하여 바로 전시에 응시할 수 있게 하는 조치로 극히 합리적이어서 크게 환영을 받았다.

그러나 식년시가 흔들림 없이 시행되지는 않았다. 외침이나 반란이 있을 때에는 당연히 연기되었지만 그보다도 주원인은 국가나 왕실에 경사가 있을 때 이를 경축하는 뜻에서 수시로 별시(別試)를 보게 하였는데 이 부정기적인 별시가 잦아지면서 식년시는 그 빛과 권위를 잃게 되었다. 특히 세종(世宗)은 혈족간의 인간적 고뇌와 병환 때문에 불교를 숭상하면서, 세조(世祖)는 수없이 죽인 원혼들이 꿈에 나타나는 등의 번뇌에서 벗어나려고 별시를 자주 시행하였다. 세조는 스스로 대호불왕(大好佛王)이라 칭하며 태조가 정한 배불의 국시에 배치되는 호불정책으로 한때 불교중흥을 맞이하기도 했던 것이다.

세조는 한번 과거에 급제하여 벼슬길에 오르면 그 뒤로는 공부하지 않는 폐풍(대학에 들어가기만 하면 공부와는 거리가 멀어지는 오늘날의 우리 풍토와 비슷)을 쇄신하고 문풍을 진작시킨다는 명분 아래 발영시(拔英試; 세조12년, 1466년 단오날)와 등준시(登俊試; 같은 해 8월)를 실시하여, 성적이 우수한 자는 품계를 올려주고 과거를 겪지 않는 자에게도 급제자와 동일한 자격을 주었다. 이는 뒷날 하나의 전례가 되어 제왕에 의해 현직 관료를 대상으로 실시된 별시의 전형이 되었다.

세조는 재위 14년간에 23회의 과거시험을 시행하였는데, 태종 18년간에 11회, 세종 32년간에 21회, 성종 25년간에 28회 등도 식년시를 유명무실하게 하였지만, 그것과 비교하더라도 몹시 빈번히 시행했음을 알 수 있다(세조 12년에는 한 해에 5회 실시). 세조가 이렇게 빈번하게 별시를 치른 것은 앞에서 말한 명분 때문만이 아니고 다음과 같은 까닭이 있었다.

(1) 재위중에 일어난 역모 반란 또는 사육신(死六臣)과 관련되거나, 단종에 지조를 지켜 관직을 사양한 자가 많아서 그 공석을 채워야 할 현실적 필요성과

(2) 쿠데타 정권이라는 비난을 희석시키고 문치(文治)로 포장하기 위한 고육지책 때문이기도 했으나,

(3) 세조에 비판적인 선비나 유생(儒生)에게 급제의 기회를 주어 회유하는 방도이기도 했고,

(4) 동시에 새로운 인재 발굴을 기하는 선의도 있었다고 보아야 한다.

14대 선조(宣祖) 때에는 나라의 경사 등 갖가지 핑계로 별시의 종류가 증과시, 알성시, 별시, 정시, 증광시, 춘당대시 등으로 늘어나 식년시보다 별시가 과거의 중심인 것처럼 변해 버렸다.

장원(壯元)의 길

오자등과(五子登科)의 기원

과거는 한없는 마력을 지닌 것이었다. 과거급제는 모든 가문의 모든 남자에게 지고·절대의 소원이요 꿈이었다. 그것은 급제한 본인에게는 다시없는 영예요 입신출세의 보증인 동시에 세도로 가는 길이기도 하였다.

양반 집에서는 아이를 잉태하면 오자등과라 새겨진 거울을 조석으로 들여다보며 최소한 다섯 아이가 과거에 급제하기를 기원하는 태교(胎敎)를 한다. 산월이 가까워지면 '장원급제'라 새겨진 엽전이나 동판(銅版)을 그 글자가 닳아 없어지도록 기도하며 문지른다. 염력(念力)으로 주력(呪力)을 얻으려는 것이다.

세도가의 자제는 세 살이 되면 과거급제를 목표로 삼는 거자(擧子)라 부르고, 공부를 시작하면 훌륭한 스승이 붙지만, 이른바 서향가(書香家: 책의 향기가 온 집안에 배어 있는 지식계급의 집)에서는 가족 전원이 스승 노릇을 하기도 했다. 세 살배기 아이가 배우면 얼마나 배우며, 알면 얼마나 깨달을 것이라고 이렇게까지 했을까.

여섯 살이 되면 세도가의 자제는 여관(閭館=學館)에 들어가 천자문부터 새로 배운다. 성적이 나쁘거나 게으른 자는 회초리로 종아리를 맞는 것은 유명하다. 천자문을 떼고 나면 《몽구》(夢求) 3권을 배운다(《몽구》는 주로 옛 사람의 일화를 모아서 알기 쉽게 짜 놓은 책이다). 《몽구》를 마치면 드디어 사서오경과 씨름을 하여야 하는데 그 중에서도 가장 주된 것은 《논어》이다.

이른 자는 13세 전에, 늦어도 15세까지에 고전교육(古典敎育)을 마쳐야 하는데 그 사이에 완전히 익혀야 하는 자수는 다음과 같다.

- 논어(論語)　　11,705자
- 역경(易經)　　25,700자
- 시경(詩經)　　39,234자
- 좌전(左傳)　196,845자

- 맹자(孟子)　　34,685자
- 서경(書經)　　25,700자
- 예기(禮記)　　99,010자

《대학》(大學)과 《중용》(中庸)은 중복되는 부분이 많아 계산에 넣지 않고도 43만 2,879자에 이른다. 이것은 하루도 빠지지 않고 매일 200자씩 기억하여 6년이 걸리는 숫자다. 뿐만 아니라 그 몇 배나 되는 주석서를 읽어놓지 않으면 막상 시험에 부딪혔을 때 좋은 해답을 낼 수 없으니 정말 예사로운 일이 아니다.

그러나 여기까지는 시작에 불과하다. 말하자면 과거응시를 위한 예과 과정에 불과하며 그때부터 수많은 경전(經典)·역사·문학 책을 통독해야 하며, 특히 문학서는 단순히 읽어서 끝나는 것이 아니고 스스로 훌륭한 시와 문장을 지을 수 있는 능력을 길러놓지 않으면 그때까지의 고생이 다 허사가 된다.

이 엄청난 일을 초등학교에서 중학교 저학년쯤의, 어찌 보면 아직 철도 들지 않아 한창 뛰어놀고 싶을 개구쟁이 때에 해야 한다. 그야 말로 타고난 재능과 꾸준한 각고의 면학을 지속할 수 있는 끈기와 체력 없이는 도저히 불가능한 것이고, 여기에 그렇게 할 수 있는 경제적 여유가 뒷받침되어야 한다.

한편 서민의 자제는 나름대로 경제적 여유가 있거나 신동이라고 소문이 났더라도 6~7세가 되어 서당에 가서 천자문을 배우는 것이 일반적 한계였다. 농사일을 거들고 땔감을 해 와야 하고 소를 먹여야 하는 백성들에게 과거는 별세계의 꿈에 불과하니 급제는커녕 응시할 수 있도록 학문에 전념한다는 경우도 정말 드문 일이다. 개중에 설혹 향시에 합격하였다 하더라도 복시를 위해 서울을 왕복하는 여비를 마련한다는 것은 그림의 떡일 수밖에 없다. 그의 재능을 아끼거나 재능에 기대를 거는 친지와 이웃이 얼마간의 노자를 모아 주지만, 대개는 과계(科契)에 들었던 돈이나 동성촌(同姓村)의 장학전(과거전)의 도움을 받아 한양으로 향한다. 그러나 단번에 합격하는 일은 거의 없고 두 번 세 번 되풀이하다 보면 가산은 탕진되고 나이마저 들어 비참한 노후를 맞게 된다. 결과적으로 과거는 서민에게는 출세의 기회보다 패가망신을 훨씬 많이 안겨다 주었으리라 생각할 수밖에 없다.

노동자(老童子)

고되고 고된 수학을 거쳐 향시(초시)에 응시하기 위하여는 그 전에 서당 등에서 행하는 테스트에 합격하여야 하는데 그것은 늦어도 14세까지의 이른바 동자(童子)여야 한다. 왜냐하면 15세가 되면 관례(冠禮)라는 성인식을 하게 되어 있기 때문에 동자가 아닌 성인이 된다[《논어》에서도 15세를 진짜 학문을 하게 된다 하여 지학(志學)이라 하였다].

그런데 동자만을 대상으로 하는 예비 테스트에 합격하지 못하면 아예 향시에 나갈 수 없기 때문에, 장가를 가고 아이까지 두고도 동자의 모습과 동자의 신분에 머물러 있는 자(관례도 하지 않고 상투도 하지 못한 채 머리를 길게 늘어뜨리고 있었음)를 노동자(老童子)라 하였다.

어느 노동자가 향시를 위해 공부만 하다 보니 머리와 수염은 길 대로 길어지고, 목욕도 하지 못해 때와 냄새에 찌든 채 집을 나선다.

정말 눈물겨운 풍경이다. 향시를 마치고 한시름 놓은 노동자가 싸가지고 간 새 옷으로 갈아입고 목욕을 하고 머리를 손질하여 딴사람 같은 모습으로 자기 집으로 돌아온즉, 사립문 앞에서 마누라가 "그 노총각은 뉘 집 아이던가?" 하면서 집에 들어오는 것을 막았다는 이야기가 있다. 과거가 평생의 운명을 건 힘든 일임을 말하는 이야기지만 결코 부담 없이 웃을 수만은 없는 우스개이다.

지식계급은 십년한창일거성명(十年寒窓一擧成名: 10년의 고된 면학으로 일거에 이름을 떨치게 된다)의 꿈을 떨쳐버릴 수가 없어 모든 것을 버리고 그 일에만 정력을 쏟는다. 오십소진사(五十少進士: 50세이면 그래도 젊은 진사. 진사란 향시 합격자를 뜻함)라는 말대로 50세에라도 진사에 급제한 자는 그래도 행운아였던 것이다. 아니 50세를 지나서라도 급제한 자는 나은 편이고 과거를 위해 평생을 다 보내고도 뜻을 이루지 못한 채, 실의 속에 인생을 마감한 자가 아마 급제자의 수천 배는 될 것이다. 정말 일장성공만골고(一將成功萬骨枯)는 아니지만 일장원성지만동자로(一壯元成志萬童子老)라고나 표현할까.

송(宋)나라의 조보지(晁補之)는 지사까지 되었지만 낙방한 동생 조충지(晁冲之)는 다음과 같은 유명한 시를 남겼다.

> 老去功名意轉疎　　獨騎瘦馬問田盧
> 孤村到曉猶燈火　　知有人家夜讀書
> 나이를 먹고 보니 공명을 얻고자 하는 의욕도 사라지고
> 홀로 여윈 말을 타고 쓸쓸히 시골길을 가는데
> 외딴 마을에 다다르니 새벽인데도 아직 불이 켜져 있으니
> 분명코 저 집에도 밤을 새며 책을 읽는 자가 있으리라

'너도 헛공부하는구나. 제발 나 같이 되지 말라'는 뜻이 담겨 있는 시인데 노동자의 쓰리고 실의에 찬 슬픔이 우리의 가슴에 와 닿는다.

당나라 중기의 시인 장계(張繼)가 첫번째 과거에 낙방하여 배로 고향으로 돌아가는 길에 소주(蘇州)를 지나면서 한산사(寒山寺)의 종소리를 듣고 읊은 〈풍교야박〉(楓橋夜泊)은 뒷날 《당시선》(唐詩選) 첫머리에 수록되었다.

> 月落烏啼霜滿天　　江楓漁火對愁眠
> 姑蘇城下寒山寺　　夜半鐘聲到客船
> 　달은 지고 까마귀는 울고 서리는 온 천지에 내리고
> 　강가의 단풍과 고기잡이 불을 보니 수심에 잠 못 이루는데
> 　소주성 아래 한산사의
> 　야반 종소리는 객선까지 울려오는구나

《요재지이》(聊齋志異)라는 기서(奇書)의 저자 포송령(蒲松齡)은 몇 번이나 과거에 낙방하였는데, 그의 책 속에 화신(花神) 이야기가 나온다. 내용은 포송령 자신이 화신의 부탁을 받고 풍신(風神)과의 최후의 일전을 위해 격문(檄文)을 기초하는 꿈을 꾸었다는 것이다. 정신분석적으로 해석하면, 이 꿈은 자기를 낙방시킨 시험관의 안식을 조소하고 낙방한 자기의 분노를 나타낸 탁몽(託夢)이라 할 수 있다.

또 포송령은 몇 번이고 응시했던 체험을 바탕으로 과거 보는 자의 모습을 거자칠변(擧子七變)이라 표현하였다. 거지꼴로 시험장에 들어가면서 죄수처럼 몸 검색을 당하고, 이어서 이웃 것을 훔쳐보려고 벌새끼 모양이 되고…. 시험을 치르고 나서는 아랫도리의 힘이 빠져 병든 새처럼 되었다가 마침내 낙방이 되고 나면 땅바닥에 굴러떨어

져 비상 먹은 파리처럼 된다는 둥이 그것이다.

《아(阿)Q정전》을 쓴 루쉰(魯迅)의 단편에 공을기(孔乙己)란 자가 있다. 그는 백발에 10여 년을 빨지도 깁지도 않은 옷을 걸치고 선술집에 나타나서는 심부름하는 소동(小童)을 붙들고 안주인 회향두(茴香豆)의 '회'자는 이렇게 쓰는 것이라고 식자연한다. 비록 과거에는 낙방했어도 너희들과는 다르다는 것을 보여 그 울분을 달래는 것이다. 그러던 어느 날 공을기는 두 발이 잘린 병신 꼴로 그 술집에 기어들어 온다. 19년 전의 외상 술값을 갚고자 도둑질하다가 다리 절단의 린치를 당한 것이다. 노동자의 말로가 잘 묘사되어 있다. 루쉰이 이 소설에서 진짜 말하고 싶었던 것은, 고식화된 과거 학문은 벼슬을 미끼로 인간파괴를 가져와 인격향상과 사회발전에는 도리어 해를 끼친다는 것이다.

'큰놈 되라' 이즘

우리들이 성장하는 과정에서 가장 많이 들은 말은 '큰놈 되어야지' '그 놈 큰놈 되겠다'였을 것이다. '큰놈'이란 말할 나위도 없이 과거에 급제하여 입신출세한 자를 가리키는 말이다. 백상창(白尙昌) 교수는 이러한 한국인의 권력지향적 정신구조를 '큰놈 되라 이즘'이라 규정하고 세계 정신분석학계에서 발표하여 많은 공감을 얻어 그것이 이제 학술용어로 자리잡기에 이르렀다고 한다. 진정 한국인의 의식구조는 오랜 세월 동안 잠재되어 온 과거급제의 소원을 사상(捨象)하고는 논할 수 없다고 생각한다.

어쨌든 우리 사회에서 과거급제는 모든 것 위에 우뚝 서는 꿈이었다. 그것은 우리 사회의 모든 계층의 생활과 언어 관습에 잘 나타나 있다. 자기 남편을 '우리 집 양반'이나 '우리 집 서방님'이라 부르는 것은 차치하고라도 자기 사위를 '김 서방'(書房: 글 읽고 공부하는 방의 사람)이라 부르고, 심지어는 '낫 놓고 기역자도 모르는' 머슴까지도 '서방'이라 불러 준다. 또 그런 사람들도 사후에는 '○○學生府君'이 되고 그 아내는 '유인'(孺人: 9품의 벼슬아치의 아내)이라고 위폐에 적어 준다. 남자들끼리는 金公・朴公이 아니면 진사라 서로 부른다. 편지나 선물, 특히 사성(四星)을 보낼 때는 '○○生員宅入納'이라 적어 보내는데, 생원(生員)이란 과거의 최종시험인 전시(殿試)에 합격한 자를 일컫는 말이었다. 이것을 보면 실로 과거급제는 소원을 넘어 종교적 절대가치였다고 하겠다.

전시(殿試)까지의 도정(道程)

향시는 관시에서는 50명, 한성(漢城)에서는 40명, 경기 20명, 충청・전라 각 25명, 경상 30명, 강원・평안 각 15명, 황해・함경 각 10명 합계 240명을 뽑았다. 그때의 인구가 약 500만 명이었으니 인구 비율로 따지면 학력고사 2,200등 안에 드는 실력에 해당되고 식년시, 복시 합격자는 조선조 518년간에 1만 5,547명으로 기록되어 있으니 연 평균 30명이다. 지금 같으면 전국 300등 안에 들어가는 셈으로 사법・행정고시 합격보다 몇 곱절 어려웠다 할 수 있다. 정말 과거급제는 여간한 노력과 재간 없이는 꿈도 꿀 수 없는 일이었다.

당나라 때 형주(荊州) 땅에서는 한 사람도 과거급제자가 나오지 않아 천황(天荒: 천지혼돈의 땅)이라 일컬어 왔는데 유태(劉蛻)라는 자가 드디어 급제하여 천황을 깨뜨렸다 하여 파천황(破天荒)이란 말이 생겨났다. 여기서 유래한 '파천황'이란 고사성어는 전인미답(前人未

구도장원공(九度壯元公)

이이(李珥, 호는 栗谷)를 구도장원공이라 한다. 그는 13세 때에 초시에 장원 합격한 후로 아홉 차례의 과거에서 아홉 차례의 장원이라는 놀라운 기록을 남겼기 때문이다.

踏), 즉 아무도 앞질러 하지 못한 일을 해낸다는 뜻을 지니게 되었다〔《북몽쇄언》(北夢瑣言)에 나옴〕. 이것은 과거급제가 얼마나 어려운 일인지를 잘 말해 주는 고사이다.

어쨌든 향시의 난관을 통과하면 향공(鄕貢)이란 명칭이 주어지며, 이것으로 복시(覆試) 응시의 자격이 주어지게 된다. 그러나 향공이라 하여 바로 복시를 볼 수 있는 게 아니고 다시 여러 관문을 통과해야 한다. 먼저 성균관에서 응시자격을 조사(호적으로 신분, 적·서자 여부, 특히 역적 관련 여부 조사)하고, 하자가 없으면 조흘강(照訖講)이라 하여 《소학》을 외우게 한다. 이 관문을 통과한 자에게 국립 최고 교육기관인 국자감(國子監)에서 과거 본시인 복시에의 응시 예비 자격증인 '조흘첩'을 수여한다(〈표 4〉 참조).

그러면 조흘첩을 받으면 바로 복시에 응할 수 있느냐 하면 그렇지도 않다. 최소 3년간 국자감에서 교육을 받아야 한다. 그 기간에 학문을 더 연마하고 고급관리로서의 통치능력과 인품 교육이 행해진다. 이리하여 그 능력과 인품을 인정받고 나야 비로소 복시에 응시해도 좋다는 허가가 난다. 정말로 길고 긴 도정이다.

복시에 응시하는 당일이 되면 푸른 두루마기에 유건(儒巾)을 쓰고 필묵과 돗자리에 커다란 일산(日傘)과 등롱(燈籠)과 음식·이부자리 등 한 보따리를 들고 입장한다. 복시는 경복궁 뒤뜰(지금의 청와대 자

〈표 4〉 조선조의 과거시험 단계

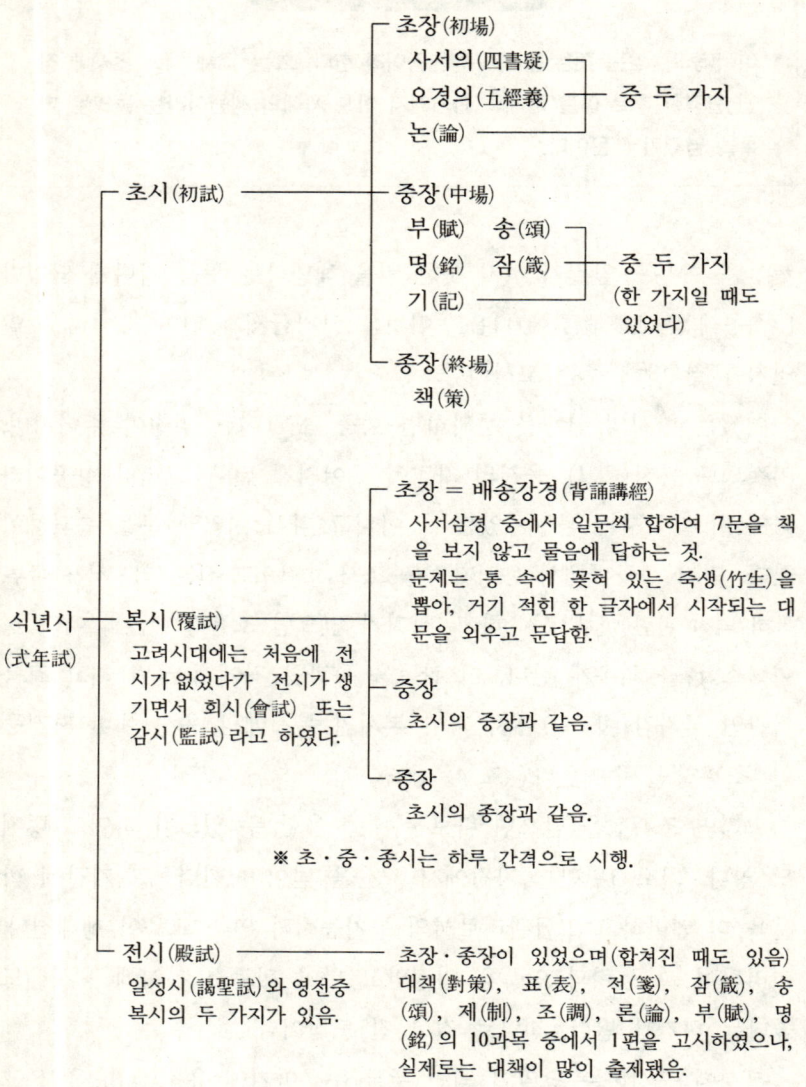

초시(初試)

초장(初場)
- 사서의(四書疑)
- 오경의(五經義) ── 중 두 가지
- 논(論)

중장(中場)
- 부(賦)   송(頌)
- 명(銘)   잠(箴) ── 중 두 가지
- 기(記)   (한 가지일 때도 있었다)

종장(終場)
- 책(策)

식년시
(式年試)

복시(覆試)
고려시대에는 처음에 전시가 없었다가 전시가 생기면서 회시(會試) 또는 감시(監試)라고 하였다.

초장 = 배송강경(背誦講經)
사서삼경 중에서 일문씩 합하여 7문을 책을 보지 않고 물음에 답하는 것.
문제는 통 속에 꽂혀 있는 죽생(竹生)을 뽑아, 거기 적힌 한 글자에서 시작되는 대문을 외우고 문답함.

중장
초시의 중장과 같음.

종장
초시의 종장과 같음.

※ 초·중·종시는 하루 간격으로 시행.

전시(殿試)
알성시(謁聖試)와 영전중 복시의 두 가지가 있음.

초장·종장이 있었으며(합쳐진 때도 있음)
대책(對策), 표(表), 전(箋), 잠(箴), 송(頌), 제(制), 조(調), 론(論), 부(賦), 명(銘)의 10과목 중에서 1편을 고시하였으나, 실제로는 대책이 많이 출제됐음.

리)에서 행해졌는데, 성균관의 명륜당(明倫堂)이나 비천당(丕闡堂) 또는 예조(禮曹) 등에서 치러지기도 했다.

이윽고 영광의 합격자가 결정되는데 이들을 생원(生員)이라 하며 생원에게는 홍패(紅牌; 때로는 黃牌)를 수여하여 그 영예를 표하여 주었으며 그 성적에 따라 수석을 장원(壯元), 차석을 아원〔亞元＝次元, 또는 방안(榜眼)이라고도 함〕, 그 다음 자를 탐화(探花)로 불렀다(중국에서는 秀才, 明經, 進士). 이들은 그 영예를 과시하기 위하여 방산(榜傘)을 쓰고 거리를 활보하였다 한다.

과거제도의 공동화(空洞化)

활개치는 금은화(金銀花)

권학가에서 노래하듯 과거급제가 속세의 모든 것을 보장하는 것이 되고 보면, 노력에서보다 수단과 방법을 가리지 않고 권력이나 부정으로 이것을 손에 넣으려는 움직임이 생기는 것은 피할 수 없다. 그 과실이 크면 클수록 그러한 유혹도 커지게 마련이다.

조선조 중기에 이르면, 정3품 이상의 이른바 당상관(堂上官)과 그에 상응한 벼슬아치의 자손에게는 음서(蔭敍)라는 제도를 만들어, 그 자제 중의 한 사람은 과거시험을 거치지 않고도 관원으로 등용하는 길을 열어 주었는데〔이를 가자(加資)라고 한다〕 그들의 승진은 정식으로 과거에 합격한 자보다 빠른 경우가 허다했다. 사람들은 그들을 음관(蔭官) 또는 남행관(南行官)이라 멸칭하였는데 이로부터 과거제도의 공동화가 시작되었다.

1992년 1월의 대학입시 시험지 도난사건은 아직도 충격이 가시지 않는 어처구니없는 사건이었지만 그 뒤에도 유사한 시험부정 사건은 그치지 않고 있다. 또 어느 대학생 모임의 설문조사에 의하면 45.3%의 학생이 커닝을 경험했을 뿐더러 그 행위가 양심에 꺼릴 게 없다는 답이 57%나 되었다. 뿐만 아니라 시험부정은 점점 지능화되어 가고 있다.

　　미국 대학에 가려면 GREGMAT 시험을 거쳐야 하는데 10시간의 시차를 이용하여 시험문제를 미국에서 전송받아 높은 점수를 따낸 사건이 있었다. 다만 그 아이디어에 감탄할 뿐이다. 그러나 그만한 꾀가 있는 사람이라면 그 꾀로 열심히 공부하면 그런 부정을 않고도 진학은 문제없을 것인데라고 생각하게 된다. 사실, 커닝은 세계 어느 곳에서나 있다. 심지어 미국 육군사관학교에도 있고 세계적 명문인 MIT 대학생 중 81%가 커닝 경험자라니 다시 말할 것도 없다.

　　얼마 전 이른바 '족집게 과외'로 세상이 시끄러웠던 일이 있는데, 어느 시대, 어느 나라를 막론하고 인간이 하는 일은 대동소이하여, 과거에도 예상 문제집과 과거의 출제문제에 대한 모범답안집〔이를 초집(抄集)이라 한다〕이 판매되었다. 국민대 박물관에서는 '조선시대 과거 답안지'와 '초집'을 전시한 바 있다(1998. 10. 11~30).

　　또 시험장에는 금란관(禁亂官)이라는 감독관이 열 개의 도장을 목에 걸고 다니며 이를테면 시험지를 맞바꾸었다면 환권(換券), 중얼거리며 서로 알리면 음아(吟哦)라는 도장을 찍어 부정임을 밝혀 버린다. 그래도 부정은 조금도 줄어들지 않았다.

　　시대는 거슬러 올라가지만 조선조 11대왕 중종(中宗) 때 조광조(趙光祖)는, 재능은 있어도 서울 왕복의 여비 마련에 어려움을 겪는 서민의 처지 등을 감안하는 동시에, 시문(時文) 시험만으로 과거를 치르는 것은 보다 중요한 인품과 그 지방에서의 성망이 무시된다 하여, 한(漢)나라 때에 시행한 바 있는 현량방정과(賢良方正科)처럼 각 고을의 수령 방백들로 하여금 초야에 묻혀 있는 인재를 천거하여 그들에게 시험을 보게 함으로써, 이른바 실행을 겸비한 인재를 가려 뽑아야 한다고 중종을 설득하여, 향량과라는 과거제도를 시행하였다. 그러나 이러한 획기적인 제도도 홍경주(洪景舟)를 두목으로 하는 수구세력의 모함〔이른바 주초위왕(走肖爲王) 사건〕으로 기묘사화(己卯士禍)로 사사(賜死)되어, 모처럼 개혁될 듯했던 우리 역사와 과거제도의 개혁은 좌절되고 만다.

이렇게 되고 보니 조선조 15대왕 광해군(1608~1623) 때에 이이첨(李爾瞻)은 온갖 부정을 총동원하여 네 자식을 모두 합격시켰으며, 한찬남(韓纘男)은 글자도 제대로 읽지 못하는 유아를 합격시켰다.

바야흐로 과거에서의 부정이 과거제도의 공을 깔아뭉개 버리고 과거 시행과정에 대한 불신이 왕권에 대한 불신으로 번져 갔으며, "어사화(御賜花)냐 금은화(金銀花)냐"라는 유행어가 생겨났다. 실력으로 급제했느냐 부정·금전매수로 산 것이냐는 것이다. 바야흐로 과거제도는 인재 등용은커녕 나라를 좀먹는 제도로 전락해 가고 있었던 것이다.

과거 8폐(科擧八弊)

마침내 23대왕 순조(純祖) 18년(1818)에 성균관의 사성(司成) 이형하(李瀅夏)는 과거 8폐를 지적하여 이것이 일소되어야 한다고 상주(上奏)한다.

그가 지적한 여덟 가지 폐단은 다음과 같다.

借述借作(차술차작): 남의 글을 표절하는 것.

隨從狹冊(수종협책) : 본인이나 종 또는 딴사람이 미리 짜서 책이나
　　　　　　　　　참고서를 시험장에 들여놓음.

入門蹂躪(입문유린) : 모범답안을 작성할 수 있는 자 또는 대필할
　　　　　　　　　자 등을 함부로 출입시킨다.

呈券紛還(정권분환) : 미리 짠 자가 수험자의 이름으로 제출(말하자
　　　　　　　　　면 대리시험).

外場書入(외장서입) : 출제내용을 사전에 알고 모범답안을 미리 작
　　　　　　　　　성한 것이나 밖에서 작성한 것을 살짝 받아
　　　　　　　　　제출한다.

赫蹄公行(혁제공행) : 이름 적힌 곳을 봉하게 되어 있으되 최초의
　　　　　　　　　문자 또는 문장 또는 암호 따위를 써서 채점
　　　　　　　　　자에게 알게 하는 일.

吏卒換面出入(이졸환면출입) : 감독자가 자리를 비우거나 바꾸어 부
　　　　　　　　　정을 돕는 일.

字軸恣意幻弄(자축자의현롱) : 시험지에 낙서를 하거나 난데없는 글
　　　　　　　　　로 희롱하는 일.

이형하의 건의에 따라 부정 폐풍을 일소하기 위해 과장구폐절목
(科場捄弊節目)을 제정하고 동시에 위반자에 대한 벌칙도 정하였다.

(一) 입문유린자는 잡아서 수군(水軍)에 배치하고,
(二) 참고서를 보고 쓴 자는 6년간 응시자격을 박탈하고.
(三) 대리시험자는 양자를 일정한 곳에서 3년간 교정 노역(矯正勞
　　役)케 한다는 것이다.

조선시대에는 이른바 삼금(三禁)이 있었는데, 소나무를 베지 못하게 한 송금(松禁), 소를 함부로 도살하지 못하게 한 우금(牛禁)과 정해진 기간에는 술을 빚어 팔거나 마시지 못하게 한 주금(酒禁)이 그것이다.

이 중 주금을 어기면 형량이 그 양과 죄질에 따라 달랐지만 일반적으로 무거웠다. 영조 32년(1756)에 정한 바에 따르면 술을 빚은 자는 섬에 유배시키고, 사서 마신 경우에는 멀리 귀양 보내고, 중서(中庶) 신분자는 수군에 배치시키며, 일반 백성은 작은 고을의 노비로 삼게 하였으니, 수군의 신분은 천민 대우였으리라 생각할 수 있다. 수군의 신분을 이렇게 한 데서 문무무멸의 비뚤어진 가치관과 턱없는 국방관을 엿볼 수 있으며, 그러한 자를 이끌고 왜적을 무찌른 충무공의 위대함을 새삼 통감케 된다.

그러나 어느 시대 어느 나라를 막론하고 아무리 엄한 법과 규정에도 빠져나갈 길이 있으며 법과 규정이 엄해질수록 그 방법도 지능화된다.

하물며 양반이나 세도가에게는 그들의 출세와 기득권 유지에 가장 유효한 제도인 과거시험은 그 운영과정의 기강이 얼마간 흐트러져 있는 것이 편리하다. '과장구폐절목'이란 법 하나로 엄청난 행운이 약속된 과거시험의 부정·부패가 일소될 수 없다. 더욱이 당시는 오늘날과 같이 사진이 있는 것도 아니니 본인 여부를 확인할 방법이 없어 대리시험은 마음만 먹으면 그리 어려운 일도 아니고 또한 막을 길도 없었다.

이형하 이후에도 많은 우국지사가 문란한 과거제도 운영을 시정하기 위하여 거듭 노력하였는데, 과장역서법(科場易書法)도 그 중의 하나다. 이 법은 응시자의 서체 또는 미리 짜놓은 문자나 암호 등으로 채점자가 누구의 답안인지 알 수 있게 하여 사정(私情)이나 매수로 부정이 행해지는 것을 막기 위해, 왕이 지명한 자로 하여금 답안 내용을 그대로 옮겨 쓰게 한 제도이다. 그러나 이것도 빠져나갈 마음만 먹으면 길은 그리 어렵지 않다. 응시자와 옮겨 쓰는 자와 채점자가 한 패가 되면 그만이다.

미국 프린스턴대학 동양연구소에 가면 청(淸)나라 시대의 과거의(科擧衣)라는 게 전시되어 있다. 원래 과장에 들어갈 때, 은 3냥의 상금을 걸고 샅샅이 몸과 소지품을 뒤지게 했지만, 상금보다 훨씬 많은 뇌물을 먹은 검색관은 도리어 동조자가 된다. 이럴 때 속옷이 온통 커닝 페이퍼였던 것은 말할 나위도 없다.

오늘날 병역부정 문제가 그치지 않고 있는데 그것도 따지고 보면 과거제도에서 부정이 그치지 않았던 것과 같은 이유에서 온다. 동서고금을 막론하고 거기서 얻는 것이 크고 많으면 그것을 손에 넣기 위한 경쟁도 치열하지만 또 그만큼 공명치 못한 행위가 자행되는 것이 이 인간 사회의 슬픈 습성이 아닐까.

과거의 생명력과 그 한계

왕조가 바뀌고, 농업사회의 기반인 토지제도의 변혁을 위시하여 많은 법과 제도가 생겨났다 사라지곤 하였는데, 유독 과거제도만은 허다한 문제점이 노정되었음에도 불구하고, 조선조 말 갑오개혁(甲午改革) 때까지 1천년간 살아 남았다. 정말 놀라운 생명력이다. 사실, 과거제도는 일본의 영향을 받았다고는 하지만 고시라는 이름으로 오늘의 사회에도 살아남아 있는 셈이다.

과거제도 시험과목의 뼈대인 유교가 왕권을 유지하려는 특권층에게는 다시없이 고마운 사상체계였으며, 유능한 인재를 공정한 절차를 통하여 널리 발굴하는 데는 많은 공헌을 하였음을 부인할 수 없다. 이것이 과거제도의 생명력의 근원이었다고 생각된다.

그러나 과거제도도 딴 제도와 마찬가지로 역사적·시대적 한계에서 벗어날 수 없었을 뿐 아니라 어떤 면에서는 한국적 신분사회의 한계를 가장 잘 반영한 것이라 이야기할 수 있다. 신분에 따라 응시과목이 구별되는 것은 앞에서 언급한 대로이나, 규정상으로는 본과 응시자격이 있어도 선조나 가까운 친척 중에 국사범(國事犯)이 있을 경우에는 연좌(連坐)제로 응시자격이 박탈되었다. 다행히 죄가 가벼워 응시하여 합격이 되었어도 등용과 출세의 길은 막혔었다. 서출(庶出)도 사정은 마찬가지여서 죄인 아닌 죄인으로 아무리 뛰어난 재능을 지녔어도 급제는 어려웠고 오를 수 있는 위계도 제한되었다. 한국 최고의 방랑시인 김삿갓(金笠)은 전자의 경우요, 소설《홍길동전》은 후자의 경우를 주제로 한 것이다.

양반이나 세도가가 아닌 가난한 일반 백성은 낫 놓고 기역자도 모르는 채 평생을 마치는 것이 대부분이나 비록 재능이 있더라도 경제사정으로 과거는 엄두도 못 낸다. 우리 야화에 머리 좋고 마음 착한 시골 선비가 상경길에 억울한 죽음을 당한 원귀(寃鬼)와 사랑을 못 이룬 정귀(情鬼), 비명에 간 미명귀(未命鬼) 등의 한을 풀어주고 그로부터 들은 이야기가 과거의 시험문제로 나와 장원급제하고 암행어사가 된다는 류의 이야기들이 많은데, 이것은 풀지 못한 꿈을 야화로 나타낸 것일 뿐 실지로는 있을 수 없는 이야기이다. 왜냐하면 앞에서 본 것처럼 양반이 아니면 본과에는 응시조차 할 수 없었기 때문이다.

거듭 말하거니와, 과거제도는 기득권자간의 공평을 기하기 위한 제도에 불과한 것이지 모든 백성에게 공평한 것은 아니었다. 어쩌면 민주주의란 미명하의 ‘선거’라는 것도 그런 것인지 모르겠다.

남송(南宋)의 주희(朱熹, 1130∼1200)는 19세 때에 과거를 치렀지만, 제자들에게는 아예 응시 자체를 금하였다. 물론 거기에는 재상〔평장군국사(平章軍國事)라 불렸다〕이던 한탁주(韓侂胄)에 의해 조정에서 추방당하고, 그의 이른바 주자학(朱子學)이 위학(僞學)이라 금기시되고 그 제자들의 관리등용이 금지된 데도 이유가 있겠지만, 그가 당시의 체제와 제도의 비판자였음을 감안할 때 과거제도에 회의를 품고 있었기 때문일 것으로도 짐작된다〔그러나 주자학(朱子學)은 원·명·청나라 때에는 과거의 공식 학문으로 관학(官學)의 중심이 된다〕.

그러고 보면 중국사에서 손꼽히는 반란의 괴수에 낙방거자(落榜擧子)가 많은 것은 흥미롭다. 황소(黃巢)·이진(李振)·장원호(張元昊)·우금성(牛金星)·홍수전(洪秀全) 등이 모두 그렇다.

그러나 과거제도와 그 시험과목이 유교중심이었지만 유능한 관리란 나라 살림을 잘 꾸려 나가고 백성을 잘 살게 하여 왕권을 더욱 튼튼하게 만들 수 있는 능력의 소지자이기 때문에 〈표 4〉에서 설명한 것처럼 왕이 직접 왕림하는 전시의 출제는 책(策)이 주였다.

책이란 국가경영 경세제민책을 말하는 것이다. 예를 든다면, 시대에 맞는 제도(損益之道奴婢科田之限義倉之法), 중흥의 길(中興), 기강과 법도를 바로 세우는 길(立紀綱定法度), 사치하는 풍조를 검소하게 바꾸는 길(變奢爲儉之道), 다스림과 가르침(治敎), 인재를 배양하는 방책(培養人才), 가장 시급한 나랏일(時務) 등에서 술의 폐해(酒禍)에 이르기까지 다양하였다.

그 답안이 유교의 교리를 바탕에 깔고 있어야 함은 말할 나위도 없지만 그래도 그때그때 나라가 처한 문제점이 무엇이었는지를 짐작하는 데 충분하며, 여기에 나온 테마들은 지금도 우리 정치가나 행정가, 교육자가 함께 논의하여도 조금도 이상할 것이 없는 것들이다. 여기에 과거가 1천 년의 역사를 누릴 수 있었던 생명의 근원이 있었다고 보아야 하며, 이 점은 결코 외면할 수 없는 사실이다.

최 한 기

최한기〔崔漢綺, 1803(순조 3)~1879(고종 16)〕는 유교의 관념론에 젖어 있던 양반사회에서 아주 특이한 존재로 필자가 존경하는 인물이다. 그는 어릴 적에 홍경래의 난(1811)을 경험하고, 강화도조약(1876)이 맺어지는 비극을 보며, 동학농민운동(1894)을 예감하면서 죽었다. 그는 영의정을 지낸 최항(崔恒)의 후손인데 23세 때 전시에 급제하여 첨지중추부사(僉知中樞府事)에까지 벼슬이 올랐으나 그것은 그다지 중요한 일이 아니다. 그는 철저한 경험주의 철학을 기반으로 무실(務實)사상을 전개하여 성리학(性理學)의 배타적이고 고루한 입장을 비판하면서 당시의 양반으로서는 드물게도 서양의 물질문명·과학과 국제법에 주목하였다. 천문·지리에 능통하여 《지구요전》(地球要典)에서는 코페르니쿠스의 지동설을 소개하기도 하였다. 이러한 그의 실학적 사고방식은 그의 친구 김정호(金正浩)가 대동여지도 작성의 대업을 이룩하는 데 크게 힘을 보태었다. 저서가 1천 권을 넘었다고 전하여지는데 현존하는 것은 《육해법》(陸海法) 등 120여 권뿐인 것이 아쉽다. 그는 대원군의 쇄국정책하에서 이미 국제사회의 도래를 예지한 선각자였던 것이다.

무가정권(武家政權)의 등장

천대받는 무관

나라를 지키고 발전시키는 데 문과 무는 수레의 두 바퀴와도 같다. 때문에 그 균형이 깨어지면 안팎으로 혼란과 위기가 온다. 그래서 예로부터 훌륭한 지도자를 평가함에 있어 문무겸비(文武兼備)의 인물을 숭배하여 온 것이다.

그런 이치가 맞다면 과거도 문과와 무과가 같은 비중으로 병존해야 마땅한데도 한국에 과거제도가 도입된 것이 958년, 그것이 제도로 확립된 것이 1136년이었음에도 불구하고, 무과가 설치된 것이 1390년이었고, 실질적으로 무과가 존재하게 된 것은 그로부터 148년 뒤 세종(世宗) 20년(1488) 이었으니 그때까지 530년간의 한국의 과거제도는 문과만 일방적으로 중시하였다.

무가정권하에서의 일이지만 13세기에는 몽고의 침공에 전국토가 유린되고, 심지어 몽고의 일본 침공을 억지로나마 거들지 않으면 안 되는 쓰라린 경험을 했음에도 불구하고, 그로부터 다시 약 200년이나 무(武=국방)에 대한 제도적 조치가 없었다는 것은 쉽게 이해가 가지 않는 일이다.

무과의 초시 시험과목은 궁술(弓術)·총술(銃術)·강서(講書)의 세 가지뿐인데, 궁술은 기사(騎射)로 높이 5척의 인형을 다섯 번 쏘아(五射) 그 중 한 번만 맞히면 되고, 총술은 좌사(坐射)와 복사(伏射)인데 합격·불합격의 기준은 궁술과 비슷했다. (무과에도 당연히 복시와 전시가 있었으나 설명을 생략한다.)

무과 출신에도 역사에 남을 만큼 문무 겸비의 걸출한 분이 결코 양반과 과거 이야기를 하면서 빼놓을 수 없는 것이 《춘향전》이다. 《춘향전》은 양반의 아들이 기생의 딸과 부부 되기를 맹세하는 파격적인 줄거리를 가진 소설이다. 거지꼴로 변장한 암행어사 이몽룡이 변 사또(卞使道)의 생일 잔치에서 운봉(雲峰)의 진영장(鎭營將)의 요청에 따라 즉석에서 시 한 수를 읊는다.

金樽美酒千人血　　玉盤佳肴萬姓膏
燭淚落時民淚落　　歌聲高處民聲高

　　금으로 만든 술단지의 맛있는 술은 천백성의 피요
　　구슬 쟁반 위의 맛 좋은 안주는 만백성의 고혈이다.
　　잔칫상을 밝힌 촛불이 녹아 떨어질 때 백성의 눈물이 떨어지며
　　노랫소리 흥겹고 높은 곳에 백성의 원성이 높도다.

이 시는 부패한 세도가들에 대한 통렬한 비판이 담겨 있으며 요즘 시대에도 그대로 통할 수 있는 시다. 《춘향전》에서 춘향이를 구해줄 수 있었던 자는 과거에 급제한 양반계급이었다는 것은 우리의 생활과 소망 속에 과거가 얼마나 큰 자리를 차지하고 있었는지를 보여주는 증거가 될 수 있다.

　일본에서는 권선징악의 소설이나 극의 주인공은 대개 사무라이이다. 그 대표적인 게 미도고몬(水戸黃門)인데 黃門은 부장군을 말한다. 그는 무술에 능한 부하 몇 사람과 함께 장사꾼의 모습으로 각처를 돌면서 탐관오리와 악덕상인을 적발·처벌한다. 이 극의 클라이맥스는 종국에 그의 인롱[印籠: 약·도장 같은 것을 넣고 밖에는 가문(家紋)이 그려져 있는 상자. 우리나라에서는 안경집으로 쓰이기도 했다]를 치켜들며 "이 가문이 보이지 않느냐" 하고 호통치는 장면이다. 그것은 꼭 우리나라에서 마패를 높이 쳐들고 "어사출두요" 하고 포졸들이 어사 주변으로 모여드는 장면과 흡사하다. 여기서 차이점은 일본은 무인이요, 우리는 문인이라는 것이다. 이런 점에서 일본은 분명 칼의 나라요, 우리는 붓의 나라이다.

적지 않았으나, 등용문 코스인 문과를 제쳐두고 무과를 지원하는 자의 대부분은 설혹 궁술과 총술은 잘하더라도 강서는 엉망이어서 이일이 문과가 무과를 업신여기는 원인의 하나가 되었다.

강서 실력이 부족한 무리들은 콩알 같은 글씨로 만든 커닝용 종이나 책자를 과거시험장에 가지고 들어간다. 시험감독관도 그들에게 더욱 절실하게 요구되는 것은 장외의 실기였기 때문에 눈에 벗어날 정도로 몰염치한 자가 아니면 못 본 척하였다. 그러나 커닝용 준비물을 갖고도 엉뚱한 글자로 옮겨 쓰는 자도 적지 않았다. 원래 어느 정도 공부를 한 자가 커닝이 가능하지, 먹통인 자는 답안지를 보여주거나 살짝 일러주어도 엉뚱한 답을 쓰는 것은 예나 지금이나 다를 것이 없다. 따라서 조를 不一로, 亘을 一旦으로, 一旦을 亘으로 쓰는 등 두 글자가 한 자가 되거나 한 글자를 두 글자로 분리하는 따위도 적지 않았다고 기록에 나온다. 물론 그런 자까지 합격될 리는 만무하였지만 어쨌든 문과 지원자들 눈에는 이들이 가소로운 존재로 보였을 것이다.

이야기가 조금 벗어나지만, 제주도의 심벌이며 명물인 돌하루방을 보아도 무과 경시 풍조를 알 수 있다. 원래 하루방에는 두 종류가 있다. 하나는 오른손이 왼손보다 높고 하나는 왼손이 오른손보다 높다. 오른손이 위인 것은 붓을 쥐는 문관이며 왼손이 위인 것은 칼을 쥔 무관을 나타내는데, 지금도 제주 시내에서는 '무관 하루방'은 찾을 수가 없다. 왜냐하면 지방 관찰정청(管察政廳)이 있는 곳에 무관이 얼씬거린다는 것은 있을 수 없는 일이었기 때문이다. 또 무과 경시 풍조는 노상상견례(路上相見禮)에서도 잘 나타나는데 문관과 무관이 서로 인사를 나누는 경우에 문관은 자기보다 한 등급 높은 무관에게 대등하게 대하여도 무방하다.

그러면 어떻게 하여 이렇듯 극단적인 무과 경시의 풍조가 생겨나고 그것이 시정되지 않은 채 지속되었을까? 그것은 무엇보다도,

(1) 과거제도 설치의 동기가 문과에 있었고,

(2) 문과 출신자가 정권의 실권을 쥐고 버티고 있었으며,

(3) 더욱이 고려와 조선조는 군약신강(君弱臣强)으로 왕이 그를 둘러싸고 있는 문인 관료배의 독주를 견제할 힘도 없었거니와 그들의 등에 업혀 안주하는 상황이었다는 점을 들 수밖에 없다고 생각된다.

극에 달한 문관의 전횡

고려는 918년에 한반도를 재통일하고 토지제도를 바로잡는 등 과감한 정치·사회개혁을 단행하여 국력을 튼튼히 하는 한편, 거듭되는 거란(契丹)의 침공을 잘 막아내었는데, 특히 현종(顯宗) 9년(1018)에는 강감찬(姜邯贊)이 소배압(蕭排押)의 10만 대군을 완전 섬멸하는 이른바 귀주대첩(龜州大捷)을 이뤄냈다.

그러나 그후 평화가 지속되자 그간의 무관의 공로는 망각되고, 무신의 의견은 무시되며 문관 전횡이 강화되었다. 거기에는 군대의 최고지휘자가 문관이었다는 사정도 작용했다(강감찬 장군도 문과 출신이다).

12세기에 접어들자 고려사회는 구조적 모순이 심화되어 건국 초의 개혁과 같은 과감한 사회개혁이 절실히 요망되는 상황에 빠져들었다. 그러나 지배층은 그런 상황에 아랑곳없이 유흥에 탐닉하여 민중의 괴로움이나 사직(社稷)의 안녕 따위는 안중에 없었다.

더욱이 앞에서 말한 음서에 의해 특권적 지위가 실질적으로 세습화하였을 뿐 아니라 한 수 더 떠서 신분에 따라 응분의 전시(田柴: 농지와 연료 공급지인 임야)와 녹봉(祿俸)이 주어졌으며, 그것도 모자

라서 5품 이상의 문과출신자에 대하여는(무과출신은 제외) 전시와 별도로 세습이 가능한 공음전시(功蔭田柴)가 지급되었다.

문신들의 탐욕은 한이 없어서, 여기에 더하여 국왕으로부터 사전(賜田)을 하사받아, 정치적 특권 외에 확고한 경제적 기반도 손에 쥐게 되었다(이 점 때문에 고려왕조의 토지제도가 국유제가 아니라 사유제라는 의견이 제기되고 있다). 문신들은 그 경제력을 바탕으로 장자고(長者庫)를 설치하여 굶주리는 농민에게 높은 이자로 양곡을 대여하여 폭리를 챙겼다. 만약에 농민이 갚지 못할 때는 그 처벌은 가혹하였으며, 어린 딸들을 첩으로 바치는 일도 흔하였다. 참으로 지배층의 부패는 해도 너무하였으니 백성의 원성은 높아만 갔다.

이자연(李子淵)은 딸 셋을 모두 13대왕 문종(文宗, 1046~1083)의 애첩으로 보내고 보니 천하에 두려울 것이 없어 방약무인한 행동을 일삼았다. 그의 행동에 문신들마저 이맛살을 찌푸릴 지경이었지만 그렇다고 이를 막을 세력이 없었으니 그의 손자 이자겸(李資謙)은 16대왕 예종(睿宗, 1105~1122) 때에 실질적으로 왕권을 대행하기에 이르러 "이씨 집안이 아니면 …"이란 말이 입에 오르내리기에 이르렀다.

강직한 성격의 소유자인 17대왕 인종(仁宗)은 이씨 일파의 요인들을 숙청했으나, 수괴인 이자겸에게는 손을 대지 못하는 어정쩡한 조치를 취하여 이것이 오히려 이자겸에게 "왕도 감히 나에게는 손대지 못한다"는 자신감을 심어주고, 마침내 이자겸으로 하여금 탁준경(拓俊京)과 결탁하여 백주에 왕궁에 방화하고 인종의 측근을 모조리 죽이고 왕을 잡아 자기 집에 가두어 버리는 일을 저지르게 한다.

인종은 독살의 위협에 나날을 공포 속에 지새웠는데, 용케도 감시인의 한 사람이 왕에게 충성을 맹세하고 탁준경에게 밀사를 보내는 데 성공, 마침내 탁준경이 왕의 뜻을 받들어 이자겸 일파를 소탕한다. 그러나 거기까지는 좋았는데 이제는 그가 이자겸을 대신하여 전권을 휘두르는 사태가 초래된다. 자포자기한 인종은 국사는 돌보지 않고 그들과 더불어 유흥으로 나날을 보냈다. 그러면서 그를 경호하는 병사에게는 배불리 먹이지도 않아 무관들은 섧다못해 원망과 분노를 쌓아 갔다.

정중부(鄭仲夫)의 난

18대왕 의종(毅宗)의 경호대장 정중부 상장군은 나름대로의 풍채에 유난히 수염이 어울리는 위장부였다. 문신들은 정중부의 수염이 눈에 거슬린다 하여 촛불로 태우는 방자(放恣)한 짓을 서슴지 않았다. 수염이나 상투를 건드린다는 것이 궁형에 버금가는 다시없는 모욕적인 행위("씨름과 스모"장에서 상론함)이었음에도 불구하고 이를 참아야 할 정도로 무관들은 무력했다.

그러나 무인들의 쌓이고 쌓인 울분과 원한은 의종 18년(1170) 마침내 폭발한다. 정중부는 부하인 이의방(李義方), 그의 동생 이린(李隣) 그리고 이고(李高)와 함께 반란을 일으켜, 왕을 폐위시키고 문신의 관을 쓴 자는 모조리 죽이는 피의 숙청을 행한다. 이것이 이른바 '정중부의 난'이다.

그들은 반란에는 성공하였지만 국가경영의 능력이나 비전이 있을 리 없었다. 그래도 정중부의 됨됨이는 경호대장 상장군의 벼슬을 받을 만도 했지만 행동대장이었던 이의방과 이고는 자기 이름자나 겨우 쓸 정도의 패거리였다. 그들은 마치 굶주린 이리떼처럼 닥치는 대로 약탈하고, 반항하는 자는 곡절을 가리지 않고 죽여버리니, 문관이나 그 연고자뿐 아니라 일반 서민도 언제 어떤 화를 입을지 몰라 전

전긍긍하였다.

그런데 이와 같은 상황에서는 권력쟁탈전이 일어나게 마련이다. 그들도 예외가 아니어서 이고는 이의방에게 당하고, 그 이의방은 정중부의 아들 정균(鄭筠)이 쳐 없앤다. 이때 이린은 함경도로 도망가 거기서 세력을 구축한다. 그리고 그의 육대손(六代孫)에 이성계가 나온다.

그러한 그들의 횡포와 내분을 지켜보던 동북방면 병마사(兵馬使=군사령관) 김보당(金甫當)과 서경 유수(留守=평양감사) 조위총(趙位寵)이 군사를 일으켰으나 도리어 정균에게 패하여 처형당하고 만다.

경대승(慶大升)의 도방(都房) 설치

19대왕 명종(明宗) 9년(1179)에는 26세의 청년장교인 경대승이 정중부 부자를 치고 실권을 잡는다. 그리고 보니 반란의 주역들은 불과 9년 사이에 역사의 무대에서 차례로 사라지고 마는 셈이다.

경대승은 준민하면서도 청렴한 군인으로 의종을 죽인 이의민(李義旼)을 경주로 내쫓고 사회질서 회복과 서민생활 안정을 위하여 정력적으로 일한다. 그러나 정중부 등에 의하여 파격적 지위와 권력을 누리던 무신들에게는 경대승의 개혁정치가 마땅할 리 없었고, 더욱이 "이 애송이 같은 게" 하는 생각에서 영을 듣지 않았을 뿐더러 거꾸로 그를 쳐 없애자는 모의까지 생겨났다. 경대승은 이에 신변의 위협을 느껴 100여 명의 뛰어난 병사들을 선별하여 도방(都房)이라고 일컫는 사병 경호대를 만든다.

도방의 구성원은 비록 100여 명에 불과하였지만 신하가 사병을 거느렸다는 사실은 특기할 사건이며 이는 훗날 최씨 무가정권의 정방

(政房)과 삼별초로 이어지는 한국사의 변이(變異)였다. 그러나 경대 승은 정권을 쥔 지 불과 3년 후 30세의 젊은 나이로 병사한다.

경대승이 죽자 명종은 경주에 쫓겨가 있는 이의민에게 정치를 맡긴다. 원래 수박희(手搏戱)꾼 출신의 이의민은 유배돼 있던 의종을 죽이고 그 시체를 강물에 버릴 정도로 포악한 인물로 알려져 있는데 "이제야 내 세상이 돌아왔구나, 곧 조정에서 나를 부를 것이야"라는 그의 말 한 마디에 명종은 겁을 먹고 그를 불러들인다. 이것은 실로 어처구니없는 일이지만 어쩔 수 없는 고려조 왕의 한계였다.

이로써 한국 최초의 무인정권은 10여 년 만에 일단 막을 내리지만 그렇다고 나라가 제대로 운영될 상황은 아니었다. 백성들은 불안해 하면서도 경대승 같은 인물을 그리워하며 뭔가를 기대하는 나날을 보내고 있었다.

최씨 무가정권과 정방(政房)과 교정도감

이의민의 폭정은 오래 가지 못했다. 그가 전권을 쥐고 난 3년 후 인 명종(明宗) 26년(1196)에 최충헌(崔忠獻)·최충수(崔忠粹) 형제는 이의민과 그 일족을 모두 없애고 다시 무인정권을 수립한다.

최충헌은 뛰어난 책략가(策略家)이고 고전에 대한 조예도 문신배 보다 뛰어났으면 뛰어났지 결코 뒤지지 않았을 뿐더러, 날카로운 정 치감각과 행정능력, 결단력과 실행력을 겸비한 걸출한 무인이었다. 최충헌이 권력을 잡자 이규보(李奎報)를 비롯하여 금의·임춘·오세 재 등 자주적이며 개혁적인 인사를 과감히 등용하여 정치에 청신한 바람을 일으켰다.

정중부의 난이 남긴 역사적 의의는, 무신들이 자기들이 지니고 있는 힘을 깨닫고, 지위는 주어지기도 하지만 스스로 획득할 수 있는 것이라는 점을 인식한 데에 있다. 정권이란 문신들이 좌우하는 것이 아니고, 또 문벌가(門閥家)에 태어나는 게 중요한 것도 아니며, 무력이야말로 진짜 실력이라는 점을 인식하게 되었다.

20대왕 신종(神宗, 1197~1204)은 최충수의 딸을 며느리로 삼고자 하였으나, 최충헌은 왕의 제의를 싸늘하게 거절하고 이에 미련을 갖는 동생 최충수를 죽인다. 최충헌은 왕 따위는 자기들이 마음먹으면 언제든지 폐위시켜 새 꼭두각시 왕을 앉히거나, 그들 자신의 왕조를 세울 수도 있다는 자신감에 차 있었기 때문에 왕과 혼인관계를 맺는다는 것은 전권을 휘두르는 데 걸림돌이 됐으면 됐지 아무런 이익도 매력도 없다고 생각했다.

경대승은 100명의 사병으로 도방을 구성하였으나, 최충헌은 이를 36번(3,600명)으로 확장·강화하니 내로라하는 무인은 서로 다투어 도방에 모여, 관군의 병사(兵舍)는 빈집처럼 되었다. 관군은 이름뿐이고 실제로는 최씨 마음대로 움직일 수 있는 사병으로 화한 것이다.

21대왕 희종 5년(1209)에는 교정도감을 설치하여 비위의 규찰, 인사행정, 세정 등 권력의 핵심 업무를 총괄케 하였다. 그러잖아도 왕보다도 훨씬 강력한 권한을 마음대로 휘두를 수 있었던 무신들은 교정도감 설치를 통해 더욱 군약신강(君弱臣强)의 상황을 확립시켜 나갔다.

최충헌의 아들 최우(崔瑀)는 23대왕 고종(高宗) 12년(1225)에, 자기 집에 정방(政房)을 설치하여 문무백관의 인사를 결정하고 갖가지 법과 명령을 뜻대로 내렸다. 또 문인과 학자들의 사교장인 서방(書房)과 그의 의장대인 마별초(馬別抄)를 편성하였다. 이로써 왕은 이름만 있는 존재로 추락하고 실권은 완전히 최씨 집안이 쥐게 되었는데, 최우는 영리하게도 모든 처리를 왕명으로 집행하였다.

이것은 한국 역사상 돌연변이 같은 특이한 시기였다고 할 것이다. 역사에 '만약에'라는 가정은 있을 수 없지만, 만약에 1231년 몽고의 침공이 없었더라면 한국에서도 무가정권이 역사의 주체가 될 개연성이 매우 컸다고 생각된다.

1170년 정중부의 난, 1179년 경대승 도방 설치, 1196년 최충헌의 정권 장악, 1225년 최우의 정방과 마별초 설치로 이어졌는데, 일본에 최초의 무가정권인 가마쿠라(鎌倉) 막부가 성립된 것이 1182년이었던 것과 이를 비교하여 보면, 문의 나라인 한국이 무의 나라인 일본의 무가정권(幕府) 설치보다 3년 앞서서 도방을 설치하였다는 사실은 극히 흥미로운 사실(史實)이다. 이것은 금후 중요한 연구과제의 하나로 부상할 것이다.

끈질긴 대몽고 항전

최충헌이 무가정권을 세운 지 35년째인 고종(高宗) 18년(1231년), 고려는 사르타이(撒禮塔)가 이끄는 몽고의 침입을 받는다. 고려군은 완강히 저항하였으며, 특히 삼별초는 귀주(龜州)성을 끝까지 사수하여 전군(全軍)의 사기를 진작시켰기 때문에 몽고군이 개경에 도달하는 데는 거의 1년이 걸렸다. 그 사이 고려는 몽고군이 수군에 약한 점을 고려하여 왕을 강화도로 옮겨가게 한다〔이로 하여 강화도를 강도(江都)라 불렀다〕.

적장(敵將)들은 "여태껏 이렇듯 완강하고 일사불란한 군율을 지닌 군대를 보지 못했다"고 감탄했다고 한다. 몽고는 "이게 아니었는데" 하고 일단 철수했으나, 8개월 후에 병력을 증강하여 재침해 온다. 몽고의 재침은 우리에게 엄청난 국난을 초래하기는 하였지만 사르타이가 김윤후(金允候)가 쏜 화살에 맞아 죽는 등 고려군의 저항을 아주 꺾지는 못하고 다시 철군한다. 몽고는 금(金)나라를 항복시킨 여세를 몰아 1234년에 3차로 침입하는데 그때에도 결국 철군하고 만다. 정말 우리 민족의 용맹에는 놀라지 않을 수 없다.

국토는 황폐해지고 많은 사람이 몽고로 끌려가거나 전사하여 농사를 제대로 짓지 못한데다가 수탈까지 겹쳐 민생은 비참하기 짝이 없었지만 이러한 와중에도 우리 민족은 몽고의 3차 침입이 있던 1234년 세계 최초로 금속활자(金屬活字)를 발명하는가 하면, 서서히 전란 수습의 모습을 갖추어 간다.

그러나 몽고의 3차 침공으로부터 20년이 지난 고종 41년(1254), 몽고의 맹장 쟈랄타이(車羅大)의 엄청난 대군이 또다시 침공해 온다. 제6차 침공이다. 그 기세는 엄청나 그들이 지나간 곳은 집이고 곡식이고 모두 불타버렸다. 이에 왕도, 군사도, 백성도 기진맥진한 상태가 되어 이 이상의 전투는 오히려 고난을 가중시킬 뿐 결코 이길 수 없다는 염전·체념·패배주의가 고개를 들게 된다. 하지만 최항(崔沆)과 최의(崔竩) 등 무가정권의 실력자들은 결사항전의 의지를 굽히지 않았다. 그러나 김준(金俊), 여의(余儀), 유경(柳璥), 임연(林衍) 등은 최의를 모살(謀殺)하고 주된 추종세력을 죽인다. 이는 고종 45년(1258) 3월의 일인데(최항은 그 전 해 8월에 병사하였음), 여기에서 한국 역사상 가장 특이했던 무가정권은 약 60년 만에 막을 내리게 된다.

그 이듬해(1259) 고종은 태자 전(倎, 후의 元宗)으로 하여금 참지정사(參知政事) 이세재(李世材), 추밀원부사(樞密院副使) 김보정(金寶鼎)과 함께 몽고군의 호위를 받으며 몽고로 가서 정식으로 항복의 뜻을 표하는 한편 강화도의 성벽을 헐어 저항 포기의 의사를 밝힌다. 이것은 우리 역사상 일본에 의한 강점과 함께 가장 치욕적인 사건이라 하겠다.

가혹한 몽고의 수탈과 공녀 기황후(奇皇后)

고려의 대몽 항쟁은 세계 어느 민족에서도 유례를 찾아볼 수 없는 처절하고도 끈질긴 것이었지만 몽고의 탄압과 수탈 또한 말로 다할 수 없을 정도로 가혹하고 치욕적이었다.

원나라는 고려의 왕조를 유지시켜 주는 대신 왕들을 사위로 삼고 한편으로는 막대한 공물을 요구한다. 금은보화, 인삼 등의 특산물은 말할 것도 없고 놋쇠 2만 근을 요구하기도 하였다. 놋쇠는 압록강 이남에서는 생산되지 않는 것이어서 고려는 울며 겨자 먹기로 중국인에게서 겨우 620근을 사서 원으로 보냈는데, 2만 근 요구에 620근을 받은 원나라의 반응이 어떠했겠는가 하는 것은 가히 짐작할 수 있는 일이다.

그러나 원나라가 가장 침을 흘린 공물은 여자였다. 여자는 쟈랄타이에 의한 6차 침범 때 불과 한 해 동안에 2만 6,800명이 끌려갔는데, 그 태반이 젊은 여자였다. 당시 고려 인구가 400만~450만 명이라 추정할 때 그 숫자가 얼마나 많은 것인지 알 수 있다.

고려가 항복하자 원나라는 원종(元宗) 15년(1274)에 140명의 공녀를 바칠 것을 정식으로 요구한다. 고려는 결혼도감이라는 관아를 두어 공녀를 선발해 원나라에 보냈다. 그러나 원나라의 요구 숫자는 해마다 늘어가서, 고려는 과부처녀추고별감(寡婦處女推考別監)이라는 치욕적 관아를 두고 조직적으로 과부와 처녀를 뽑아 강제적으로 원나라로 보내야 했다. 충렬왕(忠烈王) 13년(1287)에는 마침내 "양가(良家)의 처녀는 관아에 신고한 다음에 혼인하라"는 왕명이 내려졌으니 고려가 공녀 차출에 얼마나 시달렸는지 짐작할 수 있다. 이러한 사정이 혈통 보존이라는 과제와 합쳐져서 조혼 풍습을 낳게 하였다. 사람들은 딸을 낳으면 그 사실을 숨겼고 딸을 남 앞에 내보이는 것을 꺼렸다.

'세상만사는 새옹지마'라지만 고려의 공녀 중에서 원나라 황후가 된 사람이 있었다. 기황후가 바로 그 사람이다. 그녀는 행주(幸州) 출신의 기자오(奇子敖)의 막내딸로 처음에는 원의 순제(順帝, 1333~1368)에게 다과를 시중하는 궁녀에 불과하였다. 순제는 원나라의 권력투쟁의 와중에서 10세 때 고려의 대청도(大靑島)에서 귀양살이를 하여 고려에 대해서는 향수와도 같은 호감을 지니고 있었다. 기황후는 당시 원의 조정에서 강력한 세력을 구축하고 있던 고려 출신 관료와 환관들의 힘을 빌려 마침내 황후 자리에 오른다.

그녀 주변에는 박불화(朴不花), 고용보(高龍普) 등의 고려인 환관들이 진을 치고 있었고, 황후의 부속기관으로 자정원(資政院)을 설치하여 이를 통해 강력한 정치세력을 형성하였다. 심지어 박불화는 기황후와 힘을 합쳐 그녀의 14세 되는 아들 아유시라다라를 황태자로 책봉하는 데 성공한다.

그러나 그들은 그 권력을 고국 고려를 돕고 백성의 고난을 덜어주는 데 쓰지 않고 도리어 고려를 괴롭히고 그들의 뜻대로 고려를 지배하는 데 사용하였다. 공민왕이 재위 5년(1356)에 그녀의 위세를 믿고 갖은 횡포를 부리는 그녀의 오라비 기철(奇轍)을 주살한 데 앙심을 품고 공민왕 12년(1363)에 마침 원나라에 와 있던 덕흥군(德興君)을 왕으로 삼고 군사 1만 명을 주어 고려를 치게 하였다. 다행히도 그녀의 기도는 최영 장군과 이성계 장군의 방어에 의하여 수포로 돌아갔으나 안타까움을 갖게 하는 역사의 한 대목이다.

몽고의 일본 원정과 삼별초(三別抄)

몽고의 일본 침공 준비 강요

원으로 국명을 정한 몽고는 항복한 원종에게 강화도를 나와 개경으로 돌아갈 것을 강요한다. 당시 개경에는 일반 백성은 찾아보기 힘들고 거리마다 거지와 도적들이 떼를 지어 있고 굶어 죽은 자를 밤이면 산짐승들이 먹는 형편이었다. 그러나 여기까지는 더 큰 재액(災厄)의 전주에 불과하였다.

마침내 원나라는 일본 침공을 위하여, 정동행성(征東行省)을 설치하고 1차적으로 전함 1,000척의 축조(2차 침공시는 4,000척)와 군량미 4,000석의 비축을 명한다. 정말로 어처구니없는 요구이다. 고려는 재상 이장용(李藏用) 등이 노구(老軀)를 무릅쓰고 수차 원나라를 오가며 그것이 우리의 힘에 겨운 일임을 설득하였으나 소용이 없었다. 나중에는 "현해탄의 풍도험조(風濤險阻)하여 침범이 난사(難事)"임을 설득하였으나 쿠빌라이의 답신은 "풍도험준을 빙자한 둔사(遁辭)를 논하지 말라"고 못을 박아 버린다.

> * 일본의 이노우에 야스시(井上 靖)의 소설 《風濤》는 원(元)나라의 일본 침공 계획에 항거하는 고려왕조와 백성의 고난을 그린 것인데, 그 제목은 위에서 말한 '현해탄의 풍도험조'에서 따온 것이라 생각된다.

고려는 원나라의 명령에 그대로 따를 수 있는 처지도 아니지만 그렇다고 따르지 않을 수도 없어, 울며 겨자 먹기로 그 엄청난 고역을 수행하려고 했지만 쇠진한 국력으로는 원나라의 원대로 진척될 리가 만무했다. 이윽고 원나라는 1270년 봄 트렌카 장군에게 대군을 주어 고려 땅 각처에 병력을 풀어 선박 건조와 군량 증발을 독촉하게 되니 민생은 더욱 도탄에 빠져들어 갔다.

삼 별 초

최씨 무가정권은 의장대인 마별초(馬別抄) 외에 주로 개경의 야간 치안을 담당하는 야별초(夜別抄)를 발족시켰다. 이 두 별초를 좌·우별초로 부르게 된다. 이와 별도로 대몽전(對蒙戰)에서 포로가 되었다가 돌아온 자들 중에서 용맹하고 충성스런 자를 선별하여 신의군(神義軍)이라 명명하였는데, 좌·우별초에 이를 합쳐 삼별초라 한다. 그중 특히 좌·우별초는 정방(政房)의 경호와 치안유지 외에 막강한 권력을 부여받은 비밀첩보기관이기도 하였다.

별초는 글자 그대로 고도로 훈련된 정예군사로 편성된 '특별부대'란 뜻이다. 그러나 삼별초는 막강한 무력과 권력을 지녔음에도 불구하고 이를 함부로 휘두르지 않고 규율은 엄정, 집행은 공정하여 백성들을 괴롭히거나 폐를 끼치는 일이 없었으므로 백성들은 그들을 두려워하거나 원망하기는커녕 이때까지의 어떤 조직보다도 신뢰와 기대를 걸었다.

원종(元宗)이 항복한 뒤에도 강화도에서 그대로 버티고 있던 삼별초는 원나라에 의한 일본 침공에 우리가 동원되는 것을 참지 못하여, 비록 힘은 달릴지언정 결사적으로 대원(對元) 항전에 나설 것을 결의하고, 배중손(裵仲孫)을 주장, 노영희(盧永禧)를 부장으로 하여 승화공(承化公) 온(溫)을 왕으로 정하고, 새 관부의 수립을 선언한다.

그리고는 부고(府庫)를 열어 군자금을 마련하고 금강고(金剛庫=무기고)를 열어 모든 병기를 군졸에게 부여하고 1270년 5월 30일 진도(珍島)로 향한다. 진도에 근거를 둔 삼별초 군은 그때까지의 그들의 무훈을 따르는 민심에 힘입어 순식간에 전주·나주까지 그들의 영향하에 넣는 등 그 세력은 날로 강성해졌다(그들이 축성한 용장성은 둘레가 38,740자나 되었다).

9월에 원나라를 주축으로 하는 고려와의 혼성군은 전주·나주를 겨우 손에 넣고, 진도의 대안인 삼견원(三堅院)에 이른다. 그러나 진도까지 진격하지는 못했다. 다음 해(1271년) 4월 중순에 개성을 출발한 2차 혼성군은 5월 15일에는 마침내 진도에 상륙, 삼별초에 협력한 남녀 약 1만 명을 포로로 하고, 승화공 온과 수령 배중손을 죽인다. 그러나 김통정(金通精)은 적지 않은 잔여 병력을 이끌고 탐라도(제주도)로 피한다.

거기까지 쫓겨가고도 원나라와 그에 신종(臣從)하는 왕조에 대한 항전을 계속한다. 그들은 항파두리(缸波頭里)와 애월(涯月)에 축성하여 혼성군의 내습에 대비하면서 전주에서 공미(貢米) 800석을 손에 넣고, 멀리 경기도의 영흥도(靈興島) 근해까지 겁없이 내박(來泊)하였다.

그러나 그들의 활동 주목표는 원나라의 가혹한 독촉 아래 일본 침공을 위한 전함을 만드는 조선소를 습격하는 것이었다. 충청도의 고란도(孤瀾島), 거제도의 합포(合浦) 등의 조선소를 수차에 걸쳐 습격하여 병선(兵船)을 불태우곤 했다.

고려는 1273년 혼성군 1만 명을 나주에서 발진시켜, 세 방면에서 제주도에 상륙하여 삼별초의 본거지인 항파두리성을 점령한다. 수령 김통정은 자인(自刃)하고 1,300여 명이 항복한다. 이리하여 약 13년 간에 걸친 삼별초의 항전은 끝을 맺는다. 몽고의 침범으로부터 무려 42년간의 항쟁이었다.

이후 원나라는 탐라총관부(耽羅總管部)를 두어 제주도를 직접 통괄한다. 그것은 제주도의 지리적 중요성, 특히 일본을 의식해서였다. 원나라의 제주도 통괄은 약 100년간 지속되는데 이것이 제주도에 미친 영향은 아주 컸다. 기마 민족인 그들이 제주도에 말을 입목(入牧)시킨 결과 '말은 제주도로 보내라'는 말이 생길 정도로 제주도는 말로 유명해졌으며, 제주도 사투리에는 몽고말에서 왔으리라고 추측되는 것이 아주 많다. 제주도의 심벌이라 할 수 있는 돌하루방의 모자도 원나라 모자의 모습이다.

삼별초가 일본을 구하였다

삼별초의 항전이 끝난 그 다음해인 1274년 여름, 원나라는 조급히 일본 정복의 길에 나선다. 왜 '조급히'라는 표현을 썼는가 하면 삼별초의 항전이 계속되고 있는 한 원나라는 안심하고 현해탄을 건널 수 없었을 뿐더러 삼별초 때문에 전함 건조가 지연되어 일본 원정의 당초 일정이 크게 지연되었기 때문이다.

원나라가 일본 원정을 준비하고 있을 때 삼별초가 몽고에 대한 소상한 정보를 일본에 전달한 사실이 최근 밝혀졌다. 1970년에 동경대학의 사료편찬소는 삼별초의 〈대일본교섭문서〉(對日本交涉文書)를 발견한 것이다. 이 문서는 몽고에 대한 자세한 정보가 첨부된 12조로 된 대몽고 연합전선 형성 제의서이다. 이 문서를 통해서 일본 막부의 대몽고 인식은 일변한다. 삼별초는 몽고를 '가죽이나 털옷을 입고 머리카락을 풀어 내린 야만스럽고 잔인한 미개족'이라고 규정하고 고려에서의 만행과 수탈을 소상히 전하면서 그들의 다음 목표는 일본이며 일본 원정 준비에 광분하고 있다고 전했다.

물론 삼별초의 문서는 일본을 위해서가 아니라 어디까지나 고려인의 희생을 막고 그들에게 복수하기 위한 목적에서 작성된 것이지만 일본은 이를 계기로 해안의 축성, 군선의 건조, 경비병의 증강과 훈련 강화, 전술 연구에 몰두하게 되었던 것이다. 태풍이 몽고의 일본 원정을 좌절케 한 것은 사실이지만, 만약 삼별초의 항전이 없었다면 태풍이 불어오기 이전에 몽고가 일본 상륙에 성공했을 가능성도 부정할 수 없다.

삼별초의 역사적 평가

강화도를 버리고 진도 → 제주도로 향한 후의 삼별초에 대한 평가는 크게 엇갈린다. 그 하나는 삼별초의 충정은 이해 못할 바 아니나, 결과적으로는 고려를 더 궁지에 밀어넣고 백성의 노역과 출비를 더 가중시켰다는 것이다. 또 삼별초가 말기에는 양민의 재물을 빼앗는 등 해적집단과 같은 수준으로 타락했다는 것이다.

이에 반론하는 측은 다음과 같이 말한다. 혼성군이 진도로 향하고 나서 개경에는 어디서 나왔는지 알 수 없는 기묘한 풍설이 거리를 휩쓸고 심지어는 왕궁 내의 궁녀들 사이에까지 퍼졌었다. 그것은 혼성군이 삼별초를 무찔렀다는 말은 거짓이고 실제는 삼별초가 몽고군을 대패시키고 몽고의 장군 홍다구(洪茶丘)는 잡혀 죽었다는 것이다. 조정은 이 풍문의 전파를 엄하게 취체하였으나 혼성군이 개경에 돌아올 때까지 풍문은 가라앉지 않았다.

이것은 당시의 민심을 말하는 것이라 해야 옳을 것이다. 삼별초에 가족이나 지인이 죽음이나 납치를 당하거나 또는 재물을 빼앗긴 자는 별도이겠지만 일반 백성들은 자기가 하고 싶어도 차마 실행에 옮기지 못하는 일을 삼별초가 대신하여 하고 있다는 심정, 그들이 원군을 무찔러 준다면 오죽 속시원하겠는가 하는 심정에서 삼별초의 멸망보다는 계속적인 선전을 바라고 있었다고 생각된다.

또 하나의 주장은 첫번째 견해에 동의하면서도, 몽고의 첫 침입 이후의 무훈과, 비록 왕조는 몽고에 항복하였을지언정 민족의 정신은 굴하지 않는다는 기개를 목숨을 버리면서 보여준 용맹성과 충정은 우리 역사에 특기되어야 할 일이라 주장한다.

필자는 이 중 어느 주장이 옳다 그르다 판정할 처지도 아니지만, 그들의 기개만은 높이 사야 한다고 생각하는 동시에, 역사서나 특히 국사 교과서에서 삼별초에 대하여 아예 언급도 않거나 아니면 너무도 가볍게 넘어가는 것은 크게 잘못된 일이라 생각한다. 이런 관점에서 필자는 이 책의 핵심에서는 다소 벗어난 것이지만 삼별초에 많은 지면을 할애하여 서술한 것이다.

다시 '만약에'가 나오지만, 만약에 몽고군의 침입이 없고, 또는 있었다 하더라도 세계사상 최대의 왕국을 세울 정도의 강대한 병단이 아니었던들 최씨 무가정권 또는 다른 세력의 무가정권이 한국사의 주체가 되었을 개연성은 배제될 수 없으며, 만약에 그렇게 되었더라면 과거를 통한 문우무멸 사상 대신 실용적인 상무(尙武)의 기상이 진작되어 그 뒤의 한국사의 실제는 아주 딴 것이 되었을 것이다.

물론 무가정권에 대한 평가는 삼별초에서 보는 바와 같이 크게 갈라진다. 무가정권은 무력독재 정권이며 최씨 일족은 각처에 광대한

농토를 소유하여 농민을 수탈하고 그 사노인 만적(萬積)이 난을 일
으켰으며, 심지어 대몽항쟁도 정권유지를 위한 수단이었다고 혹평하
는 학자가 적지 않다. 그러나 필자는 그런 분들에게 묻고 싶다. 그러
면 과연 무인 아닌 양반들은 농토도 소유하지 않고 농민을 수탈하지
않았으며 백성을 위하여 몽고에 항복하였느냐고. 그리고 그 양반지
배체제는 대체 누구를 위한 체제였느냐고.

무가정권이 지고의 선은 아니었지만 문인들에 의한 수탈, 전횡, 당
쟁에는 눈을 감아버리고 무가정권에 대해서만 오늘의 관점에서 비판
하는 것은 역사비판의 유희에 불과한 것이다.

몽고의 침입 때 무가정권이 아니었다면 어떤 양상이 되었을까는
상상에 맡길 수밖에 없지만, 비록 전란은 일찍 종식되었더라도 그 뒤
에 이어지는 수탈에는 변함이 없었을 것이고, 비록 비극적 결말을 가
져왔지만 세계사에 드물게 몽고에 항전했다는 민족사의 기록도 남기
지 못했을 것이라고 단언할 수 있다.

조선조의 태종 이방원(李芳遠)은 그의 집권 경험에서 과거제도에
무과(용호방)를 설치케 하였으며 그의 뜻을 이은 세종대왕도 무관을
존중하였으나 조선의 국시가 배불숭유였기 때문에 세월이 흐르면서
고려를 뺨치는 문과 우대, 무과 경시의 풍조가 되풀이되었음을 두고
두고 아쉬워해야 할 일이다.

과거제도는 왜 일본에 도입되지 않았나

과거제도 도입을 거부하는 사회체제

일본은 17세기 말의 이른바 겐로쿠(元禄) 시대에 이미 지배층뿐 아니라 일반 서민과 부녀자까지도 널리 글을 읽고 시가를 읊는 정도의 난숙한 문화가 꽃피고, 도쿠가와(德川) 정권 말기에서 메이지유신으로 넘어오는 무렵에는 이미 세계에서 가장 문자해독률이 높은 나라의 하나가 되어 있었다. 메이지유신 초기 인력거꾼들이 신문을 읽고 있는 것을 보고 서구인들이 깜짝 놀라며 일본은 분명코 급속한 근대 공업국이 될 것이라 예언하였었다. 이렇듯 학문을 좋아한 일본에 과거제도가 시행되지 않은 것은 기이한 일이라 생각할 수 있다.

그러나 그것은 일본인이 과거제도의 부정적인 면을 미리 간파하여 시행을 보류하는 예지에서 온 것이 아니고, 과거제도의 긍정적인 면을 알고 있었더라도 그 제도를 시행할 수 없는 정치적 사회적 구조를 지니고 있었기 때문이었다.

그 첫째 이유는 집권세력이 무사였다는 것이다. 앞서 말한 바처럼 한국이 붓의 문화였던 데 반해 일본은 칼의 문화였다는 데에 근본적인 이유가 있다. 사생결단의 전쟁에 날이 지새는 기나긴 전국시대의 무장들 사이에 자기 이름을 제대로 쓸 수 있는 자는 많지 않았으며, 설사 그들이 사서오경이 무엇인지를 알고 거기에 관심을 가졌다 하더라도 그것을 펼쳐볼 겨를이 없었다.

또 그들은 그러한 짓은 목숨을 내놓고 싸우는 자를 문약하게 하는 유해한 것으로 여겼다. 항시 죽음이라는 극한상황과 마주하는 무사들 눈에는 독서삼매 따위의 우아한 생활은 그들의 실생활과는 너무

동떨어진 일이며, 아는 척하는 구게(公卿=文官)의 모습은 도리어 생리적 적대감과 혐오 그리고 경멸의 대상이었을지·모를 일이다.

일본 무사계급의 양대 주류 중 하나인 헤이케(平家=백제계)는 교토(京都)에서 교양인의 흉내를 내며 그것을 자랑으로 삼고 있는 데 반하여, 먼저 패권을 잡았으나 헤이케와의 쟁투에서 패하여 상대적으로 한랭지방이고 농업용수가 부족한 황무지로 밀려갔던 겐지(源氏=기마민족계. 따라서 신라와 고구려계가 주된 구성분자임)의 무사들은 피땀 흘려 개간한 땅의 권리를 지키기 위하여는 무력밖에 믿을 것이 없다는 생각에서 무예를 연마하였다. 그리하여 결국 겐지는 헤이케를 멸망시킬 수 있었다.

중국이나 한국에서는 과거에 급제하는 것이 입신양명의 길이었지만 무사들의 입장에선 《논어》가 전쟁에 이기게 하는 것도 아닐 뿐더러 호시탐탐 이쪽의 틈만 노리고 있는 목전의 적을 두고 한가하게 책만 읽을 수도 없었다. 사실인즉 문(文)은 공허한 관념의 자위행위일 수도 있는 데 반하여, 무(武)는 실용성을 중시한다. 문(文)에 기대는 자는 세오리스트(*Theorist*)이며 무(武)를 믿는 자는 테크노크라트(*Technocrat*)이다.

설혹 무사계급이 과거제도를 받아들이려 했다 하더라도 전쟁이 그치지 않는 상황에서는 전국적 규모의 과거시험 실시는 불가능하다. 한국에서도 외침이 있었거나 긴박한 정치사정이 발생했을 때에는 시험이 순연(順延)되었음은 앞에서 이야기한 바 있다.

그러나 무사계급이 천하통일을 이룩하여 평화가 정착된 이후에는 전투보다 백성의 관리와 생산의 증가 그리고 영주의 권위와 주종(主從) 계급간의 위계질서 확립이 우선시되는 과제로 떠오른다. 도술(刀術)이나 궁술·마술 등의 무예 전반에 능한 것보다 행정능력(재정·

교역·생산진흥·법체계의 정비와 집행 등)이 출세의 능력이 된다. 말하자면 전투원보다 능리(能吏)가 우선하는 것이다.

마침내 고전이나 시가 등에 대한 교양이 지배층의 품격을 높이는 것이 되었으며, 더불어 사서오경 등의 가르침이 결과적으로는 지배층을 위한 목민순치(牧民馴致)의 이론이자 방법임을 깨닫게 되자 유학을 중심으로 하는 고전에의 학식이 지배층의 상징으로 격상된다. 그리하여 각 영주들은 반교(潘校: 일본의 영주의 판도를 반이라 하였다)를 설치하여 학문을 권장하며 격을 매기기 위한 시험도 실시하였으나 그것이 우리나라처럼 엄하지도 않았고 더욱이 국가단위의 과거제도는 결코 도입되지 않았다. 그것은 무사지배 사회라는 첫째 이유에 보태어 안정기를 찾은 도쿠가와 막부시대가 막반체제(幕潘體制: 막부와 각 영주의 반이 공존하는 체제)였던 것이 둘째 이유다.

元나라의 과거제도

한국과 중국 외에 과거제도를 두었던 나라는 元이다. 몽고의 유목민족에게 사납과차법(薩納科差法) 이른바 丙申歲의 稅制 등으로 세계사상 최대의 제국의 틀을 짜준 야율초재(耶律楚材)는 급속히 팽창한 제국의 운영 기술자는 일조일석에 양성되는 것이 아니기 때문에 고시에 의하여 널리 인재를 등용할 것을 건의하여 이를 실시한다(1238). 이른바 '戊戌의 選試'이다. 여기서 4,030명을 뽑았는데 전쟁포로가 4분의 1이었다 한다. 이는 민심수습에도 크게 기여하였다. 그러나 元나라에서 과거가 제도화하는 것은 그로부터 80년 뒤인 인종(仁宗) 때이다. 중국문화를 이해하고 국호를 元으로 정한 세조(世祖) 쿠빌라이도 과거를 제도화하는 데는 주저하였다. 그것은 元이 철저한 기마전사(騎馬戰士)들이 세운 나라였기 때문이었다.

과거제도는 전국에서 유능한 인사를 발탁하여 중앙정부(막부)에서 지방관리를 임명·상주시켜, 지방의 귀족·호족 대신 그들이 행정권과 징세권(徵稅權)을 갖게 하는 제도인 까닭에 도쿠가와 막부정권이 강력하기는 했어도 준 독립국가이며 독자의 무력을 지니고 있는 반의 실권을 빼앗는다는 것은 잘못하다가는 각 반의 연합세력의 반대에 부딪힐 위험이 있는데다가 억지로 그렇게 밀어붙일 만큼 절박한 필요성도 없었다.

더욱이 과거에서 얻은 지위와 관직은 당사자에게 한정되는 것이지 세습되는 것은 아니나 영주와 그 가신인 무사는 세습신분제였기 때문이다. 뿐만 아니라 준 독립국가인 각 반 출신자를 막부의 요직에 등용한다는 것은 막반체제의 부인, 나아가서는 도쿠가와 막부정권의 체제 부정과 붕괴를 가져오기 때문이다. 바꿔 말하자면 막반체제와 과거제도는 병존할 수 없는 것이었다.

도쿠가와 막부는 에도에 쇼헤이고(昌平黌)라는 우리나라의 성균관에 해당하는 학문처를 두었으나 이것은 어디까지나 바쿠신(幕臣)을 위한 것이지, 전국의 수재를 모아 교육하는 곳은 아니었다.

주산을 가르치는 서당 — 데라고야(寺小屋)

일본에서는 유교를 받아들이기는 하였지만 한국처럼 종교적 경지에 이르지는 않고, 사회생활 특히 공공질서·공중도덕·예의범절 등의 실용적 규범학 즉 유교가 아닌 유학에 머무른 것이 특징이다. 그 덕분에 유교와 과거제도의 최대의 긍정적 작용인 면학의 기풍이 조성되면서도, 노동과 생산경시, 공허하고 비생산적인 관념·형식 논쟁이란 부정적인 폐해를 훨씬 덜 입었다(이 점에 관하여는 다른 장에서

과 거(科擧) 253

다시 언급한다).

데라고야(寺小屋)란 주로 승려가 스승으로 절에서 교육시킨 곳을 가리키는데 우리의 서당에 해당한다고 보면 된다. 그러나 그 교육내용과 방법은 두 나라의 사회적 차이를 그대로 반영하듯 매우 달랐다.

데라고야에서는

(1) 우리의 한글에 해당하는 가나(假名) 글자를 먼저 교육하고,

(2) 한문공부는 천자문 중심이 아니고 일상생활에 가장 많이 쓰이는 실용적인 한자부터 익힌다. 이것은 과거를 위한 면학이 아니고 그야말로 무식·문맹을 면하고 사회 실생활에 활용하는 데서 출발했기 때문이다.

(3) 《논어》를 배우더라도 우리처럼 암기와 직역 위주가 아니고 그 뜻의 그 시대적 해석 중심으로 행하여, 개인의 인격도야에서 출발하여 공중도덕과 충효정신, 예의범절, 사회질서, 공중교육을 중심으로 하였다. 이것이 일본인의 민족정신 형성에 지대한 영향을 주었음은 말할 나위도 없다.

(4) 특히 특이한 일은 여기에서 주산과 목공일 등을 가르쳤다는 것이다. 말할 것도 없이 일본도 사·농·공·상의 엄연한 계급사회였지만, 이렇듯 유연한 사고방식이 초닌(町人)이라 불리는 상공인의 활기찬 사회활동과 생산을 뒷받침하게 하여 근대 공업화의 기본이 될 상업자본 축적과 기술 축적 등 공업기반을 튼튼하게 만들어 주었다.

(5) 메이지유신 이후 근대 학제가 성립되기 전에 일부 데라고야에서는 영어도 교육하였다.

기록에 의하면 메이지유신 직전 당시 일본 인구는 약 2천만이었는

데 1만 5천 개의 데라고야가 있었으며 학생은 남녀 4 대 1의 비율이었다. 그리하여 도쿠가와 막부의 소재지 에도(江戶)의 남자 85 %가 가나는 물론이고 간단한 한자는 독해할 수 있었다 한다.

우리가 대원군에 의해 해외문물 도입을 엄격히 거부하고 있을 무렵, 일본의 간사이(關西) 지방 일부 데라고야에서는 영어교육을 하였는데, 그때 사용한 교재를 보면 그들의 상인근성이 어떤 것이었는지를 잘 알 수 있다. 'How are you ?'와 'How do you do ?'를 그들은 '장사 잘 됩니까 ?'로 번역했으니 놀라지 않을 수 없다. 바로 이 점이 지난 반세기 비록 Economic animal(경제동물)이란 욕은 들었을지언정 일본이 우리보다 앞서갈 수 있었던 사회적 사고방식의 기반이라고 나는 생각한다.

메이지유신 후의 폐반치현(廢潘置縣)에 따라 영주 할거의 구체제가 붕괴하고 일본 전토가 메이지 천황 한 사람의 통치하에 놓이는 절대지배체제가 성립되자 메이지 21년(1888) 제국대학법으로 도쿄제대 법학부 졸업생은 그 출신 신분에 관계없이 무시험으로 관리로 등용케 하고, 다이쇼(大正) 7년(1918)에는 '고등고시'란 이름의 과거제도를 법제화하여 오늘날까지 이어오고 있다(우리나라도 일제하의 시스템을 그대로 받아 고시제도가 존속되고 있다).

일본이나 한국이나 고등고시에 합격한 자에게는 화려한 장래가 보장되고, 비고시파와는 엄격한 신분차이가 생긴다. 따라서 그 관문 돌파를 위해 심지어 칠수(七修), 팔수(八修)의 현대판 노동자가 수두룩하게 존재하게 된다. 모든 것이 옛적의 과거제도 사회 그대로이다. 통계상으로 보면 1998년도 일본의 사법시험엔 내로라하는 실력꾼이 2만 2천여 명 응시하여 600여 명이 선발되었다. 그 경쟁률은 37 대 1,

합격의 가능성은 2.7%, 합격자의 평균 연령은 만 28세, 평균 수험횟수는 6회, 그야말로 지옥 같은 과정이다.

한국의 통계도 일본의 그것과 대동소이하다(〈표 5〉).

대학 재학중 합격자는 14.6~21%이고, 36세 이상의 노동자는 1997년 5.6%, 1998년 5.3%이며, 여성 합격자는 8% 내외이나 점차 증가 추세에 있다. 말하자면 과거제도는 발상지인 중국을 제쳐놓고 한국과 일본에서는 고시제도를 통하여 굳건히 명맥을 이어오고 있는 것이다. 그러나 최근 중국에서도 대학입시를 가오카오(高試)라 부르며 여기에 합격하기 위한 이른바 '용(龍) 만들기' 열풍이 대단하며 응시 준비자를 노리는 왕불라오(忘不了), 나오칭송(腦經松)이란 머리가 좋아진다는 약들이 날개 돋친 듯 팔리고 있다 한다.

〈표 5〉 사법시험 지원자와 경쟁률

	1999년	1998년	1997년
응시자	22,964	20,755	22,711
합격자	700	700	503
경쟁률	32.8 : 1	29 : 1	45 : 1

5

환 관(宦官)

남자가 고자(鼓子)로 태어난 것만큼 불행한 일은 없을 것이며, 남자에게 '고자 같은 놈'이란 욕보다 더 모욕적인 욕도 없을 것이다. 그러나 온전한 남자로 태어나서 스스로 고자가 되기를 택하는 자가 있다. 이 자가 궁중에 들어가면 환관이 되는 것이다〔한국에서는 내시(內侍)라 불리었다〕.

그런데 이 병신 아닌 병신들이 진(秦)나라를 망하게 하고, 당(唐)나라 후기 약 100년간에만 네 사람의 왕을 죽이고, 세 사람의 왕을 퇴위시키고, 일곱 사람의 왕을 왕위에 오르게 하고는 자기들 뜻대로 되지 않을 때는 갈아치워 버리기도 했다.

우리나라에서도 고려조의 내시인 최만생(崔萬生)이 공민왕(恭愍王)을 침실에서 시해하는 놀라운 사건이 있었다. 도대체 무슨 연유로 이런 괴상한 것들이 생겨나고 그들에게 무슨 재능과 권한이 있었기에 이런 폭거를 자행할 수 있었을까?

그들은 항상 왕과 왕후를 포위하듯 지근거리에 진을 치고 왕들의 사생활을 관장하며, 때로는 왕의 대리인 행세까지 하였다. 동시에 바위 같이 공고한 동료의식으로 그들의 적대세력을 견제·모함하였다. 환관의 폐해는 진나라의 조고(趙高) 때부터 익히 알려져 있었으며, 그 제도를 폐지하려고 한 자도 많았으나 그들을 적절히 통제하지는 못했다.

원소(袁紹)는 환관을 몰살하다시피 하였고(189), 당말(唐末)의 주전충(朱全忠)도 환관을 대량 학살하기도 했으나(903), 명(明)나라 때는 오히려 환관의 전성기를 맞았으며, 중국에서는 청조 말까지, 한국에서는 조선조 말까지 환관제도가 존속되었으니, 거기에는 꼭 그들이 있어야 할 필요악적 이유가 있었을 것으로 생각할 수밖에 없다.

이제 그들의 발생, 그 존재가 필요했던 사유를 살펴보면서 일본에는 왜 이 제도가 도입되지 않았는지, 그리고 그들이 그렇게 필요한 존재였다면 일본에선 어떤 제도로 누가 그것을 대행했는지를, 환관제도의 변천과 공과와 함께 살펴보고자 한다.

만들어지는 제 3 의 성(性)

마지막 환관의 죽음

역사상의 환관에 대하여 연구를 한 사람은 많이 있어도, 현존하는 환관을 직접 만나본 사람은 극히 드물 것이다. 따라서 그 실태는 상상의 범위를 벗어나지 못한다. 그럼에도 불구하고 '환관' 하면 왠지 징그럽고 기분이 나쁘며 우리와는 아주 다른 차원에 속한 세계의 음습(陰濕)한 괴물 같은 느낌을 받는다.

AFP 통신은 1996년 4월 17일 중국 최후의 환관 순야오팅이 죽었다고 전했다. 그는 8세 때에 아버지에 의해 거세되어 환관이 되었으나, 청 왕조가 망하고 나서는 신분을 숨기고 도피생활을 계속하다가 마지막으로 베이징의 한 사찰에 병든 몸을 의지해 왔는데 97회 생일을 며칠 앞두고 기구하고 모진 생을 마감했다는 것이다. 이로써 이제 살아 있는 환관은 없어지고 몇 천 년의 역사를 지니며 왕조사(王朝史)에 지대한 영향을 미쳤던 환관 그 자체도 영영 없어진 것이다.

최초의 환관

언제부터 환관이 있었느냐는 것은 사료(史料)를 통해 알아볼 수밖에 없는데 여태까지는 《주례》(周禮) 속에 환관제도가 나오기 때문에 그 이전부터 있어 왔던 것이라 짐작은 하였지만 확실한 것은 알 수 없었다. 그러다가 갑골(甲骨)문자 해독이 가능해지면서 은(殷)나라의 무정왕(武丁王) 시대의 유적에서 발견된 ' 𧘇 '이라는 상형문자는 '남근에 칼'로 거세를 나타내는 것이므로 이제는 이것이 가장 오래된 거세 기록으로 볼 수 있다. 지금부터 실로 약 3,400년 전의 일이다.

물론 이때 거세된 자가 환관이라고 단정할 수는 없다. 어쩌면 피정복 부족에 대한 조치였는지도 모르기 때문이다. 뿐만 아니라 환관을 만들기 위해 거세를 했는지 또는 거세된 자가 환관이란 역에 알맞아 환관이 생겼는지는 이를 밝힐 수 있는 사료가 없어 '닭과 달걀'논의와 같이 될 수 있다. 그러나 피정복자를 거세하는 일은 원시시대부터 있어 왔지만 제도적인 환관이 태고적부터 있었으리라 생각하기는 힘들다. 다만 사료상에서 확인되는 최초의 거세는 은나라 시대 때에 이미 있었다는 것은 기억해 두어야 할 일이다.

　　그러나 환관과 그 제도는 중국이나 한국에만 존재한 것이 아니고 동서를 막론하고 존재하였었다. 이집트·무굴제국·그리스·인도·로마에도 존재한 것은 기록상으로도 증명되고 있다. 특히 터키에서는 비교적 상세한 기록이 남아 있는데, 할렘(후궁)에서 그 순결 수호와 관리를 위하여 '카부·아가시이'(궁중의 지배자)라는 지위의 백인 환관(피정복자?)을 두었으며, 환관의 장은 유색인종으로 '기스라이·아가시이'(시중드는 지배자), '다루스·세아딧드·아가'(축복의 방의 지배자)로 임명되었다. 궁중의 지배자의 허가 없이는 비록 재상일지라도 함부로 후궁에 출입할 수 없었으며, 축복의 방의 장은 동시에 황제가 세운 모스크의 수납관으로 왕의 재정관리자이기도 하였다. 성경에는 사도 바울의 복음을 제일 먼저 받아들인 이방인 유너크는 이집트 간다게 여왕 때의 환관이었다고 기록되어 있다.

　　헤로도토스는 환관은 페르시아인의 풍습이라면서 그리스인이 환관을 만들어 에피사스(바이블에서는 에페소), 사트레스 등에서 페르시아인에게 비싼 값으로 매매하였다고 하였다.

　　영어에서 고자를 말하는 eunuch는 '침대를 지키는 자'라는 그리스어 eunouchos에서 온 것이며, 바이블에 나오는 officer, chamberlain

(시종) 등은 문맥상 환관을 나타내는 말로 해석된다.

　요컨대 환관은 유사 이래 강대한 권력과 후궁이 존재하는 곳에는 동·서를 막론하고 있어 왔다는 것이다.

　환관의 주임무는 후궁에서 비롯되었지만 점차로 왕궁 전체의 잡사를 돌보게 되면서 왕을 에워싼 특수집단화하고 점차로 권력의 표면에 등장하게 되었던 것이다. 기록에 의하면 그들이 정치의 핵심 변수로 나타나는 것은 동·서 공히 기원전 8세기경이다. 그러면 그들이 힘을 얻어 가는 과정을 살펴보기 전에 제3의 성이 만들어지는 과정을 살펴보자.

환관을 나타내는 말들

환관을 나타내는 말로는 사인(寺人), 잠자(蠶子), 엄인(閹人: 閹자는 고자의 뜻), 엄관(閹官), 엄사(閹寺) 등 여러 개가 있으며 우리나라에서는 화자(火者), 내시(內侍) 등으로 많이 불리었다. 또 거세자이나 환관이 되지 못하거나 아니된 자는 쟁신(淨身), 사백(私白), 무명백(無名白)으로 불리었고, 성인이 되어 거세한 자는 쟁(淨), 또는 정(貞)으로 불리고 어려서 거세된 자는 통정(通貞: 평생순결)으로 불렸다

거세의 유형

　거세의 동기는 네 유형으로 볼 수 있다. 첫째는 자기 의사에 의한 자궁(自宮), 둘째는 타의에 의한 것인데 형에 의한 궁형(宮刑)과 정복자에 의한 피정복자의 거세가 있으며, 셋째는 부모에 의한 자식의 거세, 넷째로 유럽의 성악대처럼 종교적 필요에 의해 행해지는 거세를 들 수 있다.

이것을 좀더 자세히 설명한다면,

(1) 최초의 거세는 아무래도 정복자가 피정복자들에게 행한 것이리라 생각된다. 거세를 통해 체질이나 성격까지 여성에 가까운 제3의 성으로 만듦으로써 저항력을 떨어뜨려 노예로 혹사하는 동시에, 그들의 후손을 단절시켜 후환을 없애려는 다목적적 의도였으리라 생각된다. 그것은 자기 혈족에 대하여는 절대로 거세하지 않는 철칙이 있었던 것으로 보아 더욱 선명히 설명될 수 있다.

(2) 다음은 이른바 궁형(宮刑)이다. 궁형이 언제부터 있었는지는 기록이 없으나 궁형은 한(漢)의 오형(五刑) 중 사형(死刑) 다음의 중형이었다. 한나라 3대왕 문제(文帝, BC ~157)는 사형(死刑) 이외의 사형(四刑)을 없앴다는 설도 있으나,《사기》(史記)에 보면 삼형(三刑)을 없앴다고 기록되어 있다. 그러나 4대왕인 경종(景宗, BC ~141)은 사형선고를 받은 자가 희망할 때에는 사형 대신 부형〔腐刑: 궁형의 별칭임. 이러한 별칭은 거세된 상처가 부패하고 심한 부취(腐臭)를 발하는 데서 붙여졌다는 설과 거세된 자는 자손이 끊어지므로 썩은 화목과 같다 하여 생겼다는 설이 있다〕을 행해도 된다고 하였으므로 삼형(三刑)이 없어졌다는《사기》의 기록이 옳을 것 같다.

사실, 5대왕 무제(武帝, BC ~87)는 바로 그《사기》를 씀으로써 중국 역사학의 아버지라 불리는 사마천(司馬遷)과 음악의 명수 이연년(李延年), 어사대부(御史大夫=부재상)의 아들인 장하(張賀) 등 많은 유명 인재를 궁형에 처했음을 볼 때 문제(文帝)가 어떤 선의를 보였든 간에 궁형은 존속되었던 것이다. 그리고 그 중에서 적잖은 사람이 환관으로 신종(臣從)하기도 하였다.

(3) 종교적 필요나 권력자의 취락을 위하여 거세되는 일도 빈번하였다. 로마시대에는 궁중 소년합창단, 중세에는 성당과 교회의 합창단의 소년단원의 변성을 막기 위해, '하느님을 찬양하는 소리를 보존한다'는 미명하에 그들을 거세한 기록이 남아 있으며, 이런 일은 특히 이탈리아에서 많이 행해졌다. 《마태복음》 19장에 "타고 나면서의 eunuch도 있고 만들어진 자도 있는데 (…) 또 천국을 위하여 자궁한 자도 있다"고 하였음을 볼 때 기독교에서도 그것을 용인했음을 알 수 있다.

그러나 합창단의 소년이 무엇을 알았겠으며, 알았다 한들 부모와 교회의 힘 또는 하느님에 대한 신심 앞에 그의 뜻이 무슨 저항력이 있었겠는가를 생각해 볼 때, 종교의 이름 아래 그것이 자행되었다면 종교란 정말 잔인한 면을 지녔다고 아니 할 수 없다.

(4) 마지막으로 자기 의사에 의하여 거세하는 자궁(自宮)이다. 학문에 전념하기 위하여 또는 구도(求道)의 방해가 된다 하여 자궁한 사례는 교회사나 과거(科擧)사에도 심심찮게 등장하지만 이것은 본론과는 별 관계없는 일이다.

요는 인간의 최대 본능인 식욕과 성욕 중 성욕을 희생하고 생활의 안정과 권력을 희구하여, 바꾸어 말하자면 부와 권력을 성과 맞바꾸어 자궁하여 환관이 된다는 데 환관의 특이성이 있는 것이다.

그러나 성인 남자가 자궁한 예는 소수에 불과하고 주로 부모에 의하여 어려서 자궁당한 자가 환관의 주류를 이루었으니 엄격히 따지면 자궁이라 할 수 없는 일인지 모른다. 가난하여 딸을 유곽에 파는 심정으로 어린 자식을 거세하여 환관의 길을 걷게 하는 것이 주였다. 특히 중국의 남부지역이 환관의 주 공급지였는데 명나라 말기에는 여관 9천 명에 대하여 환관이 10만 명이었다니 역사를 통틀어 보면 중국에서만 1천만 명 가까운 환관이 있었던 것으로 추산된다.

거세의 방법

(1) 사내아이가 생기면 환관으로 만들겠다고 계획한 집에서는 갓 난아이의 성기에 명주실을 감아놓는다. 그러면 어느 시기에 그 부분이 부패하면서 떨어져 나간다. 이런 경우는 처음부터 제3 의 성으로 성장하여 성욕이 없으니 그래도 자비로운 셈이다.

(2) 자금성의 서문인 서화문(西華門) 앞에 창쯔(廠子)라는 건물이 있었는데 이곳이 환관을 만드는 수술장이다. 자금성 앞에 그런 시설이 있었다는 것은 환관의 수요가 그만큼 많았다는 이야기 이기도 하다.

여기에 다오쯔쟝(刀子匠＝칼쟁이)이라는 정부 공인(公認)의 전문가가 있다. 정부로부터 돈은 받지 않고 수술을 받는 자로 부터 시술료를 받는다. 수수료는 대개 은(銀) 6량(六兩)인데 물론 수술 후의 치료까지 책임진다. 수명의 보조자가 희망자를 단단히 묶고는 "후회하지 않겠느냐"(後悔不後悔)고 물어 그 의 사를 확인한다. 후회하지 않는다는 확답이 있으면 그 순간 남 근은 몸에서 잘려진다(만약에 조금이라도 망설이는 기색이 있으 면 중단하였다). 뜨거운 호초탕(胡椒湯)으로 소독하는 등 화농 방지를 위한 조치를 함은 말할 것도 없다.

264

수술 후 3일간은 물을 한 모금도 마셔서는 안되니 갈증과 아픔으로 엄청난 고통을 겪지만 3일 후 요도(尿道)를 막았던 마개를 빼면 오줌이 분수처럼 나온다. 그것이 수술의 성공과 새로운 환관의 탄생을 알리는 것이다. 언뜻 보기에는 무작한 것 같은 이 시술법이 실패하여 사망하는 일은 거의 없었다고 영국인 스텐트(Stent) 박사는 보고하고 있다. 수술 후 약 100일 이 지나면 왕부(王府)로 보내져 1년에 걸쳐 환관으로서의 실무 를 익힌 후 능력과 특기에 따라 배치를 받아 정식으로 환관이 된다.

(3) 고대 이집트에서는 승려가 수술을 맡았는데 예리한 칼로 남근 을 절단한 후 뜨거운 기름이나 재를 뿌린 뒤 5, 6일간을 배꼽 까지 열사(熱砂)에 파묻어 두었다는데 중국과는 달리 사망률이 높았다 한다.

(4) 인도에서는 수술 전에 아편을 먹이는 것이 특이하였으나 수술 후 절단부에 바른 약이 특수하였는지(자세히 알려져 있지 않다) 사망률은 그리 높지 않았다 한다.

(5) 우리나라는 구체적 사료나 기록이 없으나 중국의 방식을 따랐 으리라 추정되는데, 남근은 그대로 두고 고환만을 자른 일이 많았던 것 같다. 왜냐하면 성관계가 가능한(얼마 안 가서 불가 능해지지만) 환관이 적잖게 있었기 때문이다.

우리나라에서는 환관을 화자(火者)라고 부르는데 그 까닭은 우리나라에서는 중국과는 달리 뜨거운 부젓가락으로(부패방지 책) 잘랐다 하여 그렇게 부르게 되었다는 학자가 있으나 이는 신빙성이 희박하다. 왜냐하면 그런 기록이 없기 때문이다.

필자의 생각으로는 중국에서는 환관의 주공급지가 복건성, 광

동성 등 남방이었는데 그 당시 인신매매의 인도인이 그들을 인도어로 '고환자'로 불렀다. 그 지방 중국인이 타고난 고자와 구별하여 환관을 고환자로 부르던 것이 화자로 변화고 그것이 우리나라까지 전해져 火者로 차자하여 정착한 것이 아닌가 한다.

남근(男根)의 보존

그러면 그 많은 남근은 어떻게 처리했을까? 중국에서는 그것을 보(寶)라 칭하며 부패방지를 위해 가공(미라 제조기술과 비슷하였으리라 짐작됨)한 후, 자그마한 수박 크기의 용기에 넣어 초를 녹여 밀폐한 뒤 선반 위에 안치한다. 꼭 납골당 납골과 같다고 생각하면 될 것이다. 그리고 이 선반을 고승(高勝)이라 불렀다. 그 원 소유자가 높은 자리로 승진하라는 뜻인데 실제로 지위가 높아질수록 그 용기의 위치를 높여주었다 한다.

이 '보'를 이렇듯 소중히 보존하는 까닭은 두 가지였는데,

첫째는 환관이 되었다가 계급이 올라갈 때 검보(檢寶)라 하여 그 '보'의 유무를 상사가 확인하게 되며, 그것이 없을 때에는 승진이 취소되었기 때문이었다. 따라서 보를 확보 못했거나 수술자와 연계가 제대로 안된 자는 당황할 수밖에 없어 코미디 같은 일이 벌어지면서 수술자는 단단히 덕을 본다. 그야말로 남근 보가 진짜 보(寶)가 되는 것이다.

둘째는 환관이 죽었을 때 관속에 넣어 같이 매장하기 위해서다. 그것을 같이 매장하는 이유는 저승으로 가기에 앞서 본래의 남성의 모습으로 되돌아가야 하기 때문이다. 중국에선 염라대왕이 보 없는 자는 암당나귀로 이승으로 재생시킨다고 믿고 있으니 그 불행을 면

하기 위해서는 절대 불가결의 물건인 것이다. 물론 이 때에도 수술자는 큰 이득을 챙긴다. 따라서 수술자와 거래할 돈이 없는 하급의 환관 가족은 보를 도적질하기도 했다고 한다. 말라비틀어진 보를 두고 우왕좌왕하는 그들의 모습을 상상하면 우습다기보다는 역시 방외(方外)의 괴기를 느끼지 않을 수 없다.

후궁 관리에서 권력의 장악

122명의 후첩

루쉰(魯迅)은 "성공한 제왕은 살인마저 비밀이 아니다. 그들이 비밀로 하는 것은 단 한 가지 처첩들과의 관계"라고 하였는데 이 말이 바로 환관의 존재 이유와 그들이 힘을 갖게 되는 첫째 계기를 말해주는 것이다.

고금동서를 막론하고 패왕(覇王)은 수많은 후비(后妃)와 측첩(側妾)을 두었다. 그것은 절대권력의 상징이요 동시에 끝없는 성적 쾌락의 추구이기도 하였지만, 정치적으로는 후계자를 포함하여 가장 신뢰할 수 있는 친위세력을 더 많이 얻기 위한 방편이기도 했다. 이들은 정권의 방어자였으며 딸은 정략의 도구였기 때문이다(역사는 꼭 그런 기대대로 움직이지도 않았다. 형제간의 골육상쟁, 아들에 의한 왕좌 축출, 외척의 함포 등에 시달렸음은 우리가 다 아는 바다).

그러나 왕이라고 하여 후첩을 마음대로 둘 수는 없었다. 거기엔 엄한 제한이 있었는데 주된 이유는 재정문제 때문이었다. 중국의 예를 본다면 그 숫자는 고대에는 그다지 많지 않았으나 점차로 증가하여 주나라 때는 이미 100명을 넘었는데 그 숫자를 정하는 데는 그럴 싸한 핑계가 붙었다.

당(唐)나라 재상 두우(杜佑)의 《통전》(通典)에 보면 오제(五帝) 시 대에는 4명의 비(妃)를 두었는데 이는 동서남북을 상징하는 성스러 운 숫자이기 때문이었다고 한다. 회교권에서 지금도 4명의 처를 둘 수 있는 것도 같은 생각에서인지 또는 우연의 일치인지는 모르겠다.

은(殷)시대에는 39인으로 늘어나지만, 주공(周公)의 《주례》(周禮) 에 의하면 주나라에 들어오면 그 왕권의 강대함과 비례하듯 정후(正 后) 1인, 부인(夫人) 3인, 빈(嬪) 9인, 세부(世婦) 27인, 여어(女御) 81인, 계 121인으로 방대해진다. 이 숫자는 그간 나이가 들고 용색이 쇠퇴한 여자가 많이 있다 하여도 한 남자가 상대하기에는 벅찬 숫자 가 아닐 수 없다. 또 재정적으로도 벅찬 숫자였다.

그런데 당나라의 현종(玄宗)은 자기 아들 수왕(壽王)의 비(그러니 까 며느리)를 빼앗아 귀비(貴妃)라는 황후 다음의 새로운 자리를 만 든다. 이가 유명한 양귀비다. 이리하여 후비 측첩의 수는 122명이 된 다. 그 내용은 황후 외에 귀비(貴妃, 양귀비는 楊씨 성의 귀비라는 뜻) ·숙비(淑妃)·덕비(德妃)·현비(賢妃) 각 1명, 소의(昭儀) 이하 9빈 (九嬪), 첩비(婕妤) 9명, 미인(美人) 9명, 재인(才人) 9명, 보림(寶林) 27명, 어녀(御女) 27명, 채녀(采女) 27명이다.

그들 한 명에 평균 25명의 시녀가 붙어 시중을 든다고 가정한다면 그것만으로 약 3,050명, 이러고 보면 아방궁 3천 궁녀나 백마강 3천 궁녀 설도 결코 터무니없는 숫자로 볼 수 없다.

경사방(敬事房)과 녹두패(綠頭牌)

이렇듯 엄청난 후궁의 순결을 지키면서 궁녀의 풍기까지 관리하는데 가장 알맞은 자는 고자인 환관일 수밖에 없다. 따지고 보면 왕의 사생활이란 그의 규방사(閨房事)를 말하는 것인데, 그를 관장하는 자가 바로 환관이니 왕에게는 필요 불가결하며 가장 친근한 존재인 것이다.

명(明)나라에서는 황제의 규방사를 관장하는 곳을 경사방이라 하고 그 장을 경사방 태감(太監, 정 4품)이라 하였다. 황제가 황후와 동침하였을 때는 그 연월일을 기록하여 수태시의 증거로 삼는다.

측첩은 각각 녹두패(綠頭牌)라 하여 위쪽을 녹색으로 칠한 명패가 만들어져 있는데, 황제가 저녁상을 물리고 나면 태감이 은쟁반에 녹두패를 얹어 황제 앞에 놓는다(이때 월경·신병 등으로 왕의 시중을 들 수 없는 자와 왕의 총애가 완전히 사라진 자 것은 아예 빼버리고 놓는다). 황제가 뜻이 없으면 "두고 가라" 하지만 황제가 어느 녹두패를 들어 뒤집어 놓으면 그 녹두패의 여인이 그날 황제의 시중을 들게 된다.

그러나 거기엔 황후의 허가가 있어야 한다. 왕이 지명한 기첩의 이름을 적은 문서가 황후에게 전달되는데 여기에 인인(認印)을 하지 않으면 황제라도 마음대로 행동하지 못한다. 그렇다고 황제가 절대로 못 가는 것은 아니고, 황후의 거부권 행사율은 황후의 성격·건강에도 관계가 있었지만 황후의 친정 즉 외척의 힘에 좌우되는 수가 많았다. 황후가 마흔이 넘었거나 외척의 힘이 그다지 강하지 않을 때에는 황후의 거부는 없어지고 대신 왕이 자의대로 행동하게 되는 것이었다.

또 설혹 황후의 허가가 있었다 하더라도 측첩과는 제한된 시간만 보내야 했다(왕권과 시대에 따라 다르나 대개 2~4시간). 정한 시간이 되면 태감이 시지호라(是時候了: 시간이 다 되었음)라고 큰 소리로 알리고, 그래도 측첩이 나오지 않으면 재차 알린다. 그래도 응하지 않으면 태감은 그 측첩을 끌어낸다. 정말 대단한 권한이며, 황제의 규방사는 우리가 상식적으로 생각하던 것만큼 자유롭지 못했음을 알 수 있다.

또 황제의 특별한 지시가 있으면 그 연월일을 기록하여 증거로 하지만 그렇지 않으면 곧 피임조치를 취하였다. 측첩으로서는 왕이 어떻게 지시했느냐가 엄청난 관심사일 수밖에 없다. 왕자를 낳았을 때는 그의 신분에 엄청난 변화가 오기 때문이다.

그런데 이 과정에 환관의 농락이 끼여든다. 마음에 안 들거나 뇌물을 바치지 않는 측첩은 아예 녹두패를 얹어 주지 않으며, 뇌물을 잘 바치는 측첩의 녹두패는 왕의 손이 잘 가는 위치(쟁반의 중앙이나 오른편 위쪽)에 놓아주는 것이다. 또 그 외에도 시간을 알리는 데도 가감을 두었다. 절대권자를 최측근에서 에워싸고 있는데다 그 규방사를 수배·통제하고, 황제와 이불 속에서 귀엣말을 속삭이는 측첩들이 그들의 눈치를 살피며 뇌물을 바쳐야 하니 환관의 권세는 날이 갈수록 강대해질 수밖에 없었다.

여기에 환관의 제왕 조종술이 더해진다. '감로의 변'(뒷장에서 상술함)의 주동자 구자량(仇子良)은 "천자를 한가롭게 해서는 안 된다. 언제나 취향을 바꾸어 그를 유흥과 주색 삼매경(三昧境)에 빠지게 하여 국사 등은 망각케 하여야 한다. 그래야만 우리들의 소원이 달성되고 권력이 유지·증대된다. 함부로 독서에 취미를 갖게 하여 역사의 흥망사에 관심을 쏟는 날이면 우리는 배제당하게 될 것이므로 결단코 그렇게 해서는 안 된다"고 말하였다. 주야로 왕과의 지근거리에

270

있는 이점과 제왕 조종술이 합쳐 특별히 영명한 왕이 아니면 쉬이 환관의 손아귀에 갇히기 마련이었던 것이다.

물론 초기의 환관은 주어진 임무에 충실하여 왕에게는 편안한 마음으로 대하는 유일한 존재요, 지극히 편리한 존재였다. 그러나 시간의 흐름과 더불어 그들의 조직은 점점 팽창하고 권한 또한 이에 비례하여 막강해진다. 이 과정에서 몇 번의 몰살과 가혹한 기구 축소의 수난을 겪지만(내용은 다음 장에서 상술) 그들의 불가사의한 힘은 마침내 내정(內廷)의 고자 집단에서 외정(外廷)의 핵심 요직을 차지하는 데까지 이른다.

사례감(司禮監)과 동창(東廠)

명나라 때의 환관조직은 12감(監), 4사(司), 8국(局)의 이른바 24아문(衙門)으로 방대해졌다(후궁의 경사방은 여기 포함되지 않음). 이 중에서 특기할 일은 병장국(兵仗局)은 각종 무기 제작·공급을 맡고 있었는데 그 중 각종 화기(화약 포함)는 환관이 관장하여 전쟁 때에는 환관이 화기군을 지휘하였다. 12감의 우두머리인 태감(太監)은 정4품의 관직이었으나 그것은 어디까지나 내정의 공식조직에 불과하고, 그 실세는 그 직위 따위와는 관계없이 실질적 정승(政丞) 조직인 사례감과 비밀경찰조직인 동창까지 손아귀에 넣어 외정의 재상도 두려워할 힘을 지녔다.

■ 사례감

황제에게는 날마다 어마어마한 분량의 상주문(上奏文)이 올라온다. 최초 기안처에서 상부로 올라올 적마다 그 기관의 의견과 조치안이

첨가되고 또 서로 다른 의견이 섞이기도 하기 때문에 어떤 상주문은 몇 척의 부피에 달하는 것이 허다했다.

대개의 황제는 그걸 하나하나 꼼꼼히 들여다보기가 역겹고 귀찮을 뿐더러 적절한 결단을 내리는 데에는 보조자가 필요하다. 따라서 수재들이 모인 한림원에서 으뜸가는 영재 몇 명을 선발하여 이 일을 돕게 하였는데 이것이 내각대학사(內閣大學士)이다. 이들이 최종 안을 만들어 황제에게 올린다[이를 표의(票擬)라 한다]. 그리고 이 표의는 특수한 경우가 아니면 황제의 결재인 비답(批答)이 된다. 따라서 이 대학사의 우두머리를 수보(首補)라 하며, 서열에 따라 차보, 삼보라 하였는데 우리나라의 영의정, 좌의정, 우의정과 같은 것이다.

그런데 문제는 표의와 비답 사이에 환관이 끼여든다는 데 있다. 표의가 황제 앞에 놓이기 전에 환관인 사례감이 이를 정리하는 과정에서 자기 의견이나 보충할 것이 있으면 그것을 붙여 제출한다[이것을 답표(搭票)라 한다]. 이렇게 되고 보니 사례감 태감의 우두머리인 장인태감(掌印太監)이 실질적인 재상이요, 그 아래의 병필수당태감(秉筆隨堂太監, 8~9명)이 부재상이 된다. "측근정치에서는 그 공간적 거리의 차가 권력의 차가 된다"는 말이 그대로 나타나는 것이다.

■ 동 창

병필태감 중에서 황제의 신임을 가장 크게 받은 자가 동창의 장이 된다. 동창은 군의 첩보기관인 금의위(錦衣衛)의 지휘권까지 갖는 무소불위의 권력기관이었다. 또 황제의 특명으로 수감되는 고위현관을 수용하는 이른바 북진무사(北鎭撫司)까지 관장하게 되었으니 그 입김이 이르지 않는 곳이 없게 되었다.

따라서 환관은 지금으로 말하면 청와대 비서실·경호실·검찰·경찰·군기사·국정원과 미사일의 통제권 그리고 만약에 있다면 내각 감독원과 대통령 직속 특별위원회 등까지 모조리 손아귀에 쥐고 황제와 나라를 쥐었다 놓았다 했던 것이었다 하겠다.

측근정치의 폐단은 현재에도 그대로 문제가 되고 있지만 환관에 비하면 약과이다. 거듭 말하지만 환관은 진정 괴기한 존재였다고 말할 수밖에 없다.

중국에서의 환관화(宦官禍)

주(秦)나라에서 후한(後漢)까지

환관제도가 수천 년 지속된 데는 그것이 지속될 만한 존재이유가 있었을 것이다. 그러나 오래 존속된다고 하여 그 제도가 모두 세상에 보탬이 되는 것은 아니다. 사법제도는 그것이 필요없는 세상을 지향하는 것이 이상(理想)이지만 그 기구와 조직은 날로 커지고 그에 따른 피해도 또한 그에 비례하여 증대하고 있다. 이와 비교할 것은 아니지만 환관이 중국의 역사상에 남긴 죄악과 횡포 그리고 부작용은 이루 형용할 수 없으며 환관을 논하지 않고는 중국사가 제대로 쓰여지지 않을 정도이다.

(1) BC 210년 7월 지방 순시중이던 진시황이 사구(沙丘)의 평대(平台)에서 사망하자 환관 조고(趙高)는 재상인 이사(李斯)를 회유하여 진시황의 유조(遺詔)를 개조하여 어린 호해(胡亥)를 황제로 만들고, 진시황이 후계자로 유조한 장자(長子) 부소(扶蘇)와 그를 받드는 몽념(蒙恬) 장군과 그 동생 몽의(蒙毅)까지

죽음으로 몰아넣는다. 뿐만 아니라 12명의 왕자와 10명의 공주
및 그에 가까운 중신들을 학살한다. 이사와 같은 명재상이 조
고에 굴하여 공범자가 되지 않으면 안 되었던 것에서 환관의
힘이 어떤 것이었는가를 짐작할 만하지만 이것이 곧 그 강대
했던 진나라의 멸망을 가져왔음은 우리가 익히 아는 일이다.

(2) 허무하게 멸망한 진나라의 뒤를 이어 한(漢)제국을 세운 유방
(劉邦)이 병환을 핑계로 정사를 제쳐두고 환관의 무릎을 베고
누워 있음을 보고 이른바 홍문(鴻門)에서 유방의 위기를 막아
준 번쾌(樊噲)가 "… 진나라의 환관 조고의 전례를 모르시나이
까 하고 울며 간언했다"(《史記》)고 하니 환관제도는 정말 불
가사의한 마력을 지닌 것이었다.

 불행히도 고조가 죽고 난 뒤 한나라의 실권은 유방의 처 여
(呂) 씨와 그 일족이 장악했는데 여태후(呂太后)가 거처하는 곳
은 일반 남자의 출입이 금지된 후궁이고 보니 환관이 그녀를
에워싸고 있어, 어느 사이엔가 여태후의 지시의 반 이상이 명
의는 비록 여태후의 것이지만 실질적으로는 환관들의 것이 되
고 말았다.

 전한(前漢)은 외척의 전횡이 워낙 극심하였기 때문에 환관의
폐해는 그에 가려져 주목을 덜 받았을 뿐이지 그들의 횡포나
권세가 줄어든 것은 결코 아니었다〔번쾌의 간언에도 불구하고 한
나라도 환관의 횡포에 멍든다. 삼국지(三國志)를 보면 영제 때에
십상시(十常侍)라 불리던 일군의 환관의 횡포가 잘 그려져 있다〕.

(3) 후한(後漢)에서는 외척의 권세가 약해지자 환관의 횡포는 상대
적으로 강대해져서 그들의 횡포가 정치를 어지럽혀 그것이 후
한 멸망의 주된 원인이 되었다.

환관의 나라 당(唐)

당나라 하면 세계사에 우뚝 솟은 대제국이며, 강력한 왕권 아래 유능한 행정조직이 일사불란하게 대제국을 꾸려 나갔다는 게 상식이다. 그러나 3대 고종(高宗) 때에 벌써 그의 처 측천무후(則天武后)에 의하여 주(周)나라가 생기고(690~705), 6대 현종(玄宗)은 양귀비에 혼이 빼겨 정치가 엉망이 되어 마침내 소구도족 출신의 안록산(安祿山)의 난(755)이 일어난다. 이때부터 국권은 환관의 수중에 들어간다.

그 후, 당나라 멸망(907) 50년 전인 16대 선종(宣宗)까지의 약 100년은 황제는 이름만의 존재에 불과하고 등극·폐위 심지어 독살·시역까지 모두가 환관의 뜻대로 행해진다. 당나라는 외견과는 달리 안정된 날이 많지 않았고 황제가 아니라 환관이 지배한 나라였다고 해도 결코 과언이 아니다.

■ 이보국(李輔國)의 난과 그 이후

안록산의 난이 일어나자 환관 이보국은 당황한 현종으로부터 군의 지휘권을 수중에 넣고 모든 정령도 그의 서명을 받게 하였다. 현종으로부터 왕위를 물려받은 숙종(肅宗)은 이보국의 보직을 빼앗고 왕권과 정치를 바로잡고자 하였다.

그러나 이에 원한을 품은 이보국은 바로 그 숙종의 명이라 사칭하여 수병(手兵)을 이끌고 난을 일으켜 숙종을 유폐하려 했으나 고력사(高力士)의 일갈을 맞고 물러선다. 하지만 마침내 그는 환관의 몸으로 병부상서(兵部尚書)의 자리를 차지하여 병권을 장악한다.

숙종이 위독함에 장(張) 황후가 황태자와 더불어 이보국 살해를 기도했으나 이를 탐지한 이보국은 황후를 시해하고 울부짖는 황태자를 꼭두각시 왕으로 올린다. 그가 바로 8대왕 대종(代宗)이다(762). 그러고는 이보국은 대종에게 "왕은 금중(禁中)에 계시고 나라 일은 이 노노(老奴)에게 맡기시오"라 명령(?)하였다. 이보국은 마침내 재상이 되었으며 동시에 그는 병권도 쥐고 있었으므로 대종은 시해를 피하기 위하여 그를 상부(尙父)라 불렀으니 군·신의 위력이 뒤바뀐 것이다.

그 후의 역사를 살펴보면,

- 환관 어조은(魚朝恩)은 안록산의 난 때의 공으로 화족(華族)이 되면서 근위병의 지휘권을 차지했다(766).

- 대종(代宗)을 이은 덕종(德宗)은 각지의 군벌의 반란을 진압하지 못하고 섬서성(陝西省)까지 도피하면서 언제나 주변에 있는 환관에 의존할 수밖에 없어 공식적으로 환관에게 근위병의 지휘권을 준다(792).

- 덕종을 이은 순종(順宗)이 환관에게서 근위병의 지휘권을 빼앗을 뜻이 있음을 눈치챈 환관은 그에게 독을 먹여 중풍에 걸린 벙어리로 만든다.

- 이를 핑계로 순종을 퇴위시키고 헌종(憲宗)을 세운다(805).

- 헌종은 훌륭한 왕이었다. 그러나 그 때문에 환관 왕수징(王守澄), 진홍지(陳弘志)에 의하여 독살당한다. 그 뒤 환관들은 목종(穆宗)을 옹립한다(820). 그러나 그도 4년 뒤에 원인불명의 급사를 한다.

- 목종의 뒤를 이은 경종(敬宗)은 나이 16세였지만 왕수징 등의 처사에 염세주의에 빠져 힘센 씨름꾼과 어울려 날을 보내는데 이 씨름꾼들이 경종의 총애를 믿고 환관들에게 폭력을 휘두르자 환관들은 경종을 시해한다. 왕의 나이 겨우 18세였다(826).

• 이 무렵 환관 사이에 파 갈림이 생긴다. 공동의 적이 없어지고 왕권을 마음대로 움직이게 되었기 때문이다. 경종을 시해한 세력은 왕수징도 아울러 죽이려 했으나 그는 수하의 근위병을 동원하여 반대파를 일망타진하고 경종의 동생을 옹립한다. 그가 문종(文宗)이다.

■ 감로(甘露)의 변(變)

문종은 어찌 보면 환관 덕분에 제왕의 자리에 올랐으나 환관의 해독을 절감하여 그들의 소탕을 결심한다. 그러나 1차 계획은 모의가 새어나가 실패하고 만다. 문종은 여기에서 좌절하지 않고 왕수징의 복심 정주(鄭注)를 설득하여 자기편으로 만들고 그가 추천한 이훈(李訓) 등의 협력으로 왕수징과 사이가 좋지 않는 구자량(仇子良)을 끌어들여 마침내 왕수징을 죽인다.

그러나 왕수징이 죽었다고 만사가 해결되는 것이 아니다. 문종은 자기에게 협력하였지만 구자량 등이 생존하는 한 환관의 폐해는 근절되지 않을 것임을 인식하고 왕수징의 장례식에 모든 환관을 참여케 하여 이를 몰살할 계획을 세운다. 그런데 이훈은 정주가 공을 독차지하는 것을 막기 위하여 정주와 상의하지 않고 별도의 계획을 세웠다.

당나라에서는 감로가 내리면 하늘의 길조라 하여 이를 축하하는 풍습이 있었는데 이훈은 궁전에 감로가 내렸다는 핑계로 중신들과 환관을 모이게 하여 환관을 몰살할 계획을 세웠다. 그러나 회장에 도착한 구자량은 수상한 분위기를 눈치채고 거꾸로 근위병을 동원하여 재상 이하 모든 중신을 체포·처형하고, 문종을 퇴위시키고 그 동생을 왕으로 만든다. 그가 무제(武帝)이다(840).

이 이변을 '감로의 변'이라 부르는데 그 후의 상황을《자치통감》(資治通鑑)은 "이로부터 천하의 모든 일은 북사(北司: 환관본부)에서 결정하며 재상은 다만 문서를 작성할 뿐이었다. 환관의 기세는 더욱 등등하여 천자를 협박하고 재상을 하시(下視)하며 조사(朝士)를 함부로 능욕하니 그들은 초개와도 같은 처지가 되었다"고 기록하고 있다. 문종의 모처럼의 개혁의지도 환관의 힘을 꺾을 수 없어 거꾸로 환관의 전성기를 만들어 주고 말았다.

그후 환관은

(1) 무제가 병든 것을 핑계로 그를 퇴위시키고 선종(宣宗)을 세운다(846).

(2) 선종이 환관의 전횡을 달갑지 않게 여기고 있음을 알자 선종을 독살하고 의종(懿宗)을 세운다(859).

(3) 그 후 희종(僖宗)을 세웠다가(873) 다시 소종(昭宗)을 세운다(888). 소종은 나름대로의 기개와 개혁 의지를 지녀 환관 양복공(楊復恭)을 멀리하자 "어쩌다 우리 덕으로 존위(尊位)에 올랐으면서 정책국로(定策國老: 시험관, 여기서는 왕으로 만드느냐 않느냐를 결정한 자라는 뜻)를 폐하고자 하는 배은망덕한 문생천자(門生天子)가 있다니" 하며 소종을 윽박질렀다니 환관이 얼마나 방자했는지 짐작하고도 남음이 있다. 소종은 그후 얼마 있다 의문의 죽음을 맞는다.

이상의 사건들을 정리해 보면

• 환관 이보국이 숙종의 황후를 시해하고 꼭두각시 대종(代宗)을 세움(762).

• 환관 어조은이 근위병 지휘권 얻음(766).

- 덕종(德宗) 때 환관이 공식적으로 근위병 지휘권 획득(792).
- 순종(順宗)을 독으로 벙어리로 만들고 헌종(憲宗)을 세움(805).
- 헌종을 독살하고 목종(穆宗)을 세움(820).
- 목종 급사(독살로 보임)(824).
- 목종을 이은 경종(敬宗)도 시해(826).
- 문종(文宗)을 세움(826).
- 이른바 감로의 변으로 환관 구자양이 문종을 폐하고 무제(武帝)를 세움(840).
- 무제를 폐위하고 선종(宣宗)을 세움(846).
- 선종을 독살하고 의종(懿宗)을 세움(859).
- 희종(僖宗)을 세움(873).
- 소종(昭宗)을 세움(883).

총괄해 보면 환관들은 약 100년 사이에 세 황제를 퇴위시키고 열 황제를 자기들 뜻대로 등극시키고 그러고도 마음에 들지 않으면 퇴위시켰으며 심지어 네 황제와 한 사람의 황후를 시역하였으니 도저히 상식적으로 이해하기 힘든 일이다. 도대체 그들의 그 힘과 방자함은 어찌하여 얻어지고 또 방치될 수밖에 없었던 것일까?

---

* 그후 소종을 이은 애제(哀帝) 때, 염적(塩賊) 출신의 절도사(節度使) 주전충(朱全忠)이 장안(長安)에 쳐들어와 환관을 몰살하고 애제를 폐하고, 후량(後梁)의 태조(太祖)가 된다(907). 말하자면 환관의 전멸과 당나라는 명운을 같이한 것이다.

실패를 거듭하는 환관 억제책

물론 환관제도가 생긴 직후부터 환관의 횡포를 견제하거나 그들의 몰살을 기하는 일 또 실제로 몰살사건이 없었던 것은 아니지만, 어쨌든 그들은 불사조처럼 살아 남았을 뿐 아니라 그 숫자와 조직은 늘어나고 커지기만 했다.

환관의 전성기는 뭐니뭐니해도 명나라 때이다. 그 명나라의 11대 왕 무종 정덕제(武宗正德帝) 때의 정부의 공식기록인《황명실록》(皇命實錄)이 "마침내 환관은 황제를 배후에서 조종하여 권세를 장악하고 그 혜택은 구족(九族)에까지 이르니 우민(愚民)은 다투어 아들과 손자를 거세하여 부귀를 꿈꾸게 되었다. 어떤 마을은 10세 이하의 남아 반 이상이 고자이다. 아무리 엄금하여도 이 풍조를 막을 방법이 없다"고 적었으니 모든 것을 짐작할 수 있다.

명나라의《황명실록》을 기다릴 것도 없이 그들의 횡포와 환관제도의 폐해는 일찍부터 통감되는 일이라, 이의 폐지 또는 감소를 위한 움직임이 없었다면 그것이 도리어 해괴한 일이 아니었을까?

이제 그 역사 중 중요한 사건을 당나라 것은 제외하고 살펴보고자 한다.

(1) 춘추전국시대 제(齊)나라 환공(桓公)의 명재상이던 관중(管仲)이 병에 걸리자 환공이 후임 재상에 "수조(竪刁)가 어떠냐"고 물었다. 관중이 답하기를 "그는 왕의 측근에 오기 위하여 자궁(自宮)한 자이니 재상을 시킬 정도의 인물이 아니외다" 하였다(《史記》).

(2) 전한(前漢)의 무제(武帝)는 환관이 맡았던 중서(中書) 직(명나라 때의 대학사)을 폐지하여 상주문(上奏文)에 환관이 관여하는 길

을 끊었다(29). 그러나 환관제도를 폐지하려는 생각은 하지 않았다.

⑶ 후한(後漢) 말 군웅이 천하를 노려 패권을 다투었을 때 실력자 원소(袁紹)는 환관을 모조리 죽이는 혁신을 도모했으나(189), 삼국(三國) 성립 후 천하가 조조의 손에 넘어간다.

⑷ 그에 앞서 후한(後漢) 때의 대장군 하진(河進)은 나라가 망하게 된 것은 환관과 그 제도에 큰 원인이 있다 하여 이들을 쓸어버리려 했으나 이를 안 환관의 책략에 말려 거꾸로 참살당한다.

⑸ 그 하진이 환관 몰살의 계획을 세웠을 때, 조조는 "환관의 죄악의 근원은 세주(世主)의 잘못이니 그 원흉을 처벌하면 끝나는 일이 아니냐"며 하진의 계획은 본말을 잘못 짚은 것이라 조소하였다. 그러면서 조조는 "환관은 고금을 통하여 있어 왔으며 있어야 할 물건"이라 하였다. 즉 환관을 제대로 통제하고 관리하지 못한 군주의 잘못일 뿐 환관은 필요하다고 하였으니 과연 조조다운 날카로운 현실감각이 잘 나타나 있다(조조의 아버지는 환관 조등의 양자였다).

⑹ 후량의 태조 주전충(朱全忠)은 환관을 몰살한다.

⑺ 송나라 태조(960~976)는 환관의 폐해를 익히 인식하여 그 수를 일거에 50명으로 제한하는 동시에 거세된 아동의 매매자를 엄벌하였다. 송나라에서는 후대의 왕이 태조의 뜻을 존중한 데 보태어 재상이 막강한 힘을 지녔기 때문에 그 폐해는 많이 억제되었다. 그러나 자칭 풍류천자(風流天子)인 휘종(徽宗) 때 환관 동관(童貫)과 양사성(梁師成)의 말에 따라 전쟁을 일으켜 북송(北宋) 멸망의 원인을 만들었다.

⑻ 명나라 태조는 한과 당나라에서의 환관 전횡의 역사를 반면교

사(反面敎師)로 삼아 환관의 수를 100명 이내로 제한시켰다.

그러나 태조의 막강한 왕권과 강한 의지에도 불구하고 어느 사이엔가 그 숫자는 점차로 늘어나 태조 말년에는 환관의 직제를 12아문으로 정하니 환관은 다시 확고한 직제를 지닌 법적 존재가 되었다. 그 대신 환관의 횡포나 월권을 방지하기 위하여 환관은 외신(外臣)의 관직을 겸하지 못하고 그 위계도 4품을 넘지 못하게 하였다. 또 내외의 교섭을 차단하기 위하여 모든 관아와 환관의 관아 사이의 공문의 왕래를 금하고 내정의 궁문에 "내신은 정사(政事)에 관여하지 못함. 이에 위배한 자는 참(斬)함"이란 철패(鐵牌)를 붙였다. 태조가 환관의 해독을 억제하기 위하여 얼마나 신경을 썼는지를 짐작케 하는 이야기다.

그러나 태조의 사망 후 환관 유근(劉瑾)은 이 철패를 뜯어 없애면서 "우리의 앞을 가로막는 자 누구냐"고 소리쳤다 한다. 바로 이 순간이야말로 태조가 애써 만들어 놓은 환관 억제의 틀이 무너지고 앞에서 설명했듯이 중국사상 최고의 환관 전성기의 도래를 알리는 순간이었다.

(9) 명나라도 건국으로부터 200년이 지나자 서서히 왕국의 나사가 풀어지기 시작했다. 16세기 중엽 12대의 세종(世宗) 때에 이르자 정계에 이상기류가 형성된다. 언제나 파 갈림이란 있어 왔지만 이번에는 환관의 A파와 외신의 A파가 손을 잡고 환관의 B파와 외신의 B파의 연합세력과 대립했는가 하면 어느새인가 A와 B가 결합하는 등의 파쟁이 이어진다.

(10) 심약한 14대 신종(神宗)은 세상만사가 귀찮아 내정(內廷)에 틀어박힌 채 정사는 돌보지 않아 대신에 결원이 생겨도 보충치

않으니 어떨 때는 각신(閣臣)이 한 사람만 있을 때도 있었다.

국고가 바닥이 나자 환관이 그것을 마련한다는 핑계 아래 칙명을 빙자하여 갖은 수탈과 폭거를 서슴지 않게 되니 세상은 소연해질 수밖에 없었다. 이에 정치의 혁신을 표방하는 세력이 결합하는데 이들을 동림당(東林黨)이라 불렀다. 환관 왕안(王安)은 이들 중 유능한 자를 요직에 등용한다. 이에 기득권층의 관료와 비왕안파의 환관이 손을 잡는다. 고자를 말하는 엄당(閹黨)이 그것이다.

(11) 신종을 이은 광종(光宗)은 왕위에 오르고 얼마 안 있어 죽고, 16대 희종(熹宗) 대가 되자 환관 위충현(魏忠賢)은 희종의 유모 객씨(客氏)와 짜서 내정을 손아귀에 넣음과 동시에 동창을 장악하여 동림당원을 모조리 투옥해 버린다. 왕은 있으나마나 하고 천하는 그의 것이 되었다. 황제를 만세옹(萬歲翁)이라 부르기도 했는데 사람들은 그를 구천세(九千歲)라 부르며 아첨하였다. 엄당의 패거리는 그를 공자님의 재래 아니 그 이상의 분이라 아첨하며 각처에 살아 있는 그의 사당을 지어 '신'(神)으로 격상시킨다. 구자량, 유근 등의 대역적 환관도 차마 신으로 모셔지지는 않았는데 그런 일이 벌어진 것이다.

(12) 그러나 그도 희종의 죽음과 더불어 추살되지만 그때는 이미 명나라의 명운도 다 되었다. 희종의 뒤를 이은 숭정제(崇禎帝)는 이자성(李自成)의 농민군에 포위된다. 숭정제는 손수 비상종을 타종하였으나 24만 평의 자금성엔 종소리만 허무하게 울릴 뿐 쥐새끼 한 마리도 나타나지 않았다. 쥐가 배의 침몰을 예감하고 일찍 배에서 떠나듯 1만 명이 넘는 근위병은 차치하고 1만 2천 명이 넘었다는 환관은 마치 그 쥐와 같은 생리를

지녔던지 자취를 찾을 수가 없었다.

　숭정제는 황후와 태자를 자기 손으로 죽이고 한사코 죽지 않겠다고 울부짖는 공주를 향하여 "너는 무슨 인연으로 황제의 딸로 태어났는가" 하면서 역시 찔러 죽게 한다. 그러고는 왕은 뒷산(景山)에 올라 목을 매달아 죽는다. 다만 그때 단 한 사람의 환관이 순사하였을 뿐이었다. 이로써 명나라는 17대 275년으로 막을 내렸다(1644).

(13) 청(淸)나라의 주체(主體)는 만주족이다. 따라서 태조와 태종은 만주에 있었고, 3대의 세조 순치제(世祖順治帝) 때 북경으로 진주하며 명나라의 여러 제도와 함께 환관제도도 인계되었지만 그 수는 제한되었다. 그러나 성조 강희제(聖祖康熙帝)는 사치와 낭비를 혐오하여 강희 49년(1710) 칙유(勅諭)를 내려 환관의 수를 400~500명으로 삭감했다. 명나라 말기의 10만 명을 생각하면 없애버린 것과 같은 조치였다.

　여기에는 명말청초(明末淸初)의 대학자인 고염무(顧炎武)와 황종의(黃宗義, 그의 아버지는 환관 위충현의 손에 죽었다) 등의 개혁주의자들의 환관 감원론도 영향을 미쳤으리라 생각된다. 다만 여기서 주목할 일은 그들마저 환관의 감원은 요구하되 그 제도의 폐지는 주장하지 않았다는 사실이다. 어느 왕조나 다 그랬듯이 청나라도 환관은 점차로 늘어나 1870년대에는 2천 명을 넘었다고 전해진다(영국인 Stent의 기록).

　그러나 청나라는 딴 왕조에 비하여는 환관의 수도 적었을 뿐더러 따라서 그 폐해도 그다지 크지 않았다. 다만 서태후(西太后) 때 몇몇 환관들은 서태후의 총애를 받기도 하였으나 안득해(安得海)가 서태후의 명을 받아 산동지방에 출장갔을 때

체포되어 처형된다. 이유는 환관은 북경 밖으로 나와서는 안 된 다는 금령을 어겼다는 것이었다. 비록 법적으로는 정당한 처사 였지만 절대권력을 휘두르던 서태후의 명에 따라 출장간 자를 죽일 수 있었다는 점에서 딴 왕조와 다른 모습을 볼 수 있다.

(15) 청말(淸末)의 유명한 고증학자 손이양(孫詒讓)은 환관제도 근 절을 강력히 주장하였으나 그때는 이미 20세기로 서양의 문물 이 들어오고 청나라 자체가 역사에서 사라지는 직전이었으니 만시지탄을 금할 수 없으며 청나라의 멸망은 기이하게도 환관 제도의 종말이 되고 말았다.

이색적인 환관들

이상에서 환관의 횡포와 그 해독에 대해서 그리고 그것이 쉬이 억 눌리지 않고 불사조와 같이 모든 왕조에서 활개를 친 이야기의 극히 일단을 논했는데, 그렇다면 이색적인 환관, 훌륭한 환관이 없었느냐 하면 결코 그렇지 않다. 그들 중 몇 사람의 이야기를 적어보면 다음 과 같다.

(1) 명(明)나라 영종(英宗 : 6대와 8대로 두 번 왕위에 오름)이 어릴 적에 어느 날 학문소에 나오지 않고 서해자(西海子)에 놀러갔 다. 이를 안 환관인 스승 왕진(王振)은 영종의 조모인 장태후 (張太后)에 상주하여 영종을 즉각 불러오게 한 뒤 따라간 여관 을 하옥케 했다. 또 영종에게 소(簫)를 듣게 하였던 환관에 대 하여 "음성(淫聲)으로 왕의 정기를 흐리게 한다"하여 장벌(杖 罰) 20을 가하게 하였다. 왕진은 이와 같이 엄한 스승으로 영 종을 교육하였으며, 명종이 토목보(土木堡)에서 몽골의 기병대

에 포로가 되었을 때 그는 장렬한 전사를 한다. 뒷날 영종이 몽골에서 돌아와서는 왕진을 위해 사원을 건립하고 언제나 그를 그리워했다 한다.

(2) 회은(懷恩)은 명나라 9대 헌종 때의 환관이다. 병부시랑(兵部侍郎＝국방차관)이던 종형이 5대의 선종에 의해 죽음을 당하면서 회은은 연좌죄로 궁형을 당한 비운의 환관이었다. 그런 그가 헌종이 직간하는 신하를 죽이려 하자 그 부당성을 주장하여 굽히지 않았고, 마침내 헌종이 노하여 벼루를 집어던지며 회은을 처벌하라고 하였는데도 그는 끝까지 왕에게 직언을 서슴지 않았다.

또 헌종이 말기에 애첩 만귀비(萬貴妃)의 속삭임에 넘어가 황태자 효종을 폐하려 하였을 때도 이를 반대하여 귀양살이를 하였다. 물론 효종이 즉위하자 그는 돌아와 많은 인사를 추천하였는데 그들은 모두 명신으로 칭송을 받았다.

(3) 구연재(寇連材)는 그 무서운 서태후에게 직접 10개조의 시정 요망사항(군함 건조비를 빼돌려 이궁 만수산을 만드는 일을 중지하라, 군비를 증강하여 일본에 대비하라 등)을 들이대어 서태후의 격노를 사 처형된다.

(4) 후한 때 종이 만드는 데 성공한 채륜(蔡倫)도 환관이었다. 그가 환관이었다는 사실을 아는 사람은 의외로 적다.

한국의 환관, 내시

원래 내시(內侍)는 위장부(偉丈夫)였다.

환관들의 관청인 내시부가 생기기 전에 우리나라에는 '내시'(內侍)란 관직이 존재하였다. 그것은 궁내에서 왕에 근시(近侍)한다 하여 내시라 하였는데, 그들은 왕의 시중과 왕궁의 숙위를 맡았다.

내시로 선발되는 자는 고자가 아니었음은 물론이고 세족의 자제 또는 문신 중에서도 용모가 단정하면서 재예·시문·경문에 뛰어난 자들이었다. 따라서 내시로 선발되는 것은 큰 영광이요, 왕에게 근시하였기 때문에 후일에 크게 등용될 수 있는 행운도 누릴 수 있는 기회였다. 김부식의 아들 김돈중, 최초로 주자학을 도입한 안향, 사학의 대가 최사추 등은 이러한 내시였다.

일본의 무사를 '사무라이'라 하는데 한자로는 '侍'로 쓴다. 역시 왕에 근시하기 때문에 '侍'자를 쓴 것인데 우리의 내시와 마찬가지로 왕의 시중과 왕궁의 경비가 주 임무였지만 우리와 다른 점은 그들은 무인이어야 했기 때문에 무예가 선발기준에서 가장 중요시되었다. 일본은 무의 나라이기 때문이다.

어쨌든 건전하던 우리나라의 내시제도가 고려시대에 원나라의 영향을 받아 고자인 환관이 그 자리를 차지하게 되고 그들을 통괄하는 내시부가 생겨나면서 내시는 선망의 자리에서 고자들의 집단이란 괴기의 자리로 바뀌었다.

내시부의 설치

신라시대에 환수(宦竪)란 기록이 있는 것으로 미루어 그 무렵에 이미 숫자와 직권은 극히 한정되었지만 앞에서 말한 내시와는 별도로 후궁의 잡역을 맡은 환관이 있었음을 짐작케 한다.

고려 초기에도 대간(臺諫)의 통제하에 고자가 아닌 내시 환관이 궁중의 잡무와 관리를 맡았으며, "과거"에서 언급했듯이 그 집단을 남반(南班)이라 부르되 위계는 칠품(七品)을 넘지 못하도록 하였다.

그러나 원나라의 영향이 강해지면서 18대왕 위종(1146~1170) 때 고자들로 된 환관제도가 공식기구로 도입되고 24대왕 원종(元宗) 때는 그 직위가 육품(六品) 이상의 조관(朝官)에 임명되기에 이르렀다. 이어 25대 충렬왕(忠烈王) 이후에는 몽고에 들어갔다가 원나라의 사신으로 귀국, 원나라를 등에 업고 횡포를 부렸으며 봉군(封君)을 받고 고관에 임명되기도 하였다. 그들은 힘을 합쳐 마침내 31대왕 공민왕(恭愍王) 5년(1356)에 그들의 관청인 내시부(內侍府)를 설치한다. 이로부터 우리나라에서는 환관은 내시로 통하게 된다. 동시에 내시는 천시의 대상이 된다.

또 중국과는 달리 실질적인 내각이라 할 만한 힘을 지녔던 사례감(司禮監)과 비밀첩보기관인 동창(東廠)과 같은 기구를 두지 않았던 것은 환관제도가 중국만큼 발달하지 않았기 때문이겠지만 결과적으로 그 폐단을 미연에 감소시키는 효과를 얻었음은 극히 다행한 일이었다.

우리나라 내시는 성(性)을 즐겼다.

《고려사》 환관조를 보면 중국과 같은 인위적인 거세는 하지 않았다고 한다. 그러나 어떤 방법으로 필요한 환관을 확보하였는지에 대해서는 납득할 만한 설명이 없다. 유계의 《시남집》(市南集), 정다산(丁茶山)의 《목민심서》 등에는 병역과 부역을 면하기 위하여 부모 손으로 거세된 자의 이야기가 나온다. 요컨대 중국처럼 심하지는 않았지만 상당한 자궁이 있었다고 생각된다. 그렇기 때문에 환관제도가 유지된 것이다.

그렇지만 거세된 자가 바란다고 해서 누구나 쉬이 환관이 될 수 있었느냐 하면 그런 것도 아니었다. 환관이 되기 위해서는 몹시 비정하고 가혹한 테스트에 합격해야만 했다. 그 중에서도 반란군 또는 외적으로부터 어떠한 고문을 받더라도 왕의 비밀, 특히 왕의 도피처를 알리지 않는 인내력의 유무가 가장 중요한 자격이 되었다.

우리나라 환관이 중국 환관과 크게 다른 것은 그들이 성관계를 가졌다는 점이다. 이는 우리나라 환관은 고환만 절단하고 남근을 남기는 일이 많았기 때문인데, 정상인보다는 빨리 성기능을 상실하지만 일정 기간은 성관계가 가능했던 것이다. 야사(野史)에는 환관이 성관계를 가졌음이 많이 전해지고 있으며, 조선시대에 일부 가난한 선비들이 출세를 위하여 딸을 환관에게 바쳤다고 전해지고 있다.

《연산군일기》에 보면 내시와 궁녀들 간의 사랑이 발각되어 대궐을 쫓겨난 일이 있다고 하였는데 그것이 가짜 내시인지 성관계가 가능한 환관인지는 분명치 않지만 전의감(典醫監)으로 하여금 환관 이경(李璟)과 석극산(石克山)의 남근을 조사케 하였다는 기록이 있다. 이로부터 가끔 전체 환관들의 바지를 내리게 하여 공개리에 그들의 하초를 살폈다는 기록도 있다. 이 점에서도 우리의 내시제도는 중국 것처럼 철저하지 못하고 어정쩡했음을 알 수 있다.

효자동(孝子洞)은 화자동(火者洞)이었다.

내시의 출사(出仕＝출근)에는 출입번과 장번(長番)이 있었는데 전자는 궁외에 거주하며 일반 관리처럼 출퇴근하는 자이고, 후자는 궁중에 상주하여 왕을 근시하는 자이다. 말할 나위도 없이 후자는 지위도 높고 세력이 강하여 대전장번내시(大殿長番內侍)쯤 되면 부귀영화는 마음대로 누릴 수 있었다.

조선조시대 출입번의 거주지는 두 곳이 있었는데 경복궁 옆의 효자동(孝子洞)과 창덕궁 옆의 봉익동(鳳翌洞)이 그것이다. 효자동은 환관의 별칭인 화자(火者)가 산다 하여 원래는 화자동이었는데, 뒷날에 그 음을 따면서 뜻이 좋은 효자동이 되었다 한다. 봉익은 봉익(鳳翼)이라고도 적었는데 그것은 '왕의 나래'라는 뜻이니 바로 내시를 나타내는 말이다.

또 잠실(蠶室)은 누에를 기르던 곳이 아니고 내시를 거세하여 치료하던 곳이다. 잠자가 들어가는 것은 고자를 잠자(蠶者)라 부르던 것에서 온 것이다. 그렇게 부른 까닭은 명백치 않으나 누에 치는 방처럼 따뜻하고 어둠침침한 곳에서 며칠 동안 누워 있는 꼴이 꼭 누에 같았던 데서 나왔다고도 한다.

그런가 하면 파주군의 교하와 양주군의 장흥면에도 내시촌이 있었다는 기록이 있는데 여기 거주자는 대개가 늙어 은퇴한 내시들이었으리라 짐작된다.

내시의 폐해는 중국의 그것과 비교할 것은 못되었지만 바로 내시

290

부를 설치한 공민왕(恭愍王)이 내시 최만생(崔萬生)에게 침실에서 시해되는 끔찍하고 아이러니한 사건이 있었다.

그로부터 30여 년 뒤에 고려가 망하고 조선조가 창건된다(1389). 조선조는 환관을 없앨 수는 없지만(필요악) 그 폐단을 줄이기 위하여 그 직제의 명칭과 지위에 손을 대어 그 인원을 140명으로 제한하였다. 그래도 그들의 직급은 그들의 직분에 비하여 엄청나게 높은데다 밤낮으로 왕을 인의 장막 속에 가두어 둘 수 있었기 때문에 그 직무와 지위 이상의 권세와 부를 누릴 수 있었다.

직제와 품계(品階)

내시부의 우두머리는 판내시부사(判內侍府事)라 불렸다. 관직명에 판자가 붙으면 판서와 동렬이 되어 종1품 이상의 지위로 그의 업무가 무엇이든 대감(大監)으로 불리었으니 정말 막강한 지위라 아니할 수 없다.

그러면 내시부의 직명과 지위 · 직무를 알아보자.

- 상선(尚膳) 종2품: 왕과 그 가족의 식사 장만, 궁중에서의 연회의 준비와 진행, 왕의 조상에 대한 제사 준비(2명)
- 상온(尚醞) 정3품: 술(1명)
- 상다(尚茶) 정3품: 다(1명)
- 상약(尚藥) 종3품: 약(2명)

이상의 4직은 명나라의 상선감(尚膳監)에 해당되는데, 왕족(王族)에 대한 독살(毒殺)을 예방하기 위한 독견(毒見)의 임무도 마찬가지였으나, 지위는 명나라보다 높여주었다.

- 상전(尚傳) 정 4품: 왕의 지시·명령의 전언과 왕과 중신들의 중
  개역(2명)
- 상책(尚冊) 종 4품: 옥새의 보관과 날인〔명나라의 상보감(尚寶監)
  의 역할〕, 왕실에 대한 기록〔탄생·사망·혼인
  등과 후비(后妃)들과의 규방의 기록. 그것은 전
  술한 바와 같이 잉태·출산시의 근거로 삼기 위
  함이다〕, 또 궁중의 행사 기록, 특히 왕과 그
  가족이 읽을 책의 선택과 그 관리(3명)
- 상고(尚孤) 정 5품: 왕과 왕실의 의복〔명나라의 상의감(尚衣監)〕,
  갖가지 장식품과 용품(병풍·의자·장식품·오
  락품·의장용의 깃발·연막·방석 등)의 선택과
  관리〔명나라의 어용감(御用監)과 사설감(司設
  監)에 해당〕(4명)
- 상노(尚帑) 종 5품: 재무와 경리〔명의 경사방대감〕(4명)
- 상세(尚洗) 정 6품: 세탁·의복의 손질·보관(4명)
- 상촉(尚燭) 종 6품: 궁내외의 조명(불 밝힘)(4명)
- 상훤(尚煊) 정 7품: 땔감의 확보와 온돌의 관리(4명)
- 상설(尚設) 종 7품: 궁 내외의 영선(6명)
- 상제(尚除) 정 8품: 청소, 특히 모기·파리·빈대·벼룩 등 충류
  의 구제(6명)
- 상문(尚門) 종 8품: 궁문의 개폐와 경비(5명)
- 상갱(尚更) 정 9품: 불침번, 특히 화재 예방(6명)
- 상원(尚苑) 종 9품: 정원의 손질(5명)

이와 같이 조선조의 환관조직은 명나라의 거대한 조직과는 비교도 안 되리만큼 간소하고 인원도 적었지만 나름대로 합리적인 기능과 분업체제를 갖추고 있었다.

그러나 그들의 위계는 턱도 없이 높게 정해졌으며 특히 상세 이하의 8직은 일반사회에서는 천직(賤職)에 속하며 오늘날의 이른바 3D적 직분임에도 불구하고 그 지위는 상식과 어긋나는 것이었다. 세탁부라 할 수 있는 상세가 사헌부(司憲府)의 감찰과 동격이며, 조명역의 상촉은 호조와 형조의 별제〔別提: 정6품 또는 종6품, 군기사(軍器寺) 등 사(司)・창(倉)・고(庫)의 장부를 검사하는 제법 실권있는 자리〕또는 교수와 동격이며 교서관(校書館)의 박사보다 상위이다.

한국의 후궁제도

앞서 중국의 후궁에 대해 이야기했지만 한국의 후궁제도는 그 위계가 턱없이 높았다. 그러나 조직과 인원은 중국보다 훨씬 왜소하였다. 물론 시대에 따라 그 호칭・품위・인원수에 다소 변화가 있었지만 기본 골격은 대동소이하다.

가장 대표적이라 할 수 있는 조선조의 《경국대전》(經國大典)에 나타난 것을 보면 궁중에 일을 보는 여관은 물론 왕후 이외의 모든 측첩은 내명관(內命官) 또는 내명부로 불리었는데 측첩의 최고위는 빈 또는 희빈(禧嬪: 장희빈은 성이 장이고 희빈의 자리에 오른 후궁)이고, 그 아래로 귀인(貴人)・소의(昭儀)・숙의(淑儀)・소용(昭容)・숙용(淑容)・소원(昭媛)・숙원(淑媛)의 위계가 있었다.

빈은 정1품, 의는 2품, 용은 3품, 원은 4품이었으나 그들의 직분은 없다. 따라서 후궁의 일은 정5품의 상궁(尚宮)이 내명관의 우두머리로 그 아래 상침(尙寢)·상식(尙食)·상침(尙針) 등 상(尙)자가 붙는 종6품이 있고, 그 아래의 전선(典膳)·전의(典衣)·전약(典藥) 등 전(典)자가 붙는 자는 정7품에서 정8품이다. 심지어 잡역부라 할 수 있는 주각(奏角)·주상(奏商)·주변(奏變) 들도 9품의 감투를 누렸다. 그녀들은 그 품계에 따라 일정한 녹급을 지급받았으며 사망시에는 장례에 필요한 부의금도 하사되었다.

이와 같이 환관과 내명관 등 왕이나 왕의 후궁을 돌보는 자들이 엄청난 특혜를 누린 것은 그리 놀랄 일이 아니다. 지금의 청와대에 직을 두고 있는 자의 힘을 보면 이해가 될 일이다. 자유당 시절에 어떤 짐꾼 앞에 제법 높은 어른들이 고개를 숙이며 경의를 표하는 것을 이상히 여겨 시민이 알아보니 그 짐꾼은 경무대 똥 푸는 자이었다는 것을 그린 정치풍자 만화가 있었음을 우리는 기억한다.

---

* 내명관은 궁중의 여성 전문직으로 조선조 중기엔 평균 월 240元을 지급받았다. 쌀값으로 환산하면 지금의 150만 원쯤 된다. 내명부 후보자는 양반 집안의 첫번째 부인의(후처는 안됨) 딸 중에서 4~5세 때에 후보가 되어 훈련을 받아 15세 전후에 배속을 받고 15년쯤 지나서야 상궁(尙宮) 자리에 오를 수 있었다. 직급간의 규율은 엄하고 직급에 따라 그 복식과 급여가 달랐다.

치마를 뒤집어 입으면 떡이 생긴다는 말의 유래

일반 내명관이 어쩌다 왕의 눈에 들어 잠자리를 같이 하게 되면 종 4품을 받게 된다. 우리나라에서 여인이 어쩌다 치마를 뒤집어 입었을 때 '오늘 떡이 생기겠다' 하여 좋은 징조로 보아 주는데 그것은 후궁의 관습에서 나온 것이다. 앞서 말한 대로 왕의 손이 닿은 내명관은 그로부터 며칠간은 치마를 뒤집어 입는데 그것은 치마를 벗었다는 뜻이다. 내명관의 치마를 벗길 수 있는 자는 왕 외에는 없으니 '나는 엄청난 은총을 입었다'는 표시이다. 여기에서 앞과 같은 이야기가 생긴 것이다. 그러나 그런 일이 흔하지도 않았지만 극히 드문 일도 아니었다.

기습(奇習) 중의 기습 환관

(1) 세계 각지에는 선뜻 이해하기 힘든 기습이 적지 않다. 초야권이나 정조대는 역사의 유물이지만 목을 30cm나 늘리는 수장족(首長族), 입술을 손바닥 크기로 키우는 풍습은 차라리 그로테스크하다.

초경이 있으면 음핵을 자르는 의식인 할례(割禮)는 아프리카 28개국에 엄존하나 성서에서도 이스라엘인이 바빌론에 포수가 되어 있을 때 남자에게 할례 의식이 있었다는 기록이 있다.

여자의 작은 발에 대한 남자의 선호는 전족이라는 기습을 낳고 이는 중국에서 극심하였으며 필자가 어릴 적에는 전족한 중국 여인을 흔히 볼 수 있었다.

(4) 그러나 이러한 기습들은 여자는 아름답고 섹시하게, 남자는 용감하고 섹시하게 보이게 하는 등 성(性)의 쾌락의 증진이나 독점을 위한 것이다. 그러나 유독 환관만은 그런 것들을 부정하는 기습이다. 여기에 환관이 기습 중의 기습이라 불리는 절대성이 있다.

방외(方外)의 자의 비애와 특권

권력은 끝없는 상향 지향의 본성을 지녔으며 최고권력자는 절대권력을 차지하여 그것이 영원히 지속되기를 희구한다. 최고권력자는 무류(無謬)의 전능자에서 신의 대리자 → 신으로 승격하면서 절대권력자가 된다.

신은 인간에게는 불가촉(不可觸)의 이차원(異次元)의 존재다. 비행기가 하늘을 날고, 사람이 달을 걷는 시기에도 히틀러, 스탈린, 김일성은 무류의 전지전능자로 행세하였거늘 하물며 옛날 황제들에게는 극히 자연스런 일이었던 것이다. 절대권력자가 신격화하면 그의 몸이 불가촉의 존재일 뿐 아니라 그 자신도 자기 모습을 바로 드러내는 일은 하지 않았다.

그러나 통치과정에서는 인간과 아주 절연될 수 없으니 그 중간에 인간이 아닌 그 어떤 연결고리가 있어야 한다. 그 연결고리는 현세와 온전한 인간과는 이차원의 생물, 방외(方外)의 것이어야 한다. 바로 환관이 그러한 조건을 갖춘 존재이다. 따라서 환관은 왕에게는 후궁의 수호를 비롯하여 절대적인 필요악적 존재인 것이다.

일본의 아이다 유지(會田雄二)는 아론수용소(2차대전 후 영국군의 포로가 되어 그가 수용되었던 곳)에서의 경험 중 가장 고통스러웠던 것은 수용이나 중노동이 아니고 영국인이 그들을 인간이 아닌 존재로 보는 것이었다고 적고 있다.

예를 든다면 영국군은 그들에게 화장실이나 방문을 노크하지 못하도록 명령한다. 학병 출신인 그는 무심결에 노크를 했다가 호되게 벌을 받는다. 여자병사가 불러 그 방에 들어갈 때에도 노크를 아니하도록 신경을 쓰고 들어가 보면 홀딱 벗은 채로 있는 것이 예사였다는 것이다. 처음에는 어찌된 영문인지 이해가 가지 않았는데 차차 깨닫고 보니 "너희들은 인간이 아니다. 개나 고양이가 있다고 몸을 가릴 까닭이 없는 게 아니냐"는 식이더라는 것이다.

물론 이것은 영국이 일본군의 정신구조를 쳐부수기 위한 위계작전이었지만 어쨌든 일본군은 환관적 존재로 취급되었던 것이다. 영국군에게는 일본군을 인간이 아닌 존재로 취급하는 것이 그들을 전적으로 굴복시키고 그들에게 복수하는 수단이었던 것이다.

승문에 들어간다는 것은 속세와는 인연을 끊고 이른바 '인간'과는 다른 존재가 되는 것이다. 이를 나타내기 위한 표증으로 머리를 깎는다. 궁중의 전의(典醫)도 머리를 깎아야 하는데 이도 속세의 '인간'이 아니라는 표증이다. 그러므로 왕을 위시한 불가촉의 귀한 몸에 손을 대어도 죄가 되지 않는 것이며 왕도 그들을 탓하지 않는다. 머리를 깎은 그들은 인간이 아니라 방외(方外)의 존재이기 때문이다. 옛날 양반집 규수가 봉사로부터 지압을 받을 수 있었던 것도 그들이 머리를 깎은 방외의 것이기 때문에 아무런 탈도 되지 않았던 것이다.

현대의 전의는 머리를 깎지 않는 정상의 인간이기 때문에 왕족의 진맥을 할 적에는 사단(絲斷: 실을 환자의 손목에 감아 그 실 끝의 움직임을 통하여 진단함)으로 대신한다. 실제로 일본의 헤이세이(平成) 천황의 황후가 실어증에 걸렸을 때 그렇게 하였다 한다. 물론 최근에는 양의에 의존하는 일이 많지만 역시 청진기는 대어도 손을 직접 대는 것은 삼간다고 듣고 있다.

루쉰(魯迅)은 "실패하거나 권세를 잃을 것 같은 대왕(권력자)에게는 새로운 비밀이 생긴다. 그것은 재산목록과 그것을 은닉하는 장소며 긴급 은신처이다"라고 하였는데 어느 나라 어느 시대를 막론하고 권력자는 주변에 충성을 다하고 권력자가 신임하는 측근이 있기를 바란다.

특히 최측근 거리에 있는 자는 그 직급에 어울리지 않는 막강한 힘을 갖는다. 왕의 비서이던 승지(承旨)가 그러했고, 지금의 비서실(비단 대통령뿐 아니라 재벌의 비서실도)이 그렇고 가신(家臣) 그룹이 그렇지만, 환관만큼 믿을 만하고 마음 편하고 신뢰받는 존재는 못된다(왕을 죽인 환관도 있었지만). 바로 여기에 환관이 온갖 수난을 당하고 비판의 대상이 되면서도 수천 년이나 명맥을 이어 존재하고 득세한 까닭이 있다. 결론적으로 절대권력자에게는 환관은 절대적 필요악이었던 것이다.

우리나라 환관의 충성도

환관은 절대권자의 규방을 엿보는 유일한 특이 존재요 절대권자가 가장 마음 편하게 대하는 존재였다. 방외의 괴물인 그들에게 온전한 인간인 일반 신하보다도 턱없이 높은 위계를 준 까닭은 거기에 있으며, 대신 그들에게는 절대적인 충성이 요구되었던 것이다.

중국의 환관은 그 조직도 방대하고 영향력도 막강하여 긍정적이건 부정적이건 간에 방대한 기록이 남아 있고, 심지어 '환관사'라는 독립된 연구분야가 존재할 정도이다. 그러나 우리나라의 그것은 중국에 비하여 매우 규모가 작았기 때문에 그들이 역사상에 남긴 족적도 미미하고, 그들에 관한 기록도 많지 않다. 그렇지만 역시 끝까지 왕을 따르거나 왕과 나라를 위해 목숨을 바친 환관이 있는가 하면 그 반대로 감히 왕을 시해하거나 시해했으리라 생각케 하는 사건들도 있었다.

인조반정(仁祖反正) 때 광해군을 등에 업고 피신한 자는 왕의 근위병이 아닌 젊은 환관이었다. 또 연산군이 쫓겨난 후 조신(曹伸)이 연산군이 재임중 읊었던 시에 빗대어 지은 시에 환관이 그래도 끝까지 연산군과 함께하였음을 엿보게 하는 대목이 있다.

撤人廬舍總爲亭　　採却靑紅作運平
誅盡元勳度諫輔　　只留皂帽表忠誠
　　농민의 집을 헐어 유흥 위한 정자 만들고
　　예쁜 여자 끌고 와 호색의 노리개 삼고
　　나라의 원훈은 죽이고 간언하는 충신은 도륙하는데
　　내시들만 남아서 충성을 다하였도다('조모'는 환관의 별칭임).

　역사는 짓궂은 것인가? 연산군 아래에 김자원 같은 요사한 환관이 있었는가 하면 김처선(金處善) 같이 충성스런 환관도 있었다. 김처선은 7대왕인 세조(世祖) 때부터 네 임금을 모셔 정2품의 높은 벼슬에 오른 환관이었다. 그는 연산군의 성품을 익히 알면서도 몇 번이고 간언을 하였으나 도무지 효과가 없자 마침내 목숨을 바쳐 간언한다. 연산군은 노하여 활을 당겨 그를 쏜다. 그러나 그는 화살이 꽂힌 가슴을 부여잡고 간언을 계속한다. 분을 참지 못한 연산군은 그의 다리를 자르고 끝내는 그의 소릴 듣기 싫다 하여 혓바닥을 잘라 버린다. 연산군은 그의 시체를 호랑이에게 주는 동시에 김처선의 처(處)자가 들어간 것은 모조리 없애도록 명하고, 처자가 든 사람의 이름이나 지명, 용어는 모두 딴 것으로 바꾸게 하였다. 그의 가족들이 어떻게 되었는가는 불문가지의 일이다.
　그런가 하면 공민왕을 침실에서 시해한 최만생(崔萬生)과 같은 자도 있었다.

인조(仁祖)의 두 아들 소현세자와 봉림대군도 의문의 죽음을 맞는데 거기에 환관의 그림자가 어른거린다. 두 형제는 청(淸)나라에 잡혀 있다가 귀국하는데, 그때 소현세자는 자명종을 가져오는 등 서구 문물에 대한 이해를 보였다. 그러나 그는 귀국 후 석 달 만에 급사한다. 폐쇄된 가치관에 사로잡혀 있던 집권세력인 서인(西人)이 그를 기피한 데서 온 암살이었다는 의구심을 낳고 있다. 한편 그의 동생인 봉림대군은 형의 급사로 왕위에 오르지만(효종) 그 역시 의문의 급사를 한다. 여기에도 환관의 손이 미쳤으리라는 설이 유력하다.

일본의 후궁 오오쿠(大奧)와 환관의 흔적

그 조직과 직분

일본의 왕은 이른바 천황이다. 그러나 천황은 상징에 불과하며 실권자는 아니었다. 그러나 그들은 권세에 따라 많은 후궁을 두기도 했으나 영속적·조직적인 관리체계를 갖추지는 않았다. 더욱이 메이지 유신 이후는 "서출(庶出)자는 황족의 자격을 갖지 못한다"는 규정을 황실전범(皇室典範)에 두어 실질적으로 비첩(妃妾)을 둘 수 없게 규정하였다.

그렇기 때문에 일본의 후궁과 그 제도를 논하려면 일본의 실질적인 통치자였던 막부의 우두머리, 이른바 쇼군(將軍)의 후궁을 살펴보는 게 옳을 것 같다. 그러나 일본의 후궁이 제도화하는 것은 도쿠가와 막부가 성립되고 정권이 안정기에 들어가서였고 그 주역은 3대 쇼군 이에미쓰(家光)의 유모였던 가스가노 쓰보네(春日局)란 여걸이었다.

일본의 후궁인 '오오쿠'의 특징은 환관이 전혀 없고 야간의 경비까지도 여자가 도맡았다는 사실이다. 오오쿠에 근무하는 자를 총칭하여 오오쿠 조추(大奧女中)라 하는데, 그들은 쇼군의 시중을 드는 자와 쇼군의 후궁에서 일하는 자로 나누어지나, 그 역직명과 인원에는 큰 차이가 없었다.

그들의 직위는 27계층이나 되어 중국이나 한국보다 더 세분화되어 있었으며, 20계층까지는 직접 쇼군이나 오쿠가다(奧方)라는 정비(正妃)와 대면할 수 있다 하여 오메미에(お目見え)라 하였고, 그 아래 7계층은 잡용에 종사하여 쇼군이나 그 처를 만날 자격이 없었다. 또 오메미에 안에도 내명관급과 그 아래의 직위로 나누어지며 그 안에서도 여러 명칭의 직위로 다시 세분화되어 있었다.

에도성(江戶城)의 쇼군 거처인 혼마루고텐(本丸御殿)의 연건평은 자금성의 반이나 되는 11만 1,373평인데 그 중에서 반이 넘는 6,318평을 오오쿠가 차지하였으며, 이에미쓰가 죽었을 때 면직(쇼군이 바뀌었다 하여)된 자가 3,700명이나 되었고 100여 명이 여승이 되어 죽을 때까지 이에미쓰의 명복을 빌었다는 기록이 있으니 그 조직이 얼마나 컸는가 쉬이 짐작케 한다.

오오쿠 종사자는 그 역직에 따라 일정한 수당을 받았는데 오메미에 이상의 자는 365일 24시간을 상근해야 하는 대신, 그 이하의 계층인 궂은 일 하는 잡역부는 1년에 한 번 며칠의 휴가를 받을 수 있었으며, 그만두고 싶을 때는 허가를 받아 떠날 수도 있었다.

이러한 잡역부는 무사계급 출신보다는 일반서민 출신이 많았는데 오오쿠에 근무하는 것은 정말 하늘의 별 따기 같이 어려운 일이었다. 그 대신 그것은 집안의 영예였고 본인이 시집가는 데도 엄청난 무형의 자산이요 이력이 되었다.

오오쿠 종사자는 누구이건 "첫째는 연줄(인맥), 둘째는 운, 셋째는 인물"이라 말하듯 무엇보다 연줄이 중요하여 그 여하에 따라 승진의 속도와 한계가 달랐다. 한편 오오쿠에 사람을 추천하는 일을 오오쿠의 허가를 받은 몇몇 특정인이 담당함으로써 그들의 이권과 권세는 대단한 것이 되었다. 따라서 그들은 전국 각처로부터 좋은 혈통의 미녀와 재원을 발견하고 차출하는 데 실적을 다투게 되었다. 자기가 추천한 여인의 승진과 권세는 곧 자기에게 투영되기 때문이다.

우리나라에서처럼 치마를 뒤집어 입고 나오는 행운을 얻는 극히 드문 행운자도 있기는 했지만 잡역부 이외의 모든 종사자는 당연한 일로 업무와 관계되는 불가피한 응대 이외에는 외부 남성과의 일상적 접촉은 엄금되었다. 어쩌다 허가되는 가부키(歌舞技)의 단체 구경이 유일한 낙이요 기분전환이었다. 그러나 그때 외에는 동성인 여인 세계에 갇혀 살아야 했다.

오오쿠는 환관제도의 대체물

이와 같이 성(性)이 인위적으로 억제되었기 때문에 성에 대한 욕구는 화미와 사치로 대치되고 음습한 중상과 질시가 소용돌이치게 된다. 그렇게 되고 보니 자연히 권력투쟁에 개입하거나 휘말리게 마련이다. 동시에 극단적인 성의 억제는 결국 비틀어진 배출구를 찾게 된다. 하나는 동성애요, 둘째는 오오쿠에 반입되는 짐짝 속에 남자를 숨겨 들어오는 일이다. 나중에는 이런 일이 공공연한 비밀이 되었으나 서로 이를 숨기거나 눈감아 주었으며, 위정자도 오오쿠의 반발을 두려워하여 감히 말을 내지 못했다.

그러다가 8대 쇼군 이에쓰구(家繼)가 어려서 오오쿠에 관심이 적은 틈을 이용하여 에시마(繪島)란 내명관이 배우와 탈선한 것을 적발하여 오오쿠의 화미·사치풍조와 문란한 풍기, 정치 관여 등에 일대 철퇴를 내리는데 그때 1,500여 명이 연좌하여 처형, 유형, 축출된다. 따지고 보면 에시마는 아라이 하쿠세키(新井白石) 등의 사치금지 등 긴축정책에 의한 오오쿠 숙정의 희생양이었던 것이다.

이와 같은 대숙정에 이어 이른바 간세이(寬政)의 개혁정책을 편 마스다이라 사다노부(松平定信)와 덴보(天保)의 개혁을 편 미즈노 다다구니(水野忠邦)는 재정의 건전화와 풍기의 숙정을 통하여 막정(幕政)을 바로세우려 안간힘을 썼지만, 그들의 긴축정책이 강해짐과 비례하여 오오쿠의 반발도 커져 결국 그들의 압력 때문에 개혁의 실을 충분히 거두지 못한 채 실각하고 만다. 결국 막부정권의 실권자도 오오쿠를 마음대로 개혁할 수 없었던 것이다.

이렇게 보면 환관의 폐해나 여성만의 오오쿠의 폐해는 이색동화(異色同畵)라 평할 수 있겠다. 거꾸로 생각할 때 오오쿠의 여관은 환관의 대체물에 불과하였던 것이라 할 수 있다.

일본에는 왜 환관제도가 성립되지 않았나

한국에서는 중국만큼은 아니지만 그래도 환관제도가 존재하였으나 전족의 풍습은 들어오지 않았다. 그러나 일본은 전족은 물론 환관제도도 받아들이지 않았다. 그 이유에 대하여는 필자도 단정적인 해답을 내놓을 능력이 없다. 그러나 나름대로 몇 가지 상정되는 것을 적어보고자 한다.

(1) 일본은 아시아와 유럽의 여러 민족에 비하여 이민족의 지배는

물론 그 접촉이 극히 한정되었다. 따라서 거세의 제1차적 대
상인 이민족이 존재하지 않았다는 점이다.

(2) 기본적으로 농경사회로 일관하였기 때문에 목축, 수렵사회와는
달리 동물의 거세가 사회적 풍속화하지 않았다. 따라서 동물의
거세에서 발상하는 거세는 심정적으로도 수용되지 않았다는
점이다.

(3) 중국이나 유럽에서와 같은 강력한 절대전제국가의 형성이 없
었다는 점이다.

(4) 전제국가도 성립되지 않고 이민족과의 전쟁도 없이 자기들끼
리 일본열도 내에서 살았기 때문에 비록 자기들끼리의 싸움은
있었으되 타민족에 비하여 동일 혈족이라는 개념이 강했다. 따
라서 지배와 복종이라는 계급신분제도는 엄존하였지만 세계
어느 민족보다도 피보다 집(家)이 우위에 있어 모든 조직의 구
성원이 기본적으로 '가'(家)의 개념으로 운영되었다는 점이다
(이에 대하여는 일본 중경대학 三戶公 교수의《家의 論理 Ⅰ, Ⅱ》
와《家로서의 일본사회》참고).

이를 좀더 자세히 역사적으로 고찰해 보면, 물론 일본에서도 수렵
은 행해졌지만 그것은 산악지대의 사냥꾼과 무사들의 무력단련과 오
락으로 행해지는 게 고작이고 국민 대다수는 낚시는 몰라도 수렵과
는 인연이 멀었다.

고분(古墳) 시대의 후기(3, 4세기경)에 "관동지방(지금의 동경 주변)
에 목지를 조성하여 말을 방목(放牧)하여"라고 기록되어 있으며(《日
本書紀》天智天皇條) 승마의 풍습도 파급되었으리라 충분히 짐작된다.
말은 조세와 산물의 운반, 긴급 통신수단, 인간 이동의 도구 등으로

사육이 성해지지만 그것은 어디까지나 도구와 수단의 영역을 넘지 못했다. 말의 사육은 기본적으로 군마(軍馬)가 주였다. 그것은 나라 시대에 말의 사육지인 목(牧)이 병부성의 관할하에 있었던 것으로 증명된다.

바꾸어 말하자면 일본에서는 소와 말의 사육의 역사는 있어도 목축문화의 형성까지 가지는 못했고 따라서 그 경험과 풍속을 모르고 넘어간 것이다.

말굽소리를 울리며 질주하는 기마무사의 전투장면은 시대극의 매력이지만, 일본의 그것은 극의 효과를 높이기 위해 의도적으로 고증(考證)을 무시한 것이다. 왜냐하면 메이지(明治) 시대까지 일본에는 마제(馬蹄)가 존재하지 않고 말굽에는 짚신을 신게 하였기 때문이다. 이 정도의 목축문화에서 거세가 일상화될 수는 없다.

메이지 초기 일본에 온 구미의 무관들은 일본 육군의 말을 마치 맹수와 같다고 평하였다. '수말은 거세한다. 단 종마(種馬) 또는 종마 후보 말은 예외로 한다'는 군법이 제정된 것이 놀랍게도 메이지 34년(1902)에 이르러서였다. 말하자면 20세기에 들어와서야 일본은 말의 거세를 인식하게 된 것이다.

그렇다고 하여 일본이 기마민족과 전혀 접촉이 없는 것은 아니다. 에가미 나미오(江上波夫) 동경대학 명예교수는 일본은 기마민족에 의해 정복된 국가라고 주장하고 있다. 그러나 북방으로부터의 기마민족의 남하는 현해탄에 의하여 제동이 걸려 그 숫자는 크게 제한되었다. 뿐만 아니라 일본의 자연과 풍토는 목축문화보다는 농경문화에 적합하여(목축문화에 적합하지 않다는 표현도 가능) 기마문화는 일본의 농경사회에 융해되어 버린다.

자연과 풍토의 차이라고 말했는데 가경 면적, 우기와 우량, 그리고 기온이 가장 기본적인 팩터(*factor*)이다. 일본과 한국은 그런 점에서 아주 닮아 있다. 6월에서 9월까지는 더위에 긴 장마가 겹쳐 벼농사에는 안성맞춤이다. 그 대신 자연이 하는 대로 방치해 두면 벼보다도 잡초가 더 무성해져 벼농사는 '풀과의 전쟁'이 된다. 쌀 米자는 평년작일 때 벼의 알이 八十八개 인 것을 나타낸다고 알려져 있으나 어떤 학자는 볍씨를 뿌려 거두어들이기까지 八十八번 손이 가야 한다는 뜻이라고 하는데 그것은 바로 이런 점을 강조한 것이리라 생각된다. 그러고 보면, 동양의 벼농사는 농업(*agriculture*)이 아니라 원예(*gardening*)라는 유럽인의 평이 딱 들어맞는 표현인지 모른다.

한편 유럽의 자연에는 더위와 우기가 겹치는 시기는 없다. 이와 같은 풍토에서는 자라는 풀이 부드러움을 지닌 채 성장이 멈추기 때문에 한국이나 특히 일본의 잡초처럼 가축이 그냥 먹기 힘들 정도로 억세지지 않는다. 말하자면 유럽의 풀은 그대로 목초가 되는 것이다. 실지로 가보면 한국이나 일본의 풀은 비슷한 녹색이지만 유럽의 그것과는 색깔이 다름을 느낀다(和辻哲郞,《風土》岩波書店 참조).

거듭 말하자면 유럽은 목축에 적합한 기후·풍토이며 한국과 일본은 목축이 번창할 수 없는 자연풍토이다(한국이나 일본과 기후가 닮은 이탈리아 남부는 벼농사 지역이었다). 따라서 이쪽에서는 육식이 사치로운 것인 데 반하여, 유럽에선 빵이 오히려 사치로운 것이다. 이는 양쪽의 기후, 풍토를 비교해 보면 하등 이상한 일이 아니다.

목축문화는 북으로부터 한국을 거쳐 일본으로 건너갔다. 그러나 한국도 기후조건, 풍토가 목축문화권에 편입되는 데는 무리가 있어 목측문화는 미성숙 상태에 머물러 목축문화의 흔적은 몽고와 일본의 중간에서 일본측에 약간 가깝다 할 것이다.

한국의 육류요리가 일본보다 훨씬 발달해 있는 것은 그만큼 유목

민족과의 접촉이 잦아 그 영향을 많이 받았기 때문이다. 예로부터 한국인은 동물의 내장요리를 즐긴 데 반하여 일본인은 그 요리법과 영양가를 몰라 내버리고 있었는데 이것을 한국인이 얻어가 먹는 것도 한국인을 멸시한 이유 중의 하나였다. 그러나 지금 그 내장구이가 일본에서 '홀몬구이'라 불리면서 일본인이 못 먹어서 한탄이다. 도쿄의 고급 요리점 거리였던 아카사카(赤坂)는 부루고기(불고기의 일본식 발음) 거리로 변해 한국 불고기집이 즐비하다. 시대가 변한 것을 실감케 한다.

목축문화권에서는 수백·수천, 때에 따라서는 만이 넘는 소·말·양·돼지 등의 무리는 마치 근대 공업사회에서 대량으로 계속 생산되어 나오는 규격제품과 같은 것이어서, 그 한 마리 한 마리에 생명체로서의 애정을 가질 수 없다(금전적인 애착은 있을지언정). 만약에 거기에 애정을 느낀다면 목축문화는 성립될 수 없고 당장 굶주림이 닥치게 된다.

이에 반하여 목축문화가 미성숙 상태인 사회에서는 그것들은 농사의 보조자이거나 가축이다. 종국적으로는 잡아먹는 경우라도 남의 집 돼지나 닭과 바꿔서 잡아먹는 풍습이 있었다. 그렇기 때문에 일본과 한국에서는 가축을 도살하고 요리하는 일은 가장 천업으로 여겨져 인간 취급을 받지 못했다(물론 여기에는 불교의 영향도 크다). 한국에서는 6·25 이후 백정이란 말이 거의 사어(死語)화 되고 있으나 일본에서는 아직도 '피차별부락민'(被差別部落民)이라 하여 심지어 호적상에도 일반인과 구별되고 있다.

한편 유럽에서는 도살업자는 상층계급은 아니지만 그렇다고 천시당하지도 않는다. 왜냐하면 그들은 없어서는 안될 훌륭한 주식(主食) 상품 생산 및 공급자이기 때문이다. 그들에게는 농민과 목축업자와 도살자가 주식 공급자인 것이다.

동물을 가족의 일원으로 보는 데서 불교에서는 인간이 이승에서 죄를 지으면 저승에서 소나 돼지나 말 등으로 다시 태어난다는 윤회(輪廻)의 사상이 생겨나며 따라서 모든 생물에 대한 살생을 가장 큰 죄악으로 본다. 기독교에서는 윤회사상이 생길 수 없다. 동물과 인간 간에 애정의 교류가 있을 수 없기 때문에 인간과 동물은 완전히 절연된 것이므로 거기에 윤회사상이 생길 수도 없거니와 이해도 할 수 없다. 뿐만 아니라 동물을 죽여 먹는 권리를 이념으로 하고 있다(성서의 창세기). 지금 기독교권에서 동물 애호가가 많이 나오고 있지만 그자들은 목축문화권 아닌 근대 산업사회에서 살아왔기 때문이다.

목축문화권에서 동물의 거세는 근대 산업사회에서 노동자가 기계에 기름을 치는 것과 같은, 감정이 개재할 수 없는 일상생활의 일부에 불과하다. 이러한 가치관에서 이민족의 거세, 더 나아가 부귀영화를 위한 자궁은 그들에게는 심정적으로 큰 저항이 없는 일이다. 그러나 이것이 비목축문화권에서는 다시없이 잔인한 것으로 인식되는 것이다.

일본에서의 환관제도의 그림자

그러면 일본에서는 환관이나 환관제도는 없었다 하더라도 그 제도의 그림자나 영향도 전무하였느냐 하면 꼭 그런 것은 아니다. 극히 미미하지만 그 흔적은 찾아볼 수 있다.

교토를 수도로 삼은 헤이안(平安) 시대에는 천황의 오오쿠 출입구인 고몬(閤門)에 구게(公卿: 문관귀족)가 지키고 있었으나 의식 이외의 때에도 천황의 허가가 있는 자는 남성이라도 출입할 수 있었다.

나중에는 구게를 보좌하는 실무나 기록을 담당하는 중·하급관리가 파견되었다.

이렇게 되고 보니 자연히 그 수속도 해이해지고 그 출입도 일상적인 것이 되어 버린다. 그들이 환관이나 그에 유사한 자가 아닌 정상적인 남성이었음을 생각할 때 중국이나 한국 그리고 도쿠가와 막부 정권 때와는 달리 비교적 남성의 출입이 허용되었다 할 것이다. 그렇다고 해서 그것이 곧 풍기의 문란으로 이어지는 것은 아니었다(吉川眞司, 《律令國家의 女官》).

그러나 《일본서기》(日本書紀)에 헤이안시대에 앞선 나라시대의 중기에 내수성(內豎省)이 존재하고 내수들을 통괄했다고 적혀 있다. 그런데 당나라 때 측천무후(則天武后)에게 환관의 폐해를 상소하는 의견서에 "내수는 궁액(宮掖: 후궁)의 일에 종사한다"라고 한 것을 보면 내수는 환관의 별칭인 것이다.

하지만 일본의 내수는 거세된 환관이었다고는 보아지지 않는다. 왜냐하면 유명한 시인이며 용맹한 군인이었던 아오미 미후네(淡海三船)와 다카구라 후쿠노부(高倉福信)는 내수 출신이었지만 결혼하고 많은 자손을 두었기 때문이다.

이러한 점들을 종합해 볼 때 일본에서 내수는 환관의 별칭이라기보다는 豎라는 글자의 본뜻 그대로 더벅머리의 어린아이로 보는 게 타당할 것 같다. 말하자면 남성이기는 하되 거세된 환관이 아니라 성적으로 미숙(未熟)한 소년들을, 후궁의 잔심부름이나 궂은 일을 맡고 여자의 시중을 든다 하여 천시 또는 귀염둥이의 뜻으로 그렇게 불렀다고 생각된다. 그러나 얼마든지 딴 호칭을 정할 수 있었음에도 불구하고 하필이면 왜 환관을 연상케 하는 호칭을 택했을까 하는 의문이 남는다.

일본도 환관제도의 폐해를 익히 알고 있었던 한편 그 제도의 필요악적 효율성에도 착안하였다. 그러나 거세를 혐오하는 사회통념 때문에 더벅머리로 대신한 것이라고 본다면 거기에 환관제도가 투영되어 있다고 보아야 할 것이다.

앞에서 간단히 언급했지만 시정(市井)의 의원이나 유자(儒者)와는 달리 왕족이나 존귀한 사람의 전의나 유자는 까까머리이다. 이는 그들은 정상의 인간이 아니라 '방외(方外)의 생물'이기 때문이다. 승려의 까까머리도 같은 이치다. 따라서 그들은 왕족이나 존귀한 자의 처첩의 몸에 접촉하여도 불경한 일이 아니다. 그들은 '인간이 아닌' 존재로 인식되기 때문이다. 그들은 물론 거세되어 있지 않기 때문에 환관은 아니다. 그러나 그들은 거세만 안된 존재일 뿐 일본의 환관인 것이다. 일반 사람에게는 허용되지 않는 일이 그들에게는 허용되는 것은 그들이 방외적 존재, 환관적 존재이기 때문이다.

일본에 환관은 존재하지 않았지만 그 제도는 일본사회에 적응할 수 있게 모습을 바꾸어 도입되었다고도 볼 수 있다.

6

씨름과 스모 [角力 · 相撲]

세계의 모든 나라는 국기(國旗) · 국가(國歌) · 국화(國花)가 있다.
그리고 거기에는 그 나라의 역사와 민족의 전통이 담겨 있다. 이와는
별도로 많은 나라들은 나름대로의 국기(國技)가 있다. 그런데 국기나
국가, 국화 못지 않게 이 국기야말로 그 민족의 특성을 가장 잘 나타
내며 그 민족의 체취마저 느끼게 한다. 그 까닭은 그것이 국기로 공
식적으로 결정된 시기가 언제이건 그것과는 관계없이 국기나 국화나
국가보다도 더 오랜 역사를 지니고 있으며 긴 세월을 통해 그 민족
의 특기로 성장 · 발전해 왔기 때문이다.

그런데 우리나라는 그 경제력과 국제사회에서의 무게와는 달리 아
직도 공식적인 국기가 없다. 한때 태권도가 올림픽의 시범종목이 되
기도 하여 국기의 자리를 차지하는 듯하였으나 결정은 보류되었다.
심술궂은 친구들은 '고스톱'이야말로 우리의 국기감이라고 익살을 부
리기도 하지만 그것은 한낱 사회풍자에 불과한 것이다.

만약에 지금 국민투표로 국기를 정한다고 하면 아마도 압도적 다수가 씨름을 지지할 것이 틀림없다. 남녀노소를 막론하고 국민적 인기와 관심도 높거니와 민속적(民俗的) 역사의 유구함에서 감히 씨름에 필적할 만한 것이 없다.

일본에서는 약 90년 전인 1909년에 국기관(國技館)이 준공되면서 스모가 국기로 결정되었다. 그간 경기방식과 일수(日數) 그리고 협회의 운영방식에는 변화와 개선이 있었지만 국기로서의 역사에 못지않게 국민의 뜨거운 호응과 지지를 받고 있다.

씨름이나 스모에 유사한 격투기는 세계 각처에 있지만 씨름과 스모처럼 닮은 격투기는 드물다. 그러나 일견 아주 닮은꼴인 씨름과 스모를 자세히 살펴보면 거기에는 두 나라의 지정학적 조건과 역사의 상이점이 그대로 반영되어 있어 어떤 면에서는 아주 다른 것임을 깨닫게 된다. 스모란 말 자체가 씨름에서 온 것이란 설까지 유력하게 논의될 정도로 뿌리를 같이하면서도 세월이 흐르고 지정학적 조건이 다름으로 해서 어떻게 달라졌으며 왜 그렇게 될 수밖에 없었는지를 살펴보고자 한다.

동시에 씨름을 중국에서는 角抵·角觚 등으로, 일본에서는 角力으로 표기하는데 왜 角자가 붙었는지도 궁금한 일이다. 이에 대하여도 살펴보아야 할 것이다.

도효(土俵)는 일본의 해안선이다

일본은 해안선을 지키면 된다

씨름은 직경 8m의 모래판에서, 일본의 스모(角力 또는 相撲)는 일변(一邊)이 6.7m인 정방형 안의 직경 4.55m의 원형인 이른바 도효(土俵＝판)에서 힘과 기를 겨룬다. 씨름에는 108개 수가 있다 하며, 스모는 48개의 와자(技)가 있으나 양쪽 공히 널리 쓰이는 수는 20가지 내외이고 모든 수가 다 나온 대회는 여태껏 한번도 없었다. 1997년의 경우 이른바 규슈(九州) 바쇼(場所＝대회)에서 고도류(琴龍)가 시키시마(敷島)에게 이긴 수 니미이게리(二枚蹴り)는 26년 만에 나온 수라 하여 화제가 되기도 하였다. 우리나라는 구체적인 자료가 없으나 역시 가장 많이 쓰이는 수는 들배지기나 밀어치기, 엎어치기와 각종의 발걸이 등이다.

그러나 판의 넓이가 어떻고 수가 몇 개냐 하는 것은 그다지 중요하지 않다. 그러면 어떤 점이 가장 중요한 차이점인지를 살펴보자.

첫째, 씨름의 판과 스모의 도효는 그 경기상의 기능과 역할이 전혀 다르다는 것이다. 씨름에서는 판 안에서 승부를 내야 하기 때문에 판 밖으로 나가는 일은 그것이 고의가 아닐 때에는 승부와는 관계가 없으므로 다시 샅바를 잡고 시합을 재개한다. 심지어 판의 가장자리에서 움직임이 정지되었을 때에는 심판은 그 자세 그대로 판의 중앙으로 옮기도록 하는 권한이 있다.

이에 반하여 스모에서는 판 밖으로 던져지거나 밀려나갔을 경우에는 곧 패자가 된다. 이렇기 때문에 스모의 승패는 3분의 2가 판 밖으로 밀리는 데서 결정된다. 따라서 스모를 언뜻 보면 마치 '밀어내

ㄱ' 경기처럼 착각하여 재미가 없다는 이가 적지 않다. 그러나 스모 의 재미는 도효 가장자리에서의 상대방의 힘을 역이용하는 역전극에 있다고 보는 이도 많다.

스모를 보고 있노라면 심판인 교지(行司)가 "노꼿다 노꼿다" 하는 데 이것은 아직 도효까지의 거리가 "남아 있다, 남아 있다"는 말이 다. 이것이야말로 이와 유사한 어떠한 격투기에도 없는 스모만이 갖 는 독특한 것이다.

둘째, 씨름은 처음부터 샅바를 잡고 시작한다. 따라서 경기중 양자 의 손이 샅바를 놓쳤을 때는 다시 샅바를 잡아야 한다. 이에 반하여 스코는 일정 거리에서 달려들어 붙기 때문에 어떻게 하여 상대방의 마와시(褌: 우리의 샅바에 해당함)를 먼저 단단히 잡되 자기 것은 잡 히지 않느냐 하는 것이 승부의 갈림길이 된다.

그러면 이와 같은 차이는 어떻게 생겨났을까? 단순한 우연일까? 아니다. 그것은 한국과 일본의 지정학과 역사의 차이가 만들어낸 것 이다.

일본은 섬나라다. 따라서 외적은 바다 저쪽에서만 오게 되어 있다. 그러므로 나라를 방어하는 데는 적을 상륙시키지 않는 게 상책이나 설혹 상륙을 막지 못했을 때는 상륙지점에서 섬멸하거나 다시 바다 쪽으로 쫓아버리면 된다. 몽고의 침범을 받았을 때의 상황이 바로 이 런 것이었다.

스모의 규칙은 바로 이러한 일본의 지정학과 역사를 반영한 것이 다. 도효 안은 일본의 국토이며, 도효 밖은 바다이며 도효의 선(고다 와라: 小俵라 한다)은 일본의 해안선인 것이다.

7세기 후반의 한일관계

여기서 7세기 후반, 급박하게 돌아가는 한반도의 정치정세가 얼마나 즉각적으로 일본에 연동하였는가를 간략히 살펴보는 것도 의의가 있다고 본다.

532년에 가야〔加耶 또는 伽倻＝가라(加羅), 가락(駕洛)〕를 병합하고 세력이 급속하게 강대해진 신라는 동상이몽이지만 서로 원교근공책(遠交近攻策)을 쓴 당(唐)과 연합하여 660년에는 백제를, 그리고 8년 후인 668년에는 고구려의 항복을 받아낸다. 그리고 그 뒤 그대로 한반도에 머물러 앉으려는 당나라에 대하여 신라는 8년간의 혈투 끝에 당나라 군대를 쫓아내고 마침내 명실공히 이른바 통일신라의 위업을 달성한다.

> *신라가 당과 손을 잡고 동족인 백제와 고구려를 친 것에 대하여 비판적 시각도 있다. 그러나 나치스를 타도하기 위하여 공산주의 소련과 손을 잡은 연합군의 전략과 궤를 같이하는 것으로 이해할 수 있다.

조작된 역사가 아닌 사실(史實)상의 일본의 초대 왕은 스진(崇神)인데, 스진은 시호(諡號)이고, 그의 이름은 미마키 이리히코노미코도 즉 가야에서 오신 존귀한 분이다. 신라와 백제 사이에 끼여 오랜 전란에 시달리던 가야 사람들이 일본이란 안전지대로 대거 이주하게 된다. 일본은 안전지대일 뿐 아니라 온난한 기후에 우량이 많아 같은 농업기술로도 훨씬 많은 부를 얻을 수 있었으니 의외로 많은 사람이 집단적으로 이주했을 가능성이 높다. 마치 개척기의 미국인이 서부로 서부로 향하였듯이.

가야인이 일본을 정복하고 통치세력이 되는 일은 과히 어렵지 않았다. 당시 일본은 청동기문화 시대였는데 가야인이 철제무기와 철제농기구를 가져갔기 때문이다. 소수의 스페인군이 잉카제국을 정복한 것과 같은 이치다.

　일본에서 韓자를 '가라'(カラ)라 읽어 오는데 그것은 일본에 도래한 최초의 외국인이 가야·가라 특히 금관가라 주변의 사람이었기 때문이다. 따라서 가라는 외국인을 총칭하는 말이 되어 당(唐)도 가라라 읽는다. 그것은 우리가 '코쟁이' 하면 모든 백인을 가리키는 것과 같다.

　일본 신화에서 천손(天孫)이 하늘에서 강림(降臨)하였다는 전설의 성지(聖地)가 규슈(九州)의 다카치호(高千穗) 연봉인데, 그곳의 최고봉이 가라구니다게(韓國岳)이다. 그뿐인가. 일본 사서(史書)의 원본이라 할 수 있는 《니혼쇼키》(日本書紀)에 이곳을 "아침 햇살이 바로 비치고 석양이 아름답게 노을져 가라를 바라보기 아주 좋은 곳이로다"라고 명기되어 있다. 신화상의 천손이 가라와 무관하다면 무엇 때문에 이런 기록을 하였겠는가.

　그러나 가야 멸망 후 더욱 강대해진 신라의 맹공이 계속되면서 백제로부터 일본으로의 집단이주가 계속된다. 그 결과 5세기 초 정권은 백제계인 오진(應神)왕에게 넘어간다. 왕인(王仁) 박사가 《천자문》을 일본에 전한 게 바로 이 때이다. 백제계 정권은 신라의 강대화와 그 뒤에 올 수 있는 만약의 사태(백제 멸망과 일본원정 등)에 대비하여 이른바 다이카의 개신(大化改新)을 단행하여 국가통치체제의 정비를 서둔다(646년). 그리고 백제 멸망 3년 뒤인 663년에 신라가 고구려와 사투를 벌이고 있는 배후를 찔러 백제의 재흥을 위하여 국력을 총동원하여 대군을 보내지만 금강(錦江) 하류의 백촌강(白村江)에서 전멸에 가까운 참패를 당한다.

고구려가 멸망하고 통일신라가 성립되는 그 중간기인 672년에 일본에선 이른바 진신란(壬申亂)이 일어나 텐무(天武)왕이 정권을 잡는다. 그런데 그의 본 이름은 오아마노 오지(大海人 王子)인데 그의 출생·성장과정이 모조리 수수께끼이다. 어쨌든 그가 정권을 잡고부터 나라시대가 열리는데 그 기간에는 신라와 아주 긴밀한 우호관계가 지속된다. 텐무왕은 그 이름이 나타내듯 큰바다 저쪽 신라에서 온 사람〔신라사람, 사손(沙飡)〕이라 생각할 때 내란의 발생과 그 뒤의 신라와의 관계에 대해 절로 해석이 내려진다.

신라의 군사적 우위 확보가 630년인데,

일본	다이카의 개혁	(646)	} 16년
한반도	백제 멸망	(660)	} 14년
일본	백촌강 출병	(663)	} 3년
한반도	고구려 멸망	(668)	} 5년
일본	진신의 난	(672)	} 4년
한반도	통일신라 성립	(676)	} 4년

이를 볼 때 한·일 양국의 정치정세가 얼마나 예민하게 연동하였는가를 알 수 있다. 한·일 고대사(古代史)에 관하여 좀더 깊이있게 상세히 이야기하고 싶으나 이는 이 책의 본론에서 벗어나기에 이 정도로 줄이고 다음 기회로 미룰 수밖에 없다.

그러면 다시 씨름 이야기로 돌아가자.

스모는 일본의 지정학의 산물

한국도 3면이 바다이므로 바다로부터의 외적 침범이 없을 수 없다. 그런데 바다를 건너온 외적은 남방의 일본이었다. 이른바 왜구의 집요한 노략질에 애먹었으며 임진왜란은 우리 국토를 폐허화했다. 그러나 300여 회에 달하는 국난은 거의가 북쪽 대륙의 육상 침공에서 일어났다. 한·수·당·몽고·거란·청·여진 등 그 모두가 세계의 역사와 지도를 바꿔놓은 강력한 세력들이었다. 한국의 역사는 그러한 세력과의 끊임없는 혈투사(血鬪史)라 해도 과언이 아니다.

대륙국가와의 국경선은 섬나라와는 달리 언제나 유동적이다. 국경선은 그때그때의 쌍방의 세력균형에 의하여 남하하였다가 북상하였다가 했다. 물론 대륙과의 국경선은 압록강과 두만강으로 여겨져 왔다. 양강은 그야말로 천연의 방어선이지만 아깝게도 1년에 5개월간 얼음이 두텁게 얼어 그 때에는 강이었던 곳이 군사적으로는 육지와 이어져 버린다. 따라서 전쟁은 침공해 온 적을 강 저쪽으로 격퇴했다고 해서 끝나는 것이 아니다. 언제든지 적이 원하는 때에 원하는 길로 재침입한다. 상황이 이렇고 보니 침입한 적을 일시적으로 막아냈다거나 쫓는 것으로는 전쟁은 끝나지 않는다. 적의 주력부대와 바로 마주친 전투에서 철저히 격멸하여 저항의 의지를 꺾어버려야 한다. 씨름은 바로 이러한 역사와 지정학이 투영된 것이다.

바둑에서도 이러한 면을 볼 수 있다. '집'의 계산법에 '응창배' 같은 독자적 방식이 있기는 하지만, 이제 세계 각지의 Go-Club에서는 일본식 규칙이 채택되고 있다. 한국도 국제화의 영향으로 이제 일본식이 되어 버렸지만 원래는 한국식 바둑과 그 규칙이 있었다. '순장바둑'이 그것이다. 순장바둑은 지금 행해지고 있는 것처럼 서로가 놓고 싶은 곳에 교대로 놓아 가는 것이 아니고 많은 독자가 알고 있는 것처럼 미리 흑백이 같은 모양으로 일정의 포석을 한 위에서 두어 나가는 방식이다. 그러므로 기본 포석은 이미 끝난 것과 같기 때문에 그 뒤의 작전이나 정석(定石)은 전혀 딴 것이 된다.

섬나라인 일본의 입장에서는 적이 어디로 쳐들어 올 것인지 예측은 할 수 있지만 꼭 집어서 단정할 수는 없다. 그렇기 때문에 어떤 일이 있더라도 지켜야 할 곳, 적의 상륙 가능성이 가장 높은 곳부터 병력을 배치하고 보루를 구축한다. 포석은 바로 그러한 지점을 선점하는 싸움이다. 이것은 상대방이 어떤 체형과 전술로 나올 것인지를 스스로 정확히 판단하여 허점을 찔리지 않게 조심하면서 재빨리 상대의 샅바를 잡는 스모와 상통한다.

이와는 달리 적과 육지로 이어져 있는 한국에서는 적의 침공로는 거의 짐작이 되기 때문에 서로 요소요소에 미리 진을 치고 대치상태가 지속되다가 전투가 시작된다. 순장바둑에서 흑백 동형의 사전 포석은 바로 이러한 전쟁형태를 반영한 것이다. 순장을 순장(巡將)이라 쓰는 것은 장군이 진지를 순시한다는 데서 유래했다고 생각된다. 씨름에서 처음부터 서로 샅바를 잡고 한쪽이 넘어질 때가지 싸우는 것은 순장바둑과 맥을 같이한다고 보아 옳을 것이다.

필자가 조사한 범위 내에서는 씨름과 스모와 유사한 세계 각지의 격투기 중에서 정해진 경기장 밖으로 나가면 패배하게 되는 것은 스모 외에는 그야말로 유일하게 카자흐공화국의 '카자크레스'가 있을 뿐이다. 단 여기에서는 융단(carpet)이 판이 된다.

누구나 알고 있는 레슬링(고대 이집트, 그리스, 로마 등에서 널리 행해졌으나 발상지는 고대 이집트 설이 강함)은 말할 나위도 없고 중국의

'각저'〔角觝: 현대 중국에서는 솔교(摔交)라 한다〕, 몽고의 '셸넴'(씨름과 어딘가 닮은 음이다. '주리아이자오'라고도 함), 노르웨이 등 북유럽의 '구리마', 이란의 '고시티', 파키스탄의 '구슈티', 중앙아시아 제민족의 '그랏슈', 아프가니스탄의 '빠로와니', 그루지야의 '치타오바', 브라질과 아마존유역의 '위테게', 터키의 '얄구렛시니'(몸에 기름을 바르고 싸우기 때문에 오일 레슬링이라고도 한다. 단 넘어져도 등에 흙이 묻지 않으면 지는 것이 아니다) 그리고 세네갈의 '브레', 스위스의 '슈빈겐'(샅바와 닮은 것을 차고 경기를 하는데 그 수와 규칙이 씨름과 가장 닮았다고 본다) 그리고 스페인의 '루치카나리아'가 있는데, 1988년에 동아대팀이, 1991년에는 일양약품팀이 스페인에서 씨름과 투치카나리아의 친선시합을 가졌고, 1991년과 1988년 그리고 2000년 2월 16일에서 24일까지의 8일간 우리나라에서 친선경기를 가졌다.

이와 같이 예를 든다면 한이 없지만 이 모든 경기는 판에서 나갔다고 해서 승부가 나는 것은 없다. "노꼿다 노꼿다"(아직 뒤가 남아 있다) 라고 심판이 독전하는 스모의 규칙은 섬나라 일본의 지정학과 역사가 낳은 독특한 것이다.

이에 대하여 딴 섬나라는 접어두더라도 영국엔 왜 그런 규칙이 없느냐는 의문이 제기된다. 그러나 일본은 한 번도 외세에 점령된 일이 없는 데 반하여 영국은 북유럽의 바이킹 등 대륙세력과 북유럽세력에 정복당하였을 뿐 아니라 끊임없는 교류와 혼혈이 계속된 점 등이 일본과는 다르기 때문이라 생각된다.

씨름과 스모의 어원(語源)

씨름의 어원은 씨(種)·사내·사나이의 뜻인 '씨'에 겨룬다의 '룸'
이 합성된 것으로 사나이들이 그 힘과 기술을 다투는 뜻으로 생각되
어 왔다. 이 설은 문외한에게는 아주 그럴싸하게 들리지만, 한글학자
에 의하면 한국어의 어법상 '겨룬다'라는 동사가 '겨룸'이라는 명사가
될 수 있어도 '룸'이라는 독립어는 될 수 없다는 것이다. 그러면 씨름
이란 말은 어디서 왔을까?

영남지방 사투리에 '씨룬다'는 말이 있다. 물론 서로 힘을 겨루고
다툰다는 뜻이다. 즉 타동사(他動詞) '씨룬다'가 겨룬다는 뜻으로 명
사화하여 '씨룸'이 되고 거기서 '씨름'이 생겼다고 생각해 본다. 실제
로 우리에게는 팔씨름·입씨름이라는 말이 있다.

그러면 '씨룬다'의 어원은 무엇이며 어디에서 왔을까? 나는 몽고
말에서 왔으리라 생각한다. 몽고말의 어순이 우리말과 같고 닮은 말
들이 많은 것은 이미 알려진 일이지만, 몽고의 격투기는 셸넴(Shel-
nem)이라 하고 중국은 摔交(Shuai-jiao)라 한다.

언뜻 보기엔 전혀 다른 말 같지만 영국의 캐서린, 프랑스의 카트
린, 러시아의 에카테리나가 성(聖) 카타리나이고, 또 독일의 한스, 이
탈리아의 지오반니, 영국의 존, 헝가리의 야니는 요하네를 가리킨다.
알다시피 유럽은 그다지 큰 대륙도 아니며 딴 지역에 비해 교통이
일찍부터 열려 있었고 무엇보다도 강력한 종교통제사회였음에도 불
구하고 성 요하네와 성 카타리나의 이름이 나라에 따라 이렇게도 변
해 버린다.

미국은 영국에서 독립하여 2세기 남짓밖에 되지 않았을 뿐 아니라

이 시기는 인쇄·라디오·텔레비전이 널리 보급되고 사람의 왕래도 엄청나게 빈번하였지만 이제 영어가 아닌 미국말이 생성되어 있다. 우스개지만 "영국 놈은 무식하기 짝이 없어, 내 말을 제대로 알아듣지도 못한다니까" 하고 미국사람이 투덜거리는 한쪽에선 "미국 놈은 무엇을 배웠을까, 영어를 쓴다는데 내 영어를 통 알아듣지 못한다 말이야" 하는 게 언어다.

그리 멀리 예를 들 것도 없이 우리말의 여러 사투리를 완벽하게 이해하는 사람이 한글학자 중에도 몇 사람 있겠는가? 옛적에 서울 사람이 함경도 사람과 함께 제주 사람과 만났더니 세 사람이 모두 상대방의 말을 못 알아들어 전혀 의사소통이 안 되었다는 이야기도 결코 과장된 것이 아니었으리라.

그런 것을 다 덮어두고도 우선 '졍음솅종엉졩'이 정음세종어제(正音世宗御製)라고 알 수 있는 사람이 얼마나 될까? 훈민정음의 스물여덟 글자 중 ·, ㅿ, ㆆ, ㆁ의 네 글자는 그 소리값을 잃어버리고 지금은 쓰이지도 않는다. 필자가 어릴 적만 해도 '담ᄇᆡ'란 간판은 담배를 나타냈는데, ㅲ, ㅺ, ㅸ을 소리값대로 소리 낼 수 있는 한글학자도 없을 것이다. 심지어 김치는 원래 담채라 하였었다. 불과 600년 동안에 우리말 자체가 이렇게 변해버린 것이다.

요사이에는 경상도 사람 중에는 '애'와 '에'를 구별하여 발음하지 못하는 이가 상당수 있으며 '의'는 거의가 옳은 발음을 못한다. 또 서울 토박이는 오히려 이상하게도 어머니를 오머니에 가깝게 발음한다.

1979년에 홀연히 나타나 1986년에 임승국씨가 역주한 《환단고기》(桓檀古記)가 우리 사학계에 엄청난 충격을 던졌다. 이 책의 출현으로 말미암아 재야사학파로부터 식민사학이라고 규탄받던 이른바 강단사학파는 큰 타격을 입는다. 나는 이 책이 사학계에 못지 않게 한

322

글학계에 줄 수 있는 충격이 크다고 보지만 한글학회는 일관되게 침묵을 지키고 있다.

《환단고기》 가운데 〈단군세기〉를 보면 기원전 2181년에 "지방마다 말이 다르고… 서로 이해하기 어려워… 정음 38자를 만드니 이를 가림토라 한다"고 기록되어 있다. 마치 훈민정음의 서두를 읽는 것 같은 착각을 줄 만한 대목이다. 아닌게 아니라 《세종실록》과 《청장관전서》에는 "세종께서 손수 28자를 만드시니 그 글자는 고전(古篆)을 본뜨신 것"이라는 기록이 있다. 그런데 가림토와 한글은 이상하게도 일본의 옛 글자인 가미요(神代) 문자와 아주 닮았다. 가림토를 알리 없는 일본인은 이를 두고 한글은 일본의 가미요 문자를 모방한 것이라 주장한다. 필자가 "그렇다면 너희들은 왜 그 문자를 버리고 가나(假名) 글자를 만들었느냐"고 반문하였더니 이에 대하여 일본인은 뚜렷한 설명을 못하였다.

〈그림 7〉에서 보는 바와 같이 가미요 글자에는 토(자음)가 없는 대신 지금 일본인이 잃어버린 '어' '더' 등의 'ㅓ' 음도 들어 있다. 필자가 생각건대 이 모든 것은 시베리아 지방까지 번져 있는 샤머니즘 세계의 무당들이 쓰던 글이 뿌리가 아닌가 생각하는데, 이 생각은 그저 문외한의 잠꼬대로 받아주어도 좋다.

이러한 사실을 감안할 때 일본의 스모는 우리말 씨름이 변화한 것이란 생각이 든다. 현해탄이란 험한 바다를 사이에 두고 긴 세월이 지나면서, 말끝에 자음이 없고 모음으로 끝나는 일본어로 전화할 때 SIRM(씨름)이 → SIMO → SUMO로 전화했다고 추정하는 일은 앞에서 예시한 서양과 우리나라 말의 다양한 변화에 비하면 전혀 놀랄 만한 것이 못된다.

이 추정을 뒷받침하듯 일본의 가장 오래된 사기(史記)인 《일본서기》와 《고지기》(古書記)에 나오는 스모의 기록은 모두 이즈모(出雪) 지방이 무대가 되어 있다. 하버드대학의 박병식(朴炳植) 교수는 《일본어의 비극》에서 시작되는 일련의 저서에서 일본어의 뿌리는 신라의 말이라 주장하였는데, 이즈모 지방이 씨름의 어원인 '씨룬다'라는 말을 지닌 신라지방과 고대에 가장 접촉이 많은 곳이었다는 점에 주목하지 않을 수가 없다.

---

* 한글에 대하여 유럽과 일본 학자 중에는 원나라 쿠빌라이가 만들게 한 빠스빠 문자의 영향을 지적하는 이들이 있다. 또 그 빠스빠 문자는 고대(古代) 인도의 구부다 문자의 영향을 받은 것이라 한다. 우리 한극학계도 한글이 100% 독자 창안이라는 고정관념에서 벗어나 보다 유연한 연구가 있어야 한다. 그렇다고 해서 한글의 우수성이 손상되는 것은 결코 아니다.

《환단고기》는 위서인가?

《환단고기》는 위서라는 게 학계의 지배적인 견해이다. 왜냐하면 이 책이 20세기 후반에 홀연히 나타난 과정도 과정이려니와〔그것도 일본인 가지마 노보루(鹿島昇)의 일역이 우리나라에 역수입되었음〕 이 책에는 20세기 이후에야 쓰이기 시작한 용어들이 다수 등장하기 때문이다. 문화, 인류, 남녀평등, 부권, 세계만방 등이 그 예이다. 또 20세기에 출판된 사서(史書)에서 그대로 인용한 것 같은 문장이 나온다(예: 나라가 形이라면 역사는 魂이다). 그러나 《환단고기》가 후세의 위작이라 할지라도 그 내용에는 고대사의 실체를 밝히는 데 크게 참고할 것들이 많기 때문에 그 한 가지로 함부로 버릴 수 없는 점도 있다.

고대 문자의 비밀:가림토 문자 38자(맨 위)와 일본 고대의 신대 문자(위).
한글과 닮은 모양을 두고 여러 설이 제기되고 있다.

씨름과 스모는 국정신사(國政神事)

한 국

씨름이나 스모와 유사한 격투기가 세계 각지에 있음은 앞에서 열거한 바 있지만 그 역사 역시 동서를 막론하고 아주 옛적부터 있어왔음은 문헌상으로도 확인할 수 있다. 서양에서는 그리스의 시인 호머의 서사시 《일리아드》 속에 나타나 있으며, 중국에서는 《사기》(史記)의 이사(李斯) 전에 진(秦)나라 때 감천궁(甘泉宮)에서 각저(角觝) 경기를 하였다는 기록이 있다. '각저'란 말할 나위 없이 우리의 씨름에 해당하는 격투기이다. '각저', '각희'(角戲)라고도 하였으며 《한서》(漢書) · 《세제기》(歲帝記)에는 각저(角抵)로, 《후한서》(後漢書)에는 각력(角力 또는 拘力)으로 기록되어 있는데 이를 보면 문헌상으로 파악된 것으로도 기원전부터 있어 왔음을 알 수 있다.

한국에서 씨름에 관한 최고 사료는 옛 만주의 길림성 통화(通化) 집안군(輯安郡) 통구(通溝)의 이른바 각저총(角觝塚) 주실(主室) 서쪽 벽에 그려진 씨름하는 그림이다(〈그림 8〉). 거기에는 구경꾼과 심판으로 보이는 사람까지 그려져 있다.

4세기경의 것으로 추정되는 이 고분은 청나라 말기인 1905년 프랑스의 샤반누에 의해 발견되고, 1923년 이른바 일만(日滿) 문화협회가 대대적인 발굴조사를 행한 곳이다. 길림성의 집안군은 압록강 우안(右岸)에 위치하는데 4세기경에는 고구려의 판도로 장수왕(20대, 413 ~491)이 평양을 왕도로 삼기까지는 환도(丸都) 또는 국내성(國內城)이라 불린 도성(都城)의 소재지였다.

〈그림 8〉 각저총의 씨름 벽화

또 《고려사》의 〈혜충왕조〉(惠忠王條), 《조선실록》의 〈세종실록
조〉, 〈현종실록조〉 등에도 각저에 관하여 단편적이나마 기록이 나온
다. 또 《경도잡지》(京都雜誌)・《동국세시기》(東國歲時記)・《개성지》
(開城誌) 의 〈풍속조〉와 류몽인(柳夢寅) 의 《어간야담》(於干野譚) 등에
기록된 것을 종합해 보면 5월 5일의 단오절, 7월 7일의 중원절(中元
節, 七夕), 8월 15일의 중추절(추석)에는 아낙네는 옷을 차려 입고 그
네를 즐기며 남자들은 만월대(滿月臺)에서 씨름의 재주를 다투어 우
승자에게는 도결국(都結局) 또는 장사(壯士), 용사(勇士) 의 칭호와
함께 상금이 주어졌다.

19세기 철종(35대, 1849~1863) 때의 한국 최고의 명필이자 시인이
었던 추사(秋史) 김정희(金正喜)는 다음과 같은 시를 남기고 있다.

> 端陽角觝盡村魁　　天子之前亦弄才
> 勝負紛紛皆可喜　　綠楊陰裏哄堂來
> 단오날 씨름대회에는 마을의 힘깨나 자랑하는 자가 다 모여서
> 임금님 앞에서 재주를 겨룬다.
> 이기건 지건 함께 즐거워하고
> 녹음 짙은 버드나무 그늘에 웃음꽃이 터지네

또 18세기 영조(英祖) 때의 단원(檀園) 김홍도(金弘道)의 뛰어난 솜
씨의 풍속도 중에서도 씨름도는 중학생이면 다 알고 있는 유명한 그
림이다.

〈그림 9〉 샤라쿠의 그림

寫樂(샤라쿠)는 김홍도인가?

고호 등의 극찬을 받으며 19C 유럽 인상파 화단에 지대한 영향을 준 일본의 천재 화가 샤라쿠(寫樂)가 사실은 김홍도였다는 주장이 고증의 뒷받침을 받으며 제기되었다. 샤라쿠가 조선통신사의 한 사람이었으리라는 풍문은 오래 전부터 일부 학자에 의하여 제기되었으나 구체적인 고증의 뒷받침을 받지 못하여 추리의 영역에 머물러 있었다.

이영희(李寧熙) 씨는 "또 한 사람의 샤라쿠 — 가와데(河出) 서방"에서 샤라쿠는 김홍도가 분명하다고 주장하여 파문을 던지고 있다. 이영희 씨는 일본의 고대 시가집 《만요슈》(萬葉集)는 한국말로 해독하지 않으면 정확한 해석이 안 된다고 하여 이미 일본에서도 널리 알려져 있다.

샤라쿠는 수수께끼의 인물이다. 그는 1794~95년의 10개월 사이에 돌연히 나타나 이틀에 한 장 꼴로 140종의 우기요에(浮世繪＝풍속화)를 내놓을 정도로 왕성한 작품활동을 하였는데 갑자기 종적이 끊어지고 만다. 그야말로 그에 관하여 전혀 알려진 바가 없는 인물이다.

이영희씨는 여러 가지 고증을 하였으나 무엇보다도 1794년에 김홍도는 괴산군 연풍현 현감으로 재직하였다 하나 공교롭게도 샤라쿠가 작품활동을 한 같은 시기에는 한 폭의 그림도 남기지 않았으며, 두 사람의 화풍과 필법이 똑같다는 것이다. 이영희씨는 그것은 결코 우연한 일이 아니고, 그때 김홍도는 조선통신사의 일원으로 일본에 갔었는데 그것도 1764년 이후 30년간 일본과의 교류가 없어 일본의 화약기술을 비롯한 무기상태를 궁금히 여긴 정조의 특명을 받은 '스파이'였다고 추정한다.

그러나 서울대의 오주석 씨는 《연풍읍지》(延豐邑誌)나 1793년 5월 24일자와 1795년 1월 7일자 《일성록》(日省錄)에 그가 연이은 흉년에 굶주린 주민을 위해 애쓰는 기록과, 다년간 벼슬에 있으면서 하나도 잘한 일이 없다(多年官居 無一善狀)는 두 기록이 있는데 그에 대한 평가는 판이하지만 어쨌든 샤라쿠가 활약한 그 시기에 김홍도가 자기 임지에 있었던 것만은 분명하다고 주장한다. 또 그는 이영희 씨는 통신사의 일본 왕래에 소요된 시간은 아예 무시하고 있다고 반론한다. 그러나 어쨌든 이 문제는 몹시 흥미롭고 한·일 양국에서 깊이 연구할 만한 가치가 충분한 과제라 생각한다(〈그림 9〉).

일 본

　그러면 일본 스모의 역사는 어떠하였는지를 살펴보고자 한다. 일
본 것을 기술하자면 그 지명과 인명이 구차스러워 읽어 가기가 번거
로울 것이나 참아 주시기를 바란다.

　일본 최고의 사서 《일본서기》(이하 紀라 한다)에 의하면 야마도 나
라(大和國) 다이마노 사토(當麻邑)의 다이마노 게하야(當麻蹴速)와
이즈모 나라(出雲國)의 노미노 스쿠네(野見宿禰)가 스이진왕(垂仁王)
7년의 7월 7일 왕 앞에서 격투(스모)를 벌여 노미노 스쿠네가 다이
마노 게하야의 허리를 밟아 죽임에 스쿠네는 게하야의 소유지를 하
사받게 된다. 이즈모 지방의 고시오리바다(腰折畑)라는 지명은 이 전
설에서 유래한 것이라 한다. 하여간 그 진부에 관계없이 이 신화로부
터 노미노 스쿠네는 스모의 신(神)으로 숭앙받게 된다.

　그러나 같은 시기에 나온 《고지기》(古事記, 이하 記라 한다)는 다카
마가하라(高天原)계의 다케미이카즈치노가미(建御雷神)가 구니즈가미
(國津神)계의 오쿠니누시노미코토(大國主命)에게 와서 "이즈모 나라
를 양여하기 바란다"고 요구한다. 이에 대하여 오쿠니누시노미코토의
아들 다케미나카타노가미(建御名方神)가 "스모로 내가 이기면 이 이
야기는 없던 것으로 하고 내가 지면 나라를 양여하겠노라"고 응답한
다. 두 사람은 이나사(伊那佐)의 오하마(小浜)에서 힘을 겨루었는데
다케미이카즈치노가미가 이겨 이즈모란 나라는 평화리에 다카마가하
라계에 흡수되었다는 것이다.

　이상하게도 두 기록의 승자는 거꾸로 되어 있다. 즉 紀에서는 이
즈모가 이기고 記에서는 이즈모가 진 것으로 기술되어 있다.

　물론 이것은 일본의 신화로 전승되어 온 것에 불과하다. 그러나

우리는 일본의 신화 속에서 사실을 추리하여 찾아낼 수 있다. 이러한 일은 비단 일본의 신화에 한정되는 것이 아니고 세계의 모든 신화에 공통되는 일이다. 왜냐하면 신화는 분식된 사실(史實)이기 때문이다.

우리는 어찌하여 일본에서 거의 같은 시기에 記(712년)와 紀(720년)라는 주도세력이 다르게 기술된 사서(史書)가 작성되었는가 기이한 생각을 갖지 않을 수 없다. 그러나 그 사실의 배후야말로 한국과의 역학관계가 투영된 것임을 알 수 있다. 이에 관하여는 다음 기회에 논하기로 하고 스모의 생생한 역사를 좀더 살펴보자.

紀를 보면 고교쿠(皇極) 천황 즉위를 축하하는 백제의 사신을 위하여 '에지'(衛士)로 하여금 각저(角觝)를 하게 하였다고 기록되어 있는데 이것이 스모가 일본 사료에 처음 등장한 것이다.

그로부터 약 90년 지난 나라시대의 세이무(聖武) 천황 때 스모는 궁중의 중요 정례행사로 격상된다. 매년 7월 7일에 어전에서 스마이노세치에(相撲節會: 스모 대회, 그때까지는 角力 또는 角觝로 표시하였다가 처음으로 相撲이라 표기했는데 음은 '스마이'로 읽었다)를 열도록 명했기 때문이다.

그후 헤이안(平安) 시대(794~1185)에는 정월 초하루의 샤라이노세치(射禮節: 활쏘기 대회), 단오날의 우마유미노세치(騎射節: 말을 달리며 하는 활쏘기 대회), 칠석날의 스마이노세치가 산도세치(三度節)라 불리는 궁중의 정기적인 3대 중요행사가 되었다.

---

* 하지만 사료에 올리기 전에 이미 스모가 널리 보급되어 있었으리란 것은 말할 나위도 없다. 와카야마(和歌山)현의 이에하치만산(井邊八幡山) 고분, 후쿠시마(福島)현의 모토야마(原山) 1호 고분, 오가야마(岡山)현에서 출토된 고고사료는 이미 3세기경에 일본에 스모가 널리 보급되었음을 말해 준다.

진혼(鎭魂)과 풍작기원 행사

어쨌든 씨름과 스모는 예로부터 한·일 두 나라에서 공히 위로는 궁중의 중요 행사요, 아래로는 일반 민중에게 널리 사랑받는 민속이 었음을 알 수 있다. 그러나 씨름이나 스모를 단순히 힘 겨루기의 흥미 위주의 경기로 생각하는 것은 큰 잘못이다. 그것이 궁중의 중요 행사였다는 점에서도 알 수 있듯이 제정(祭政) 일치의 고대는 말할 것도 없고 제정이 오늘날처럼 명확히 분리되어 있지 않았던 당시의 농업사회에서는 그것은 오곡 풍요와 천하태평을 기원하는 진혼(鎭魂)의 국정신사(國政神事)였던 것이다.

■ 벼농사의 풍요 기원

한국에서는 앞에서 말한 바와 같이 단오, 중원, 중추에 씨름대회를 개최했는데 단오는 모내기가 시작되는 시점이요, 중원(칠월 보름)은 태풍이나 폭우 없이 그대로 벼가 잘 익어주기를 기원하는 시기이며, 중추는 한가위 보름달 아래 수확을 축하하고 하늘에 감사하는 시기이다. 씨름대회를 이때에 개최한 의의는 너무도 명확하다(씨름의 기능 중엔 호미걸이 등 농경과 관련된 용어가 적지 않음도 흥미롭다).

일본에서는 신화에서도 모두 칠석날에 스모 대회를 가졌는데 이날은 월력상에도 중요한 날이지만 우리의 중원과 거의 같은 시기임이 모든 것을 말해 주고 있다 할 것이다.

■ 진혼과 천하태평을 위한 기원

한국에서 무당이 사신(邪神)이나 악령을 쫓는 굿을 할 적에는 사신이 숨어 있는 곳, 악령에 홀려 있는 대상을 대나무로 흔들고 때린다〔일본 신사에서 궁사(宮司)가 액막이를 하는 이른바 오하라이(御祓)가 똑같은 모습을 한다〕. 또 시골의 씨름판에서 경기가 시작되기 전에 댓잎으로 씨름판과 그 주변을 쓴다. 이는 단순히 경기장을 청소하고 정리하는 작업이 아니라 땅속의 악령을 달래어 다치는 사람이 나오지 않도록 하는 행사인 것이다. 물론 이것은 무당의 샤머니즘과 상통하는 것이다.

스모는 씨름보다 엄청나게 까다로운 의식과 형식의 경기이다. 한 번이라도 텔레비전 등을 통해 스모를 본 사람이면 알 수 있는 일이다. 그런데 스모의 의식과 형식 중에서 가장 중요하면서 아름다운 것은 도효이리(土俵入り)이며 그 중에서도 압권은 시코(四股)인데 이때에는 정해놓은 듯이 박수가 터져 나온다. 이 시코에 대하여 대개의 일본인들도 글자와 그 움직임으로 하여 장사의 힘을 뽐내는 것으로 생각하고 있지만 실은 시코(四股)는 원래는 醜(시코라 읽음)로 쓰여졌었다.

따라서 시코를 밟는다는 것은 발 아래 지면에 숨어 있는 모든 시코, 즉 악령을 밟아 눌러 그 움직임을 봉쇄하는 진혼과 지진(地鎭)을 위한 의식인 것이다. 실제로 지진제에는 이름있는 스모꾼을 초대하여 시코를 밟게 하였던 것이며 지금도 가끔 볼 수 있다.

또 스모꾼은 도효에 올라오기 전에 입을 씻고 올라오며 소금을 뿌린다. 소금은 동양에서는 악귀를 쫓는 힘이 있다고 믿어 왔으며 일본의 신도(神道)에서는 불가결의 신선(神饍)인 것이다.

요컨대 고대의 씨름은 풍작기원과 진혼의 행사였던 것이다. 이것을 모르고 단순한 격투기로만 생각하는 것은 씨름의 역사를 바로 인식했다고 할 수 없다는 것을 강조하고 싶다.

현대에도 스모는 그러한 의식적(儀式的)인 면이 극히 강하다. 경기를 위하여 도효에 올라왔을 때에 그의 팬이 자기 이름을 연호하며 격려한다 해서 이에 응답하는 일은 있을 수 없고, 심지어 강적을 넘어뜨렸다 하여 환호성을 지르는 따위는 절대 금지되어 있다. 말하자면 스모는 '경기'이기 이전에 '의식'인 것이다.

우리의 씨름이 규칙은 있어도 의식이 없는 철저한 경기 위주인 것과는 크게 대조적이다. 이 점, 솔직히 스모가 씨름보다 높은 격조를 갖추고 있음을 인정하지 않을 수 없다.

뿔에 대한 주력신앙(呪力信仰)과 단발령

뿔은 힘을 나타낸다는 신앙

'角力, 拗力, 角觗' ― 이 모두가 씨름이나 스모를 가리키는 글자이다. 지금 일본에서는 '相撲'이란 글자를 많이 쓰고 있으나 스모계를 '角界'라 하지 '相撲界'라고는 하지 않는다. 일본에서 가장 권위있는 스모 사학자 요코야마 겐도(橫山健堂)는 '相撲이라는 표기는 7세기 이후에 생겨났으며 그전에는 角力이 주류였다'고 고증하고 있다. 그러면 어째서 씨름이나 스모를 말하는 한자에 角자가 붙어 사용되어 온 것일까.

인간은 강한 힘을 갖기를 동경하며 고대인은 자기 주변에서 보는 강한 동물엔 뿔이 있음을 보고 그 뿔에 강함과 힘의 원천이 깃들인 것이라 생각하였다. 뿔의 이러한 상징성에 대하여는 일찍부터 많은 학자들이 수없이 지적한 바이지만, 그 중에서도 마리 보나바르트 여사의 《정신분석과 문화론》은 아주 훌륭한 책이라 생각한다.

우리나라에서도 예로부터 "뿔은 남성, 초인간적, 신비한 힘의 심벌"로 여겨져 왔다. 이와 같은 뿔에 대한 동경과 숭앙은 신라의 관직명에 상징적으로 나타나 있다. 각찬(角粲), 각간(角干)은 지금의 장성(將星)급에 해당하는 최고의 군관위이며, 대각간(大角干)은 최고사령관, 지금이면 원수(元帥)에 해당하는 직명이다. 후에 김유신에게는 통일신라의 위업을 달성한 공에 보답하는 뜻에서 태대각간(太大角干)이라는(大元帥라고 할 수 있는) 새로운 관명이 만들어진다. 어쨌든 모든 고위 무장에게 각(角)이 붙어 있는 것은 뿔이 강한 힘의 원천이라 믿고 그것을 숭앙하였음을 말해주는 것이다.

서구에서나 회교권에서나 바이킹족이나 일본 무사의 투구에는 물소, 사슴 등의 뿔을 달고 있는 것이 매우 많으며 후기 일본 무사가 투구에 붙인 초승달형이나 여러 형태의 조형물도 뿔의 변형이다.

한국의 성인 남성의 머리형은 상투였다. 그것은 성인이라는 것과 지배자로서의 남성의 강함과 힘의 상징으로서의 뿔을 장식적 요소를 가미하여 인위적으로 조형한 것이다. 지금도 일본에서 스모꾼은 존마게(상투)를 한다.

씨름이나 스모에 각(角)자가 붙는 이유는 이로써 명백하다 할 것이다.

단발령

고종(高宗) 32년(1895) 명성황후 시해로 어수선한 와중에 친일 개화내각이 들어서자 군부대신인 조의연(趙義淵)은 궁을 향해 대포를 겨누고 농상공부대신 정병화(鄭秉夏)가 무엄하게도 고종의 상투를 자르고, 내부대신 유길준(兪吉濬)이 성상 폐하께서도 단발하였으니 국민은 성상의 솔선하심에 따라야 한다는 이른바 '단발령'을 공포한다.

지방에는 체두관(剃頭官)이라는 급조 직관을 두어 마구잡이로 상투를 자르고 망건을 폐하게 하니 장날에 장이 서지 아니하였다 한다. 시대는 다르지만 6·25 때 국민방위군이 닥치는 대로 길 가는 자를 트럭에 실어 군에 보내는 광경을 연상하면 되리라. 인력거꾼은 단발을 하지 않으면 영업을 할 수 없었기 때문에 단발머리로 "애고 애고" 하고 통곡하면서 인력거를 끌었다 한다. 그간 상투를 지키기 위하여 스스로 목숨을 끊은 자 수백 명, 남편의 단발을 보고 자결한 부녀자도 적지 않았다 한다.

아무리 좋은 개혁이라도 그것이 민중의 공감을 얻도록 사전 계몽을 하지 않고 무작정 밀어붙이거나 강요할 때에는 반드시 저항이 생기는 법이다. 마침내 춘천(春川)에서 유림의 명가인 이소응(李紹膺)을 대장으로 하는 반발운동이 발생한다. 이들은 강원 감영을 점령하고 그 정문인 위봉문(威鳳門)에 올라 "此頭可斷 此髮不可斷"(비록 내 목은 벨 수 있을지언정 이 상투를 자를 수는 없다)이라는 격문을 낭독한다. 이로 하여 단발 저항 반란은 순식간에 전국으로 번져 나갔다.

이를 두고 일본의 다나카 아키라(田中 明, 다쿠쇼쿠대학(拓植大學) 교수, 아사히신문 서울특파원으로 있기도 하였다)는 "단발을 거부한 노유(老儒)의 상투는 저항의 표현으로서는 의의를 지닌 것이나, 새로운 시대에의 자기 건설의 심벌이 되지는 못했다"고 평하였다. 진정 지당한 의견이다. 그러나 다나카 교수는 노유들이 목숨을 걸고 단발령에 저항한 또 하나의 이유를 몰랐거나, 만약 알고 있었다고 한다면 그에 대한 인식이 충분치 못했다고 할 수밖에 없다.

조선시대의 형벌은 명나라의 대명률(大明律)을 본으로 하여 태·장·도·류·사(笞·杖·徒·流·死)의 5형이 기본이었다. 태형과 장형은 제일 가벼운 죄를 범한 자에게 볼기를 치는 형인데, 태는 10대에서 50대까지, 장형은 60대에서 100대까지 죄과의 경중에 따라 나누어 집행하였다.

도형은 비교적 중한 죄를 범한 자에게 과해지는데, 1년에서 3년까지 반년 단위로 다섯 기간 동안 입옥 후 중노동에 종사케 하였다. 말하자면 지금의 징역형이다(도형은 벌금으로 대체하는 수도 있었다).

유형은 귀양살이인데 귀양살이하다 그대로 죽는 경우가 많았으니 지금으로 말하면 무기수로, 양반에게 주로 과해졌으므로 차마 입옥시키지 못하되 다시는 사회적 힘을 얻지 못하도록 한 것이다. 귀양 가는 거리도 한양서 2,000리, 2,500리, 3,000리의 세 등급으로 나눠지며 떠나기 전에 장 100대가 가해졌다.

마지막으로 극형인 사형이 있는데 이에도 교형(絞刑)과 참형(斬刑)의 두 가지가 있었다. 양반 이상의 신분자는 특수한 경우가 아니면 이 두 형 대신 사약을 받게 하였다.

그러나 법에는 없지만 귀양 가는 것보다 중하여 차라리 사형을 택하겠다는 형이 있었는데 그것은 '삭발(削髮)·삭수(削鬚)'의 형이다. 머리를 깎아버리거나(상투는 당연히 없어진다), 수염을 깎아버리는 일이다.

삭발이나 삭수는 《효경》(孝經)에서 말하는,

身體髮膚 受之父母 不敢毀傷 孝之始也
　　몸과 머리카락과 살결은 부모님으로부터 받은 것이므로
　　감히 이에 상처를 입히지 않음이 효의 첫 걸음 이니라.

라는 차원을 넘어 그것은 남자에게는 중국에서 많았던 궁형(宮刑)과

맞먹는 형벌이요, 비록 생명은 존속될지언정 인격적 생명은 끝나는 굴욕이었던 것이다. 무인 정중부가 문반으로부터 그의 수염이 분수에 넘친다 하여 촛불로 태움을 당했을 때에도 그는 반항하지 못했다지만 아마도 그 순간 그는 오래 전부터 품어온 반란의 결의를 최종적으로 굳히지 않았을까?

물론 동아시아 국가들이 근대화를 행하는 과정에서 단발은 '통과의식'이었던 감이 있다. 일본에서는 무사가 존마게(丁髷)를 상공인에 앞서 잘랐으며 중국에서도 변발(辮髮)을 잘랐다. 그러나 일본의 단발은 메이지유신 주체들이 스스로 한 선택이고 중국의 변발은 이민족인 청족의 상징이었는 데 비하여 우리는 일제 침략이라는 잠재변수가 있었던 데다 상투의 역사가 너무도 길어 딴 민족과는 다른 저항을 보인 것이라 생각할 수 있다. 어쨌든 상투가 뿔의 변형이요 그것이 남성 그 자체를 표시하는 것이 아니었던들 주위 상황이 달랐더라도 단발령을 전후하여 그렇듯 극심한 진통이 일어나지는 않았을 것이다.

단발이나 삭발 또는 수염에 대한 사회의 인식에 대하여 좀더 살펴보자.

(1) 조선조 3대 태종의 외손 권총(權聰)이 노신(老臣)의 수염을 가위로 자르는 사건이 발생하였다. 태종은 권총을 손자 중에서 가장 총애하였으며, 화를 입은 노신이 권총이 아직 어린애임을 들어 관용을 베풀 것을 태종에게 원하였으나, 태종은 용서할 수 없는 일이라 하여 죽임만 면하게 하고 그 대신 남대문 밖에 유폐토록 명하였다.

(2) 1930년대까지만 해도 우리들은 어떤 가문에서나 촌락공동체에서 성품이 포악한 자와 이른바 자녀(恣女: 품행이 좋지 않은 여

자)에 대하여는 문중회의 또는 공동체의 향약(鄕約)에 따라 삭발하여 추방하였다.

(3) 스님들이 삭발하는 것은 죄를 지어서가 아니고 일반 속세와는 딴 세상에 사는 존재라는 것을 나타내는 것이며 전의(典醫)가 머리를 깎는 이유는 "환관" 장에서 이미 설명하였다.

(4) 제2차 세계대전중 나치스에 협력한 여자를 전후에 삭발한 것도 기본적으로 같은 발상이라 생각되며, 전쟁포로나 죄수를 삭발한 것도 일반인과의 구별이나, 도주 방지의 방책 외에 그 죄과를 책하는 조치로 역시 같은 발상에서 나온 것이라 생각한다.

(5) 회교권에는 "나는 완전한 남성의 기능을 지녔다"는 표시가 콧수염이다. 따라서 그들에게 수염을 깎이는 일은 최대의 형벌이 된다.

(6) 고대 이집트의 왕의 조각엔 한결같이 탐스런 수염이 있으며, 풍수지리사상에서 언급한 이집트의 핫셉수트(Hatshepsut) 여왕(모세의 양어머니로 더 잘 알려져 있다)은 여자이면서 22년 동안 가짜 수염을 붙이고 살았다. 그것은 군사령관은 남자라야 하였기에 수염을 붙여 남자로 처신하기 위해서였다.

(7) "과거" 장에서 말한 바 있는, 문신들이 정중부의 수염을 불태운 일이 얼마나 모멸적인 처사였는가를 다시 생각해 봐야 한다.

단발령을 내린 자가 친일세력이 아니고 조선의 왕이었다 가정하더라도 유림의 완강한 저항은 필연이었을 것이다. 이 점을 정확히 파악하지 못하면 단발 거부를 일본에 대한 저항이란 차원으로만 단순화시키는 과오를 범하게 된다.

뿔에 대한 인식은 일본도 마찬가지다. 무사는 물론이요 농·공·

상 계급까지 존마게를 하였는데, 모양마저 우리 상투와 아주 닮았으며 그것이 뿔의 조형적 전화, 남성의 강한 힘을 과시하는 것으로 바로 남성의 상징임은 말할 나위도 없다. 무사들이 결투를 하다 여러 곳에서 피를 흘리면서도 서로 물러설 기미조차 보이지 않다가도 존마게가 잘리면 당장 전의를 상실한다. 당사자가 명확하게 자각하고 있고 없고에 관계없이 사나이의 상징이 없어졌다는 것을 인식하기 때문이다. 무사가 자기의 죄를 뉘우치고 이를테면 무사의 계급을 포기(스님이 되는 경우는 물론이고) 하는 뜻을 표시하는 방법도 스스로 존마게를 자르면 된다.

메이지유신 이후 단발령이 내려졌을 때 무사계급뿐 아니라 일반 서민도 오랫동안 단발령에 따르지 않았음은 우리와 비슷하였다. 메이지정권은 부득이 단발하지 않은 자는 공무원이 될 수 없고 정부관계의 상거래자가 될 수 없게 하였다. 그러나 메이지 10년의 이른바 세이난(西南) 국내전 때까지도 옛 무사들은 존마게를 하고 있었다. 다나카 교수는 이에 대하여는 언급이 없었다.

총 각(總角)

그런데 힘을 자랑하는 남성 중에서도 실질적으로 가장 강한 자는 장가가기 직전(미혼·미관(未冠))의 젊은이다. 따라서 힘이 점차로 줄어드는 성인 남성은 한 개의 뿔(상투)만 갖는 데 비하여 그들은 두 개의 뿔을 나타내는 머리 모양을 하였다. 이 머리모양이 총각(總角)이며 이 머리모양을 하고 있는 자를 총각이라 하였다.

總角聚兩髮也 總聚其髮爲兩角

이라 諸橋轍次는 그의 대저(大著) 《한화대사전》(漢和大辭典, 1959)에서 밝히고 있다.

　일본에서는 가족을 두고 타지에 단신 부임해 있는 남자를 チヨンガー(촌가)라 부르는데 이것이 총각에서 온 것임은 쉬이 짐작할 수 있다. 또 일본의 고대에 머리를 좌우로 갈라 귀에서 동그랗게 뭉치는 성인남성의 머리모양(헤이안 시대에 와서는 미혼의 남성, 소년의 머리모양으로 됨)을 みずら(미즈라)라 부르는데 한자 표기는 '角髪'이다. 그 후의 일본의 가장 대표적인 소년의 머리모양은 귀로 내리는 대신 머리 위, 좌우로 동그랗게 테 모양으로 묶었는데 이를 あげまき(아게마키=揚卷)라 한다. 그러나 あげまき의 첫 한자 표시는 '總角'으로 되어 있다(일본국 《岩波古語辭典》, 16면). みずら건 あげまき건 모두가 외견상은 원형임에도 불구하고 '角髪'·'總角'이라 표기된 것은 그것이 뿔이 조형된 것임을 증명하는 것임을 말한다.

　뿔에 대한 신앙은 한·일이 동일하며 일본에서 스모를 '角力'으로 써 온 까닭을 명확히 알 수 있다.

천하장사와 요코즈나(橫網)

천하장사와 요코즈나(橫網)

　씨름은 토너먼트 방식을 기본으로 하되 체급별과 무차별의 두 가지가 있다. 스모는 리그전의 형식을 바탕에 깔고 있으나 15일간의 대회중 같은 도장 출신끼리는 붙이지 않고(야바우를 예방하기 위하여) 강자는 강자끼리, 약자는 약자끼리 겨루게 한다. 이런 방식은 세계 어느 경기에도 없는 독특한 방식으로 공평성을 추구하는 절묘한 밸런스 감각이라 할 수 있다.

토너먼트는 결승전에 대한 흥미를 북돋우어 주는 장점이 있지만 운이 크게 작용하는 비정함이 흠이다. 예를 들어 야구의 결승전에서 5 대 3으로 승패가 갈라졌을 때 우승팀에 5 대 4로 초전에 패한 팀은 재수가 없었다는 한마디로 참기엔 아쉬움이 남는다. 이에 반하여 리그전은 시간은 걸리지만 끝까지 승자를 예측할 수 없는 흥미가 있는 외에 토너먼트에선 피할 수 없는 불운의 비정성이 없어 좋다.

씨름은 우승후보자가 서전에 붙게 되었을 때에는 최종 결과에 대한 흥미가 약해지는 게 아쉽다. 특히 자기가 좋아하는 장사가 서전에 패했을 때는 그 이후의 경기에 대한 관심이 희박해진다. 물론 의외의 장사가 나왔을 때의 흥분은 무시할 수 없지만.

스모는 15일간을 매일 수십 명이 다른 선수와 거의 예측불허의 승부를 겨루기 때문에 그 하나 하나에 관심이 쏠리고 센슈라쿠(千秋樂)라는 최종일이 가까워지면서 우승후보인 무패끼리 붙는다든지 승률이 동일한 자끼리 붙어 우승자를 예측하기 어렵다는 재미가 있다. 15인과 싸우기 때문에 사실은 전승무패 우승이란 매우 드문 일이다(월드컵은 지역 예선 과정에서부터 토너먼트의 비정함과 운이 나빴다는 감을 없애기 위해 상당히 합리적인 선발방식을 취하고 있다).

씨름은 체중 80kg 이하의 금강급, 95kg 이하의 한라급, 그리고 95kg 이상의 백두급과 체중을 묻지 않는 천하장사 선발전이 있다. 스모는 헤야 또는 베야(部屋)라 불리는 도장의 초입 문하생 수천 명을 빼고 일응 힘이 생기면 조노구치(序の口) 자리에 오르는데 이도 序二段, 序三段까지 3단계로 나누어진다. 3단에서 우수한 성적을 올리면 마쿠시타(幕下) 상위 30명 안에 들어가며 거기서 승률이 좋은 자가 마쿠시타 상위가 된다. 그러나 이들 전체를 통틀어 마쿠시타라 할 만큼 아직 저 아래에 있는 자라는 것이다.

마쿠시타 상위에서 좋은 전적을 올리면 비로소 마쿠우치(幕内), 리키시(力士)가 되는데 그때에는 머리모양이나 마와시의 모양이 바뀐다. 마쿠우치에도 주료(十兩: 옛적에 十兩의 급료를 받았기에 그리 불린다. 1량이면 한 사람이 1년을 살 수 있었다 한다)와 나카이리(中入)로 구분된다. 나카이리란 영주의 막사 안에 들어갈 수 있는 신분의 스모꾼이란 뜻이다.

그러나 나카이리도 네 계급으로 또다시 나누어진다. 우선 마에가시라(前頭) 동서 각각 15명 계 30명이 있고(모든 계층이 다 동서 진영으로 나누어져 같은 헤야와 같은 진영끼리는 겨루지 않지만 스모꾼과 그 순위는 수시로 바뀐다), 그 위에 고무스비(小結: 2~4명 정도), 세키와케(關脇: 2~4명)가 있는데 이들은 전적에 따라 그 자리가 오르내린다. 세키와케 위가 오제키(大關)인데 오제키가 되려면 15일간의 대회 3기 45일의 전적이 45전 35승 이상이라야 한다. 단 우승이 있을 때에는 33승으로도 오를 수 있다. 일단 오제키가 되면 3회 연속 마케고시(負け越し: 패수가 승수보다 많은 것. 이긴 것을 시로보시(白星), 진 것은 구로보시(黑星)라 한다. 따라서 구로보시가 시로보시보다 많은 것)하지 않는 한 그 자리를 지킨다. 고무스비, 세키와케, 오제키를 산야쿠(삼역)라 부른다(이들은 동서에 관계없이 같은 헤야가 아니면 겨루게 된다).

오제키에서 연 3회의 대회성적이 40승 이상일 때나 연속 우승일 때 심사위의 결정을 거쳐 요코즈나(橫綱)라는 최고위 서열에 오르는데 일단 여기에 오르기만 하면 성적이 부진하거나 체력의 한계 등으로 자진 은퇴하지 않는 한 영예를 누린다. 우리의 천하장사가 한 번으로 그치는 것과는 다르다.

요코즈나 이하 모든 리키시는 동서로 나뉘어 서열이 정해지는데 이를 반즈케(番付)라 한다. 마쿠시타는 그 도장(헤야)에서 먹여주는 데 마쿠우치가 되면 서열에 따라 협회에서 일정한 급여가 지급되며 우승하면 1,000만 엔의 상금이 지급된다.

우리나라에서는 양반이란 말을 이해해야 대화가 지속될 수 있듯이 일본에선 스모에 관하여 숙지하고 있으면 대화를 이어가는 데 아주 편리하다.

경기규칙에 나타난 양국의 감각차이

씨름이건 스모이건 그것이 승패를 다투는 것인 한 이기지 못한다면 아무런 뜻이 없다. 어떻게 해서든 우선 이긴다는 것이 긴요하다. 그리고 이기기 위해서는 상대보다 우월한 힘과 기를 갖추지 않으면 안 된다.

그러나 그들도 인간이기 때문에 딴 여러 경기와 마찬가지로 반칙이나 공정하지 못한 일들이 생기는 것을 피할 수 없다. 그렇게 함으로써 기선을 제압하거나 유리한 힘의 구사를 도모하여 우위에 서겠다는 것이다. 심판이 눈을 부릅뜨고 있고 벌점이 과해지지만, 그렇다고 해서 반칙행위가 완벽하게 예방되는 것은 아니다. 더욱이 누가 보아도 명백한 반칙이 행해졌을 때는 간단하지만 이렇고 이렇다고 꼭 집어서 말하기 어려운 아주 지능적이고 교묘한 반칙이 자주 나올 때나 그렇게 될 소지가 남아 있을 때는 그 경기의 흥미와 품위는 떨어지고 만다.

네덜란드의 역사가 호이진하(J. Huizinga)는 "규칙이 위반되기만 하면 놀이나 승부의 세계는 붕괴한다"고 지적했는데 진정 귀담아 들을 만한 지적이다. 이야기는 바뀌지만 선거도 예외일 수 없으니 선거에서 탈법하지 않는 자가 바보라고 출마자나 유권자가 생각하는 세태하에서는 민주주의 그 자체도 의의를 상실하는 것이 아닐까.

불행하게도 씨름에는 경기의 형식과 진행이 아직도 매끄럽지 않은 면이 너무 많아 눈에 거슬린다. 우선 경기가 시작되기 전 샅바 잡는 단계에서부터 나타난다. 어떻게 보면 씨름에서는 샅바 잡기가 승부에 크게 영향을 준다. 그렇기 때문에 한때 샅바장사라는 비아냥거림을 받은 천하장사가 있지 않았는가. 일은 거기서 끝나지 않는다. 심판이 이리 주의를 주고 저리 주의를 주어도 씨름선수의 다리는 계속 움직이며 그 자세도 같지 않다. 물론 그 모든 것에 관한 기준과 규칙·벌칙은 있다.

씨름경기 규칙 24조에는

(1) 양 선수는 상대의 무릎과의 간격을 30cm 이내로 하고 오른쪽 무릎은 상대의 좌우 무릎 사이에 두어야 한다. 먼저 다리쪽의 샅바를 잡고 어깨를 댄 뒤에 허리 샅바를 잡는다.

(2) (3) 약함

(4) 샅바를 잡을 때는 오른쪽 다리를 뒤로 밀어서는 안 된다.

(5) 양쪽이 샅바를 잡았을 때는 양쪽 어깨를 합친다. 그때 장신(長身) 선수는 어깨가 수평이 되도록 자세를 낮추어 잡는다.

(6) 경기 진행중 선수는 고의로 샅바를 놓아 경기의 진행을 방해해서는 안 된다. 단 양 선수가 공히 샅바에서 손이 떨어졌을 때에는 경기를 다시 시작한다.

는 식으로 아주 자세히 규정하고 있지만 선수는 덮어두고라도 심판도 이 규정대로 완벽하고 공정하게 진행시키기란 지난한 일이다. 씨름은 샅바전(戰)이란 부끄러운 말이 나올 만도 한 것이다.

스모는 양쪽이 허리를 굽혀 쌍방의 손이 땅에 닿는 순간 달려 붙는다. 그러나 거기에도 미묘한 호흡의 차이를 교묘히 이용하여 우위에 서고자 하는 일이 일어나 1991년도에 벌금을 과하게 정해야 했다. 고육지책이었다. 그러나 일단 경기가 시작되면 반칙이 나올 여지는 없는 게 장점이다.

일어서는 어떻게 하든 상대의 샅바를 먼저 잡느냐 또는 잡히지 않게 하느냐가 기술이기도 하지만 씨름처럼 샅바의 반쪽을 잡고 늘어지거나(특히 1 : 1일 때 경량선수) 장외로 나가 다시 시작하는 일이 없기 때문에 씨름처럼 5분이란 시간 제한은 없지만 1분이 넘으면 긴 승부로 여겨진다.

스모에서 반칙을 예방하는 하나의 방도가 그 까다로운 의식절차인데 이는 그들의 형식주의 또는 미적 감각이 만들어낸 것이라는 평도 있다. 씨름은 아직도 진행에 보다 많은 연구가 있어야 할 것으로 생각된다.

또 처음부터 샅바를 잡지 않기 때문에 경량선수의 핸디캡이 많이 줄어든다. 마히노우미(舞の海) 같은 100kg 미만의 선수가 282kg의 고니시키(小錦)를 한 바퀴 굴러 넘어지게 하는 재미가 생긴다.

15일간의 경기를 바쇼(場所)라 하는데 1년에 도쿄에서 세 번, 오사카, 나고야, 후쿠오카에서 각각 1회씩 합계 6바쇼를 갖는다. 이와 같이 1년에 90일간의 정식시합이 있고, 그 사이에 지방순회(공식시합은 아니지만)가 있으니 스모는 항상 일본인의 주변에 있는 것이다. 과연 국기(國技)라 할 만하다.

섬나라 근성의 "복은 집안으로 화는 집밖으로"

"하동(河東)의 장사 세 사람이 남해(南海) 송장 하나를 못 당하고, 남해장사 세 사람이 창선면(昌善面)의 송장 하나를 못 당한다"는 말이 있다. 사실인즉 하동군과 남해군은 한 선거구인데 인구는 하동이 월등 많음에도 불구하고 최근 20년간 하동 사람이 국회의원에 당선된 일이 없다. 이 이야기는 하동 사람이 지능이 떨어진다거나 남해 사람이 간교하다는 것이 아니고 남해 사람이 그만큼 단결력이 강하고 악착스럽다는 비유이다(창선은 남해군에 속하는 섬으로 행정상 면).

남해는 한국에서 가장 소득수준과 교육수준이 높은 섬군(島郡)인데 이 점에서 거제·완도·하의도 등과 매우 닮았다. 거제와 하의도에서 연이어 대통령이 나온 것도 결코 우연이 아니라 함은 지나친 부회(附會)일까.

섬이란 산이 많고(경지가 좁다) 거친 바다생활을 강요당하면서 육지와는 절연되어 있으므로 악착같지 않으면 살아갈 수 없다. 자연히 강인한 생활의지와 단결력을 갖게 된다. 섬이란 특수한 자연이 그렇게 만드는 것이기에 그 주민을 탓할 수는 없는 일이다.

이러한 섬의 생리와 사고는 일본에서 가장 집중적·전형적으로 나타난다. 일본인은 단결력이 강하다는 게 정평인데 이 말을 뒤집으면 배타적이란 뜻이 된다. 일본은 일본 자신이 스스로 선택한 것이 아닌 한, 그것이 무력일 때는 말할 나위도 없고 물품·사람·문물·종교 등 밖에서 오는 것에 대하여는 본능적이라 할 만큼 강한 거부반응을 나타낸다. 그 반면 상품, 사람 심지어 무력도 일본열도에서 밖으로 진출하는 것은 선(善)이요, 희(喜)요, 안심인 것이다.

당연한 귀결로 일본의 산업구조는 자기완성형이 된다. 거기에 독특한 유통구조가 얽혀 방대한 무역흑자를 낳고 무역마찰이 발생한다. "좋은 물건을 헐값으로 파는 게 뭐가 잘못이냐?"는 일본의 주장이 전혀 근거가 없는 것은 아니지만 그 근저에 일본적인 가치관이 깔려 있음을 부정할 수 없다.

동지(冬至) 때 우리는 팥죽을 놓고 악귀를 쫓는 자기 방어에 그치는데, 일본에선 단오날 팥을 집 밖으로 뿌리면서 "복은 안으로 귀는 밖으로"라 외친다. 조그마한 차이 같지만 여기에 우리와 다른 일본이 있는 것이다.

일본인은 아주 청결한 민족이라는 것은 세계가 공인하는 일본인의 미점의 하나다. 마루 같은 것은 마치 거울처럼 얼굴이 비칠 정도로 닦여 있고, 실내는 아주 합리적으로 정리정돈되어 있다. 말하자면 사적 공간(私的空間)에 관한 한 결벽증으로 보일 만큼 극단적으로 청결하며 정리정돈한다. 그러나 사적 공간 밖에서는 상황은 확 달라진다. 도로 위의 담배꽁초, 분리대의 깡통, 공한지의 쓰레깃더미, 각처의 낡은 타이어와 폐차 … 물론 이런 경향은 일본에 한정된 것은 아니지만 사적 공간과 공공 공간의 낙차가 일본처럼 뚜렷한 곳은 없다. 바로 "복은 안으로, 화는 밖으로"의 일본인의 가치관이 전형적으로 엿보이는 광경인 것이다.

최근의 조사에 의하면, 이른바 엄청난 불황에도 불구하고 3K(우리의 3D) 사업장에는 손이 모자라 곤란을 겪고 있음에도 불구하고, 거기 종사하고자 하는 저임금의 외국인 노동자를 받아들일 생각을 않는다. 물론 같은 모양의 얼굴·같은 피부색·같은 언어와 습관 아래 생활하며 사상과 종교에 의한 유혈사태도 없는, 그야말로 세계에서도 드문 치안질서를 유지하며 평화롭게 사는 국토에, 모든 것이 다르며 지적 수준이나 공중도덕의식도 낮고 사회질서 개념도 상이한 타민족이 들어와, 고요한 호수에 돌을 던지는 것과 같은 파문이 일지 않을까 걱정하는 심정은 전혀 이해 못할 바는 아니다. 그러나 그러한 논리를 고집하는 한 일본은 경제대국은 될지언정 결코 세계의 지도적 국가 즉 정치대국은 될 수 없을 것이다.

기본(E. Gibbon)은 《로마제국 쇠망사》에서 "이방인의 피를 일체 받아들이지 않고 순혈을 지켜 나가고자 하는 편협한 정책은 그리스의 아테네와 스파르타에서도 그 이상의 진흥에 장애가 되어 … 멸망을 촉진시키게 되었다"는 교훈을 일본인들은 다시 한번 곰곰이 되새겨 보도록 권하고 싶다.

7

온돌과 숟가락

다습한 일본의 주거는 바람이 잘 통하도록 설계되고, 냉혹한 겨울을 넘겨야 하는 한국의 풍토는 훈기를 간직하는 주거가 고맙다.

《구당서》(舊唐書) 등에 볼 것 같으면 온돌은 4세기 이전에 중국에서가 아니라 한국에서 고안되고 보급된 것으로 나타난다. 그러나 온돌은 '산림을 삼키는 악마의 입'으로 화하여 그러잖아도 빈약한 한국의 산야를 황폐화시켰다. 역대 정권은 나름대로 산림녹화에 노력하였으며 특히 박정희 정권은 정력적인 식수운동과 산림보호운동을 전개하여 그 공은 높이 평가되어야겠지만 한국 산림녹화의 최대 공로자는 연탄이며 석유라고 아니할 수 없는 게 아쉽다.

일본에도 한랭하고 눈이 많은 지방이 넓음에도 불구하고 일본에는 온돌의 흔적만 보일 뿐 일반화되지 않았다. 그 대신 한국의 화덕을 발전시킨 이로리(圍爐裏)와 고다스(炬燵)가 온돌을 대신하였다.

한편 한국의 풍토는 소나무를 키우고, 일본의 지질은 삼나무와 편백을 자라게 하였다. 소나무는 곡선을, 삼나무와 편백은 직선·수직·평행의 개념을 심어주었다. 삼나무의 사고는 다다미를 만들게 하고 규격을 생활 속에 자연스레 뿌리 내리게 하여 그것이 일본의 급속한 공업화에 크게 이바지하게 된다. 한국과 일본의 문화는 붓과 칼의 문화인 동시에 소나무의 곡선과 삼나무의 직선의 문화이기도 한 것이다.

한편 이상하게도 일본에는 숟가락이 쓰이질 않았다. 된장국을 먹을 때도 젓가락만을 사용하였다. 만드는 데 특별한 기술과 소재가 필요한 것도 아니고 큰 비용이 드는 것도 아닌데 말이다. 그러나 결과적으로 숟가락 대신 젓가락으로 그쳤다는 게 식량 절약에 크나큰 공헌을 했으니 이것이 우연이 아니고 일본인의 예지에서 비롯된 것이라면 정말 놀라운 감각이 아닐 수 없다.

산림을 삼키는 마귀의 입

온돌은 고구려인의 고안

온돌은 우리 조상이 독창적으로 고안해 낸 것이다. 온돌은 4세기 이전에 존재하였음이 확실하다. 《구당서》(舊唐書) 동이전(東夷傳) 고구려항에 "冬月皆作長阬下燃熅火以取煖"(겨울에는 긴 구덩이를 만들어 그 아래 불을 때어 따뜻함을 얻는다)이라 기록되어 있고 《신당서》에도 "盛冬作阬熅火以取煖"이라 같은 내용이 적혀 있다. 이것은 온돌이 고구려에서 처음 만들어졌음을 증명하는 기록이다. 왜냐하면 당나라에 이미 온돌이 있었다면 이런 설명 없이 고구려에도 온돌이 있다고 기록하거나 아예 언급하지 않아도 되는 일이기 때문이다.

삼베에서 솜옷으로

오랫동안 한국인의 의류의 주원료는 삼베였다. 삼베는 여름옷으로는 정말 안성맞춤이지만 겨울옷으로는 거꾸로 아주 부적합하다. 하물며 춥고 긴 겨울을 넘겨야 하는 한국에서는 더욱 그렇다. 이것이 온돌의 보급을 촉진하였다고 생각된다.

물론 통일신라 성립 이전에 이미 명주가 생산되고 있었음을 알게 하는 기록이 있다. 《삼국사기》(三國史記) 백제본기(百濟本紀)에 "백견(白絹) 10필을 일본에 수출했으며 증산에 힘썼다"고 기록되어 있다. 그러나 그 생산량은 미미했고 무엇보다도 그 값 때문에 서민에게는 그림의 떡에 불과했다.

그러다가 14세기 후반에 한국의 의(衣) 문화에 큰 혁명이 일어난다. 목면 재배에 성공했기 때문이다. 주지하다시피 조선왕조 초기인 1363

년, 중국에 사신으로 간 문익점(文益漸)이 목면 씨를 붓자루 속에 숨겨 가져오고, 그의 장인인 정천익(鄭天益)이 그 재배에 성공한 것이다(문익점은 재배에 실패).

그로부터 30년 뒤인 1392년경에는 목면이 대일본 수출품의 주상품이 된다. 동시에 이 무렵에는 지배계층의 의류도 솜옷이 주종이 되었으리라는 것은 상식적인 것이다. 그러나 그것이 일반서민에게 보급되는 것은 15세기 말에서 16세기 초로 짐작되니 말하자면 100년이 지나서야 서민은 그 혜택을 볼 수 있었던 것이다.

어찌하여 이렇게도 긴 세월이 소요되었을까? 종묘 보급에 시간이 걸렸을 것이라는 의견이 있지만 이 견해에는 허점이 있다. 왜냐하면 첫 재배에 성공하고 30년 뒤에는 지배계층의 겨울 의류로 자리잡고, 대일 수출의 주된 상품이 될 만큼 빠른 속도로 보급되었기 때문이다.

나는 종묘의 보급보다 재배의 확대에 단계가 있었다고 본다. 일본의 수요를 충족시키고 지배계층의 수요를 충족시킨 단계에서 재배의 확대는 정지 또는 제한당한 것이 아닐까 하는 것이다. 그 단계까지는 지주(사찰과 양반)와 정권은 목화 재배를 적극 장려했겠지만 그들의 욕구가 충족된 단계에서는 그 이상의 재배는 대일 수출가격의 하락을 초래할 위험이 있는 것은 차치하고라도 이른바 상놈의 의류를 위해서 주곡인 쌀·보리·조 등의 생산을 줄일 수 없었기 때문이다.

실제로 15세기에 목화재배의 통제를 건의하는 지주들의 상주문이 남아 있는 것으로도 알 수 있다. 소작인들은 목화재배 면적의 확대를 꾸준히 요구했을 것이요, 지주들도 한 절기의 옥외 노동에는 따뜻하게 입히는 것이 작업능률 향상에 도움이 된다는 것을 깨닫게 되어 15세기 말에는 솜옷이 우리 국민의 겨울 의류의 주류가 되었다. 그렇지만 정말로 너무도 오랜 세월을 허송했다고 할 수밖에 없다.

목화씨는 문익점이 몰래 가져왔는가?

문익점이 목화씨를 붓자루 속에 숨겨 몰래 가져왔다고 각급 학교에서 가르치고 있으나 《고려사 문익점 열전》에도 몰래 가져왔다는 기록은 없다.

당시 목화는 원나라의 반출금지 품목이 아니었다. 반출금지 품목은 화약, 지도, 종마(種馬), 공성(攻城)무기 등 국가안보에 관련된 물품들과 안료(顔料) 같은 귀중품에 한정되어 있었다. 따라서 문익점이 목화씨를 숨겨 가져왔다는 것은 있을 수 없다.

실제로 중국의 그 넓은 천지 사방에 심어져 있는 목화는 반출금지의 대상이 될 수도 없었고 그럴 필요도 없었다. 설혹 반출을 금지했다손 치더라도 실효를 거둘 수 있는 상황이 아니었다.

다만 중국에 목화가 보급되고 한참 세월이 흘렀는데 어찌하여 우리들은 그때까지 목화를 우리나라에서 재배할 생각을 하지 않았는지 그 점이 궁금할 따름이다.

文씨와 鄭씨의 功다툼

문익점이 비록 목화씨는 가져왔을지언정 그 재배에는 실패한 데 반하여 정천익은 3년의 고생 끝에 그 재배에 성공하였을 뿐 아니라 그 아들 문래(文來)는 제사법(製絲法)을, 그 손자 문영(文英)은 면포 짜는 법을 고안해 냈음에도 불구하고, 교과서나 역사책에서는 문익점의 공만 높이 평가하고 공적비까지 세워지고 있으나 정천익 집안의 공적은 그리 높이 평가받지 못하고 있음이 현실이다. 이는 매우 부당한 일이라 하여 정천익의 후손과 문중은 정천익의 공적에 대한 기록과 평가를 문익점과 동일하게 해줄 것을 국회에 청원하였다(1970년대 중엽). 이에는 산청 출신의 정우식(鄭雨湜) 의원이 중심이 되었고 이에 대항하는 조직에는 문태준(文太俊) 의원이 책임자가 되어 국회 내에서 文씨와 鄭씨 간에 난데없는 싸움이 벌어졌으나 박정희 대통령의 죽음과 동시에 이 싸움도 흐지부지되고 말았다. 결과적으로 鄭씨는 그 주장을 관철시키지 못하고 오늘에 이르고 있다.

채시(採柴) 제한과 채시장의 사점(私占)

그것은 그렇다 치고 온돌이 있는 한 채시장이 생활의 절대적 장이 된다. 다행히도 "溥天之下 莫非王土 率土之濱 莫非王臣"〔넓은 하늘 아래 왕토(王土) 아님이 없고 온 천하에 왕의 신(臣)이 아님이 없다〕이 라는 왕토사상의 기본 국기(國基)에 의하여 전국토의 산림은 모든 백성이 자유로이 공동 이용할 수 있다고 규정하고 사유를 법으로 금 하였기 때문에 누구도 땔감 걱정은 하지 않았다. 그러나 마구잡이 채 시와 인구의 증가는 곧 급속한 산림의 황폐화를 초래했다. 온돌의 아 궁이가 산림을 삼키는 악마의 입으로 화한 것이다.

고려 8대왕 현종(顯宗, 1055~1105)은 채시 금지구역과 채시 금지 기간을 정했다. 금지구역은 국가에 필요한 건축·조선용과 관곽(棺 槨) 용 임재지, 그리고 개성 주변의 풍치지구와 마을 주변, 공제지(供 祭地)와 기도장 주변인데 이 지역에는 입산 채시를 엄금했을 뿐 아 니라 적극적인 조림을 지시했다. 특정금지구역 외의 산림에는 입춘 에서 입추까지의 임목 성장기의 채시를 금지하여 산림보호를 기했으 나 이 금지령은 그다지 지켜지지 않았다.

고려조 말기에 이르자 왕권의 쇠퇴와 더불어 특권층에 의한 채시 장의 사점(私占)이 자행된다. 이는 백성들에게는 채시 소작인화를 말 하는 것으로 농토의 소작에 못지 않은 고통을 안겨주었다.

마침내 27대 충숙왕(忠肅王)은 채시장의 사점을 금하는 어명을 내 렸지만(1326), 그것을 밀고 나갈 만한 힘이 없었다. 일반 역사책에서 는 이에 대해 언급된 것을 보지 못했는데 채시장의 사점에 의한 백 성의 곤궁과 노여움이 고려왕조의 멸망을 재촉한 주요 원인 중의 하 나라고 필자는 생각해 왔다.

조선의 태조 이성계는 이러한 민심을 명확하게 파악하고 있었기 때문에 왕위 4년째(1395)에 채시장의 사점을 엄금하고 사점하는 자뿐 아니라 사점을 묵인하는 지방수령을 엄벌하는 내용의 강경한 교서를 내린 데 이어 《경제육전(六典)》과 《속전(續典)》에 "산장 시초(柴草)의 사점을 금함"이라 명기하였다. 그러나 채시장의 사점은 왕조 창건 직후의 강력한 왕명으로도 완전히 근절시키지 못했다.

한국사상 최고의 명군으로 추앙받는 세종대왕 치하에서마저 판서급(장차관급)과 승지(承旨) 간의 산림 소유를 둘러싼 시비가 있었고, 무력으로 왕위에 오른 세조 때에도 채시장 사점의 권신이 너무 많아 그들의 결속된 힘을 꺾지 못하여 곤장 80대 정도의 처벌로 후퇴할 수밖에 없었다. 당연한 결과이지만 이 정도의 처벌로는 산림의 사점자는 까딱도 않았다.

어느 나라에서나 시신(柴薪=땔감)은 석탄과 석유가 사용되기까지는 최고의 화력이자 동력원이며 생활필수품이었지만 온돌방에 기거하는 한국에서는 그것은 식량과 동일하다 할 수 있는 필수품이다. 따라서 채시장의 소유는 엄청난 이권이요 권력이었다.

답답한 것은 이러한 사점이 가능한 자는 사점을 적발하는 임무를 갖는 자이거나 그보다 더 힘이 센 자이니 고양이에게 생선 지키라는 꼴이었다. 그러니 왕명이나 법이 어떻든 사점은 늘어만 갔던 것이다.

수입원으로서의 채시장의 사점 말고 산림의 사점을 부채질한 것이 풍수지리사상이다. 어떠한 명당도 그 자리를 둘러싼 주산과 안산, 좌청룡, 우백호의 좌우 분맥(分脈)이 없으면 그 명당은 벌거벗은 명당으로 지맥의 서기가 무산된다는 생각 때문에 명당이라 점쳐진 자리의 주변 일대의 산림을 몽땅 확보하려다 보니 이것이 채시장의 사점을 확대시킨 면도 크다.

이리하여 장작을 구하기 힘들어진 백성들은 낙엽을 쓸어모아 땔감을 보충하기에 이르고 갈고리는 백성의 집집마다 필수 비치장비가 되었다. 갈고리는 회복불능으로 산림을 황폐화시킨다. 그러잖아도 표토가 엷은 우리 산야에 표토가 노출되리만큼 낙엽을 쓸어버리는 일은, 낙엽이 썩어 비료가 되어 수목의 성장을 촉진시켜 주는 생태계의 순환고리를 끊어버리는 폭거이다. 동시에 그것은 수목이 수분을 품고 있는 기간을 단축시켜(빨리 증발되기 때문) 홍수와 한발이라는 상충하는 재해를 함께 불러오게 만들었다.

세종은 산림의 사점과 남벌을 막기 위하여 송금사목(松禁事目, 1424)을, 숙종은 변산송절목(邊山松節目, 1684) 등의 법과 교시를 통해 산림 보호를 기했지만 보다 적극적인 식수운동을 병행하지 않았기 때문에 이렇다 할 성과를 얻지 못했다. 거기엔 당시의 인구가 500만 정도였기에 자연의 복원력에 기대하는 점도 있었으리라 생각된다.

그러나 우리의 임야는 나라의 운명과 같이 거듭하여 엄청난 재해를 입는다. 고려조의 몽고와의 싸움과 그 뒤의 일본 원정용 조선을 위한 벌목, 조선조에서의 왜란 등에 시달렸다.

일제하에서는 조선목재통제령(朝鮮木材統制令)과 신탄배급통제규칙(1942)에 시달렸다. 식목일의 제정 등으로 목재와 신탄의 소비억제를 꾀했지만 이는 그들의 물동계획의 일환일 뿐이었으며, 이 영과 규칙으로 군수용 목재 징발을 강행함으로써 우리 산하는 오히려 황폐해졌다.

해방 후에는 공산 게릴라의 토벌을 위해 전산(全山)을 소각하고, 연이은 한국동란으로 푸르러야 할 한국의 산야는 외국인의 눈에는 '황토의 산' 또는 아카이 야마(赤い山)로 비치게끔 되었다.

휴전 후에도 정부는 산림보호에 관심을 갖기는커녕 나라를 지켜야 할 군이 이른바 후생산업이란 미명하에 공공연히 장작과 장작용의 나무를 벌채하여 민간에게 매각하는 부정과 폭거를 공인하였다. 그 무렵 필자와 친교가 있었던 오스트리아 출신의 스팀슨(Stimson) 씨는 "한국의 산야는 털을 깎인 양을 연상케 한다"고 평하였다.

연탄의 등장 ─ 산림녹화의 최대 공로자

우리나라에서 본격적인 산림정화운동은 박정희정권 때에 이르러서 야 조직적으로 추진되었다. 전국민적인 식수운동을 대통령이 앞장서 강력히 전개함과 동시에 조림자(造林者)에게는 아낌없는 자금지원과 세제상 특혜를 주고 해마다 조림왕을 선정하여 수훈하는 등 조림을 강력히 뒷받침하였다. 후기에는 많은 산이 입산금지가 되고 산불방 지에 행정력과 사법권을 동원하여 이를 어긴 자는 어김없이 엄벌에 처하였다.

이를 두고 폭거니 독재니 하고 비판하는 세력도 적지 않았지만 세 월이 흘러 우리의 산하가 제법 푸르러진 오늘의 모습을 볼 때, 그것 을 두고 그때와 똑같이 욕하는 자는 결코 많지 않을 것이다.

그러나 박정희의 뛰어난 식견은 이 일에 그치지 않는다. 그는 5 · 16 혁명 석 달 뒤에 하고많은 일을 제쳐두고 강원도 통리(桶里) ~심 포리(深浦里) 간 8.5 km 철도의 연결공사를 명령한다. 이 공사로 중앙 선이 청량리를 출발하여 경북 영주를 거쳐 강원도의 철암, 북평, 강 릉까지 연결되어 대관령 동부지역이 서울과 직통 · 연결되는 엄청난 효과를 얻게 된다. 그러나 이 공사는 험준한 지형 때문에 11개 터널 을 뚫어야 하였으며 연인원 85만 명이 투입되고 21개월의 공사기간 이 소요되는 대역사였다. 이렇다 할 중장비를 갖추지 못한 당시로서는 엄청난 난공사였다.

마침내 1963년 5월 20일 이른바 황지본선(黃池本線)이 개통되었는데 일반상식으로는 우선순위가 한참 아래인 것 같은 이 공사를 박정희가 강행한 까닭은 무엇이었을까. 그것은 대관령 동부지역의 석탄생산 촉진과 그 수송선의 확보를 노린 것이었다. 그는 온돌의 장작이 산을 갉아먹는 것을 막기 위하여 연탄의 증산을 위해서는 조림왕에게 하였듯이 다액의 보조금을 지급하는 동시에 연탄의 물량확보와 가격안정에 신경을 쏟았다. 특히 가을에는 연탄의 수송에 해·륙 양쪽에 철도화물차량·선박배정의 최우선권을 주었으며 겨울에 대비한 저탄량의 확보를 적극 지원하고 직접 점검하였다. 그 덕분으로 신탄사용은 급속히 연탄으로 전환되고 한때 연탄업은 우리나라의 중요한 업종으로 성장하였다.

사실, 정부가 아무리 식수에 힘쓰고 입산을 통제했다 하더라도 연탄의 증산과 보급정책이 성공하지 못했던들 우리 산야가 오늘만큼 빨리 푸르러지지는 못했을 것이다. 박정희 정권의 정책은 높이 평가되어야겠지만 최대 공로자는 역대 어느 산림청장보다도 연탄이 아니었을까(지금은 석유가 연탄을 대신하고 있지만) 한다.

한국은 소나무, 일본은 삼나무

소나무와 삼나무는 건축양식·공업양식에의 적응까지 지배

한국의 토지는 편마암(片麻岩)과 화강암으로 형성되어 그 표토는 아주 얇아 몇 cm밖에 안 되는 곳이 허다하다. 말할 것도 없이 식물성장에는 아주 불리한 조건이다. 따라서 이러한 지리적 조건하에서

자랄 수 있는 수종은 지표를 따라 옆으로 길게 뿌리를 넓히며 심지어 바위 사이에 뿌리를 뻗어 낼 수 있어야 한다. 여기에 제일 잘 적응할 수 있는 수종은 소나무다.

우리 주변이 온통 소나무이며 한국의 산수화가 소나무를 빼고는 그려질 수 없는 까닭도 여기에 있다. 세종과 숙종이 내린 법도 목금사목(木禁事目)이나 목절목(木節目)이 아니고 송금사목(松禁事目), 송금목(松禁目)인 까닭은 그것이 신탄의 주종목이라서라기보다 당시에도 나무는 곧 소나무라는 관념이 지배하고 있었기 때문이 아닐까.

또 우량이 적은 우리나라에서는 뿌리를 넓게 뻗은 소나무라야 생육에 유리하다. 한·일 두 나라의 강수량을 비교해 보면(1951년에서 1990년까지의 40년간 평균) 우리나라는 1,288mm, 일본은 1,560mm이다. 또 6~8월의 3개월간에 우리나라엔 1년 강수량의 45%가 집중하는 데 비하여 태풍의 나라임에도 일본에서는 30% 내외에 불과하다. 그러니 수목이 적은 우리나라는 홍수가 연례행사가 될 수밖에 없다.

일본의 토질은 화산암에 부식한 낙엽이 합쳐서 형성되는 AO층이 표토를 두텁게 덮고 있다. 때문에 지반이 약하고 산사태에 약하지만 수목이 깊이 뿌리를 내리기 쉽고 우량도 많아 성장이 빠른 장점을 지닌다. 이리하여 하늘 높이 곧게 뻗는 삼나무나 편백이 자라는 데 안성맞춤이다(일본에 토장이 많지 않은 것은 산사태가 잦은 데에도 원인이 있다).

따라서 한국의 자연과 산수화의 중심이 소나무임에 반하여 일본의 그것은 삼나무와 편백이다. 일본의 산수화에 소나무도 적잖게 등장하지만 우리의 풍경화에 삼나무나 편백이 등장하는 일은 거의 없다.

소나무와 삼나무 그것은 수종과 자연이란 단순한 차이에 그치지 않고 양국의 주택구조, 건축양식, 문화 나아가 국민성과 근대공업사회에 대한 적응성에까지 크나큰 영향을 주었다.

곧고 길게 뻗은 나무가 많은 일본의 가옥은 자연히 직선의 기둥에 네모난 방이 될 수밖에 없고 역시 직선의 다다미가 깔리게 마련이다. 그 대신 일본인들은 네모 투성이의 딱딱함을 죽이기 위하여 둥근 마루마도(丸窓)로 중화시키지만 ….

다다미는 도쿄지역과 오사카지역 간에 그 크기에 차이는 있으나 건물과 방을 규격화하는 기능을 하는 것은 마찬가지다. 따라서 방의 크기는 다다미 몇 장짜리로 표현한다. 방의 규격화는 방과 방 사이의 칸막이인 후스마뿐 아니라 가재도구까지도 규격화한다. 다다미가 깔린 방과 그 언저리는 온통 직선·직각·평행·수평이 가득하고 보니 그것이 일본인의 사고의 기본개념과 정리정돈의 습성을 키우게 된다.

생활의 절대 필수품인 다다미와 가재도구의 규격화는 불특정 다수의 수요에 대비하여 규격품을 대량 생산한다는 시장경제 개념과 근대공업사회의 가장 기본적인 행위를 무의식중에 일상생활 속에 자리잡게 하였다.

이에 반하여 꼬불꼬불한 소나무를 주재(主材)로 기둥을 세우고 집을 짓는 한국의 방과 벽에 직선·평행을 요구하기란 힘드는 일이다. 방의 크기와 모양이 각양각색 제멋대로가 될 수밖에 없다(물론 권력자의 집이나 공공건물, 사찰 등 특수한 것은 별도지만).

이러한 가옥구조 속에 살아온 일반 국민은 직선·직각적인 것은 인위적인 것이고 곡선이 자연스런 것이라는 관념이 형성된다. 여기에서 한국의 도자기, 치마, 저고리, 신과 버선의 곡선미는 한국이 갖는 아름다움의 극치를 이루게 되었다.

이런 면에서 한국은 소나무의 문화, 일본은 삼나무의 문화라 할 수 없을까.

362

거북선은 소나무, 왜선은 삼나무, 이것이 승부를 갈랐다?

임란 때의 해전에 당파(撞破) 전법이 자주 등장하는데, 이는 "배를 부딪쳐 깨뜨린다"는 뜻이다. 그런데 그것이 가능했던 것은 우리 구선의 주용재(主用材)가 잘 부러지거나 깨지지 않는 소나무인 데 반하여 일본의 전함은 강하게 부딪히면 직선으로 갈라지기 쉬운 삼나무로 만들어졌기 때문이었다.

온돌을 대신하는 이로리(圍爐裏)

일본의 기상은 다습하기 때문에 습기 방지와 그를 위한 통풍이 주택구조의 주안점이 된다. 따라서 방과 방 사이는 벽이 아니고 습기를 흡수하는 종이로 된 후스마이고 후스마의 상부에는 통풍을 위해 구멍을 뚫어놓은 조각이 새겨진 목판을 둔다.

온돌은 난방과 동시에 방습기능이 뛰어남에도 불구하고 일본에 온돌이 보급되지 않은 까닭은 무엇일까. 그 의문을 풀어줄 만한 문서도 연구서도 한·일 양국에 없다(필자의 연구 부족?). 다만 아라이 하쿠세키(新井白石, 1657~1725)가 "온돌은 삼림을 황폐시킬 우려가 있다"고 적은 것이 유일하다 할 것이다(折たく柴の記). 이 점만으로도 그가 정확한 판단력을 지닌 탁월한 정치가였다고 평가할 만하다. 그러나 그의 그 판단만으로 일본에 온돌이 도입되지 않았다고 단정하기에는 설득력이 약하다. 왜냐하면 그 이전이나 그 이후에 보급이 가능했던 장구한 세월이 존재했기 때문이다.

그런데 시카켄 가모군(滋賀縣蒲生郡) 히노마치 데라지리(日野町寺尻)의 노다미치(野田道) 유적에서 아궁이에서 방을 지나 3m 높이로

옥외로 빠지는 굴뚝이 발견되었다. 시카켄 문화보호협회의 나라(奈良儀哉) 주임기사는 "이것은 취사용의 아궁이에서 나오는 열을 이용하여 방안을 따뜻하게 하는 역할을 하고 있어 바로 한국의 온돌과 같다"고 판정하였다. 협회측은 그곳에서 출토한 토기를 조사한 결과 그 취락은 7세기 후반에 조성된 것으로 추정하였는데, 이 시기는 백제 멸망 후 그곳에 700여 명의 백제인이 이주했다는 《니온쇼키》의 기록과 일치한다.

한국인이 다수 일본에 건너갔음에도 불구하고 온돌의 유적이 처음 발견된 것은 당시 일본의 권력중심지가 고향에 비해 훨씬 온난하여 온돌의 필요성이 그다지 절박하지 않기 때문이 아니었을까. 그러나 실제로는 제법 많은 온돌이 만들어졌을 가능성이 높다고 보면 금후에 온돌 유적이 계속 발견될 개연성을 부정할 수 없다〔최근 동해에 접하는 후쿠이(福井)현 마쓰바라(松原) 해안 일대에서 대규모의 집단온돌 유적이 발견되었다〕.

나라나 교토 또는 오사카는 영하로 내려가는 일이 드물고 도쿠가와 막부의 에도(도쿄)도 서울에 비하면 훨씬 따스하여 부산과 비슷하다. 물론 일본의 북부지방과 동해에 면한 지방은 강설량도 대단하고 매우 추운 곳이지만, 그곳은 오랫동안 변방의 후진지역이었고 정치·경제·문화면에서 일본의 주택구조에 변화를 줄 만한 영향력을 갖지 못했었다.

그러나 추위를 견디기 위한 고안은 없을 수 없다. 여기서 일본인이 만들어낸 것이 이로리와 고다쓰다. 이로리는 마루나 방바닥을 사각으로 잘라내고 재를 넣어 그 재 속에 불을 묻어(숯이나 마른 나무) 온기를 얻게 하는 동시에 천장에서 냄비 따위를 달아내려 화력을 이용하는 것이며, 고다쓰는 이로리를 소형화하여(화원은 주로 숯임) 그

위에 나무 상(床)과 이불이나 모포를 덮고는 그 속에 발이나 손을 넣어 따뜻함을 취하는 장치이다. 물론 온돌을 도입하는 대신 우리의 화덕을 발전시켰다고 보면 된다.

그 덕분으로 추위를 많이 막는 동시에 산림의 황폐를 자초하지는 않았으나 그 효능은 온돌과 비할 바 아니며, 특히 등과 허리쪽의 추위와 바람을 막지 못하고(통풍이 좋도록 되어 있으니 더욱 그러하다) 불쪽으로 허리를 굽히기 때문에 허리가 굽은 사람이 많이 생겼다. 따뜻한 온돌에 등을 대고 자는 한국에는 허리 굽은 사람이 거의 없었다. 그러나 온돌은 한국인에게 겨울의 옥외활동을 기피하게 하였다. 따뜻한 온돌방에서 세찬 바람이 부는 옥외로 나가는 데는 상당한 의지력이 있어야 했을 것이다.

오늘날의 센추럴 히팅이 석유에 의한 온돌화라고 생각하면 온돌은 비록 산림의 황폐를 낳았지만 난방용으로는 일본의 이로리는 물론 서양의 페치카보다도 훨씬 우수했다고 생각된다.

숟 가 락

21세기인 지금에도 맨손으로 음식을 먹는 인구가 세계 인구의 약 반에 이른다. 나머지는 나이프와 포크로 먹는 구미계와 젓가락을 사용하는 이른바 '젓가락 문화권'의 인구가 반반 정도이다.

젓가락 문화권은 유교 문화권과 거의 일치한다. 동남아 사람이 쌀을 먹으면서 맨손을 쓰는 것은 꼭 미개하기 때문이 아니고 쌀의 질 때문이다. 동남아의 쌀은 차지지 않아 젓가락으로 먹기에는 적합하지 않다. 때문에 동남아 사람은 오른손으로는 용변의 뒤처리를 하지 않는다. 그것은 포크와 나이프가 보급되기 이전의 17세기경까지 유럽인이 음식 먹는 손의 반대편 손으로 코를 푼 것과 같은 심리이다.

그러나 같은 젓가락 문화권이라 하지만 그 세부에서는 많은 차이점이 있다. 우리는 '수저'라는 말이 있듯이 젓가락보다도 숟가락이 주된 식사도구이다. 시골에 가면 아직도 숟가락과 젓가락이 아니라 숟가락과 손으로 식사하는 광경을 얼마든지 볼 수 있다.

"숟가락을 놓았다"는 말은 숨을 거두었다, 또는 죽었다는 뜻이다. 취사용으로 수저를 놓는 것과 식사를 마치고 수저를 놓는 것은 전혀 다른 뜻이다. 그러고 보면 우리 민족의 감각으로는 숟가락은 생명을 상징하는 것이다.

서양에선 스푼이 있으나 포크와 나이프가 주(主)고 스푼은 보조적 역할에 머문다. 중국에는 탕샤오(湯匙)가 있으나 젓가락이 주고 탕샤오는 보조물에 불과하다. 일본에는 젓가락뿐이지 숟가락은 아예 없어 된장국도 젓가락으로 저으며 마실 뿐이다. 실로 숟가락에 관한 한 우리나라처럼 절대적 위치를 차지하는 나라가 없다.

서양과 중국에는 그래도 숟가락의 역할을 하는 것이 있는데, 일본은 왜 아예 가지질 않았을까. 만들기 힘들거나 서민이 구입하기 힘드는 고가품도 아닌데 말이다. 그 대신 일본에서는 젓가락이 남·여·유아용 등으로 다양하며 고급 젓가락은 용재(用材), 문양, 칠 등이 가히 예술품이라 부를 만한 것도 있다. 중국은 큰 식탁에 가족이나 손님이 둘러앉아 먹기 때문에 젓가락이 길다. 한편 우리는 숟가락이 있기 때문에 젓가락의 특이한 발달은 없었다.

그러나 숟가락이 주냐 젓가락이 주냐에 따라 식탁 매너는 크게 달라진다. 젓가락이 주가 되는 곳에서는 밥그릇을 손에 들고 먹게 되고 일본처럼 공깃밥으로 소형화한다. 우리가 일본인이 밥그릇을 들고 식사하는 것을 보고 거지가 밥 먹는 버릇이라고 비웃으면, 일본인은 밥그릇을 놓고 먹는 것은 소나 돼지나 개의 모습과 같다고 반박하면서 중국인이 밥그릇을 들고 먹는 것에 대해서는 왜 말이 없느냐고 따지고 든다.

한·일간의 이러한 응수는 민족감정의 투영이라고 볼 수 있지만 어쨌든 숟가락이 주냐 젓가락이 주냐의 문제에 밥그릇이 소형화하면 그것이 식사문화를 다르게 할 뿐 아니라 식량의 소비량 즉 그 민족의 식사량 습성(대식이냐 소식이냐)까지 달라지게 한다는 사실을 나는 강조하고 싶다.

한 되의 물을 주전자에 넣어 들어마시기는 그다지 어렵지 않지만, 소주잔이나 일본의 정종 잔으로 한 되의 물을 마시기는 매우 힘들어 반 되 정도 마시면 두 손을 드는 수가 많다고 한다. 또 다섯 사람 치의 단팥죽을 큰 그릇에 담아 먹게 하면 많은 사람이 이를 먹어 치울 수 있는데 열 그릇으로 나누어 먹게 하면 7~8그릇이 한계라는 실험 결과가 있다.

일본인들은 우리에 비하여 대체적으로 소식인데 이것이 앞서 든 실험결과의 원리대로 사발그릇 대신 공기밥그릇, 숟가락 대신 젓가락으로 먹는 데서 온 것이라면 그것은 정말 슬기로운 선택이었다고 찬사를 보낼 만하다. 그것이 일본인의 직감에 의한 것이 아니고 우연에 의한 것이라면 정말 행운이었다고 할 수 있다. 물론 이 문제는 필자의 단순한 추리만으로 해결될 것이 아니고 누군가가 보다 깊은 연구를 해보아야 할 것이다.

온돌과 이로리, 소나무와 삼나무, 그리고 숟가락과 젓가락의 문화. 이것은 두고두고 새로운 시각으로 좀더 논의할 수 있는 좋은 과제라 생각하면서 문제를 제기한다.

■ 저자 약력 ■

강 영 수 (姜泳琇)

부산대학교 경제학과 졸업
성균관대학교 대학원 행정학석사
일본국 拓殖대학 객원연구교수(경제학박사)
부산대학교 교수
경성대학교 교수(무역대학원장 겸 일본문제연구소장)
부산 발전연구원 초대원장
부산일보사 상임논설위원
청와대 비서관(지방행정담당)
내무부 지방국장
서울특별시 제1부시장
경상남도지사
동명목재상사 부사장
흥아해운. 대동조선, 범한금속 사장, 회장
부산상공회의소 부회장
현 부산경영자협회 창립회장, 2대, 3대 회장, 명예회장

■ 저 서
《일본경제론》
《靑瓦臺の 風水師》(일본 문예춘추사) 등

나남산문선 46

어깨너머 한중일 문화

2000년 12월 10일 발행
2000년 12월 10일 1쇄

저 자 : 姜 泳 琇
발행자 : 趙 相 浩

발 행 처 : (주) 나남출판

137-070   서울 서초구 서초동 1364-39 지훈빌딩 501호
전화 : (02) 3473-8535 (代), FAX : (02) 3473-1711
등록 : 제 1-71호 (79. 5. 12)
홈페이지 : http://www.nanamcom.co.kr
천리안, 하이텔 ID : nanamcom

ISBN 89-300-0846-1   값 12,000 원

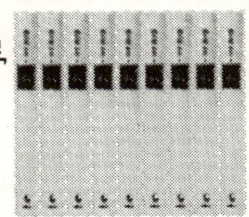